KB203881

상좌부불교에서 본 열반

수행을 하면 이번 생에 열반을 실현할 수 있을까?

Nibbāna in Theravāda Perspective

상좌부불교에서 본

열반

담마삐야 사야도 지음, 정준영 · 차은숙 옮김

운주사

서문

이 책은 빠알리 경전에 수록된 열반(Nibbāna)의 의미에 대한 분석적이고 비평적인 접근을 시도하려고 한다. 이를 위해 상좌부(Theravāda) 불교명상의 체계적인 수행 방법을 활용하여 경전을 토대로 한 방법과 명상 계발 과정을 자세히 살펴보고자 한다. 이 책의 가장 주요한 목적은, 그동안 불교학자, 비불교학자를 가리지 않고 열반에 대한 다양한 해석이 존재하였는데, 이러한 해석과 그에 내재한 관점을 명확하게 설명하기 위한 것이며, 해탈에 이르는 길에 대한 그들의 관점을 분석하기 위한 것이다. 열반이라는 주제가 경전에 언급되는 빈도에 비해, 그 의미가 명확히 정리되지 않았음을 부정할 수 없기 때문이다.

열반의 의미를 정확하게 분석하기 위해서는 상당히 포괄적인 접근 방법이 요구된다. 경전을 해석하는 것을 기본으로, 명상 방법, 불교명상의 체험, 이에 대한 철학적 접근 및 심리학적 분석까지가 그 방법의 영역이 된다. 이를 위한 가장 중요한 참고자료는 주로 삼장(三藏, Ti-piṭaka)에 수록된 상좌부 빠알리 경전과 그 경전의 주석서 및 복주석서가 될 것이다. 열반의 의미에 접근하기 위해서는 역시 두 가지 핵심적인 측면에 대한 이해가 요구되는데, 이는 이론적 열반과 수행적 열반이다. 다른 식으로 표현하면 교학적 열반과 실천적 열반이라고도 할 수 있다. 이론적 열반은 설명의 원리를 통해 그 의미를 끌어내는 것이고, 수행적 열반은 체험에 의한 깨달음으로 의미를 파악하는 것이다. 이론에 대한 연구만으로는 '열반'을 완전하게 이해할 수 없다고 생각한다. '열반'을 실현하기 위해서는 수행과 실천, 즉 마음챙김 명상이 반드시 필요하다. 구체적인 명상 방법을 통해 통찰지혜를 체득해 가는 체계적인 진행 과정이 요구된다. 불교명상 방법을 수행에 적용하는 것은 통찰지혜(ñāṇa)와 출세간 도(lokkuttara-magga)를 통해 더 수승한 깨달음으로 가는 길이다.

추천의 글

우 담마삐야(U Dhammapiya)는 열반과 같은 어려운 불교 주제를 과감히 세상에 발표한 사람이다. 그는 이 주제에 대해 매우 정교한 방법으로 접근한다. 독자가 쉽게 이해할 수 있도록 확신을 가지고 다양한 관점에서 열반을 서술한다. 무엇보다도 돋보이는 것은 열반에 대한 다양한 관점, 즉 불교학자와 비불교학자의 관점을 비교분석하고, 동양적인 관점과 서양적인 관점을 토대로 열반을 분석하는 통섭적인 접근 그 자체이다. 그는 이를 위해 쉐진 사야도(Shwe Kyin Sayādaw), 레디(Ledi) 사야도, 따웅뿌루(Taungpulu) 사야도와 마하시(Mahasi) 사야도, 우 띠힛띨라(U Tihittila) 사야도와 파욱(Pa Auk) 사야도와 같은 미얀마 사야도들의 관점을 풍부하게 인용하고 있다.

열반은, 비유하면 매운 고추처럼 그 향이 강한 음식과 같다. 매운 고추를 먹어보기 전까지는 그것의 향과 맛을 알 수 없기 때문이다. 같은 맥락으로, 열반도 오직 체험을 통해 깨달을 때만이 완벽하게 이해할 수 있다. 그렇기에 지금까지 열반이란 부처님, 벽지불, 열반을 체득한 부처님의 제자들처럼, 체험을 통해 지혜를 얻은 자들에게 허락되는 것으로 여겨졌다. 그러나 이 책은 사부대중 모두에게 희망을 선사한다. 저자가 마지막 장에서 위빠사나(vipassanā)를 제시하는 것은 독자로 하여금 열반의 맛과 향을 완전히 이해할 수 있는 길로 이끌어주고자 하는 의도인 것이다. 오직 개인적인 명상 체험을 통해 깨달은 자가 된 후에야 열반을 증득하기 때문일 것이다. 열반으로 가는 길을 제시하기 위해 저자는 상좌부 문헌을 통해 상당한 양의 인용을 더하고 있으며, 이를 통해 우리는 열반으로 향하는 길의 그 실천성과 구체성을 함께 목격할 수 있다.

우 담마삐야는 열반을 이토록 명료한 방법으로 설명해낸 것에 대해 축하를 받아 마땅하다. 나는 열반을 알고자 하는 사람들이 이 책을 읽음으로써 많은 도움을 받기를 바란다.

우 실라난다 사야도

미얀마 양곤 국제 상좌부불교 대학교 총장

2004년 1월 14일

옮긴이 서문

미얀마를 갈 때면 양곤 국제공항에 도착 시간이 항상 자정을 넘게 된다. 그래서 나는 도착하면 양곤에 있는 담마삐야 사야도 사원에 묵곤 했다. 어느 해인가, 담마삐야 당신이 직접 쓰신 책에 사인을 해서 주셨다. 그 책 제목이 "Nibbāna in Theravāda Perspective"였다. 책을 받아들고 기쁜 마음에 나는 이 책을 꼭 한국어로 번역하고 싶다는 말씀을 드렸다. 그리고는 두 해가 지나도록 번역하기를 망설이고 있었다. 어느 날 담마삐야 사야도의 한 제자로부터 "사야도께서 지금 막 열반에 드셨습니다."라는 부고를 받았다. 그제야 서둘러 번역을 시작했다.

저자가 생존해 계시지 않았기에 번역 과정에는 다소의 어려움이 따랐다. 수없는 의문 속에서 길을 잃을 것 같은 느낌이 여러 차례, 내가 아는 이론이나 이런저런 추측으로는 정확하게 가늠하기 어려운 열반에 대한 번역 작업은 실로 만만치 않은 과정이었다. "열반 번역하다가 열반하겠어요!"라는 농담 섞인 말은 번역 과정에서의 괴로움을 털어내기 위한 자구책과도 같았다. 사실상 내가 알고 있던 열반이란 죽음과 동의어에 가까웠다. 사야도의 제자가 그의 부고를 전할 때조차, 열반은 죽음이라는 의미로 사용되었다. 그러나 분명 그 이상의 의미가 있을 것이었고, 나는 번역 과정에서 그 이상의 의미를 파헤치기 위해 애써야 했다.

이 책은 열반의 정의뿐만 아니라 열반에 대한 다양한 관점을 소개한다. 그리고 미얀마 상좌부불교 전통을 바탕으로 하되 저자만의 특별한 시선으로 열반을 소개한다. 아비담마와 주석서에서 다루고 있는 상좌부 전통에서 다루는 열반의 개념, 특히 초기불교 이후 열반에 대한 입장을 분명하게 밝히려 시도한다. 레디 사야도, 쉐진 사야도, 마하간다용 사야도 등 아직까지는 학계에 널리 알려지지 않은 상좌부 지도자들의 견해도 다루고 있다.

미얀마 쉐진 종파의 리더인 쉐진 사야도는 초기불교나 상좌부 전통에서 다루지 않는 사후의 열반에 대해 주장한다. 이 책의 저자인 담마삐야 사야도 역시 쉐진 사야도의 영향을 상당히 받은 것으로 추측된다. 저자는 깨달음과 열반을 구분하고, 생전에 깨달음을 얻고 사후에는 열반을 성취할 것을 강조하고 있기 때문이다. 이는 상좌부 전통에서 보는 열반과 초기불교에서 보는 열반의 차이점에 대해 고찰할 수 있는 영역을 열어주는 의미가 있을 것이다. 결론적으로 열반에 대한 기존의 입장들과 구별되는, 사후의 열반에 대한 주장이 이 책의 특별한 점이라고 말할 수 있다.

이 책을 번역한 가장 큰 동기는 상좌부불교가 열반에 접근하는 방법을 공유하고자 함이다. 열반을 '실천을 통해 경험할 수 있는 현상'으로 바라보는 상좌부불교 전통의 입장을 소개하되, 역자 주를 통해 초기불교의 열반에 대한 이해를 설명함으로써 양쪽의 입장을 비교하여 볼 수 있도록 하였다. 독자는 열반에 대한 태도에 있어 상좌부불교와 초기불교의 입장이 어떻게 다른지 대조하며 읽을 수 있을 것이다.

지금까지는 불교수행의 궁극적 목적을 두고, 열반을 향한 수행

과정과 열반을 체험하는 내용이 다소 모호하게 설명되어 온 것이 사실이다. 저자는 다양한 문헌을 인용하여 열반을 좀 더 구체적으로 설명하고자 한다. 이러한 저자의 노력 덕에 초기불교 이후 상좌부불교로의 전환 과정에서 열반에 대한 이해가 확장된 과정도 확인할 수 있을 것이다. 단순히 열반의 경지에 대한 동경만으로 이 작업을 지속할 수는 없었을 것이다. 한 사람이라도 이 책을 통해 열반의 의미를 이해할 수 있기를, 단 한 사람이라도 열반을 향한 수행을 시작할 수 있다면 이 책의 필요성은 충족될 것이며, 이 책의 생명력 또한 살아나리라 믿는다.

번역을 허락해주신 캘리포니아 산호세 따타가따(Tathagata) 명상센터의 우 투짜나(U Thuzana) 사야도와 중간 역할을 해준 손뚜(Son Tu) 님께 깊이 감사드린다. 문장 해석에 문제가 있을 때마다 친절히 답변해주신 캘리포니아 인스티튜트의 바흐만 쉬라찌 교수님께도 감사드린다. 이분의 도움이 없었다면 이 번역 작업은 완성되지 못했을 것이다. 끝으로 부족한 역서의 출판을 결정해주신 운주사의 김시열 대표님과 편집부 여러 선생님들께 진심으로 감사드린다. 그분들의 수고가 없었다면 이 책의 출판은 불가능했을 것이다. 궁극의 평화로움과 고요한 행복이 모든 분들과 함께하기를 기원하며 소중한 인연에 감사드린다.

2023년 3월

정준영·차은숙

원전 약호

A	Aṭṭhakathā
Ab	Abhidhamma-Piṭaka
Ab-B-T	Abhidhammaṭṭha (saṅgaha) bhāsā-ṭīkā
Ab-S	Abhidhammaṭṭha-saṅgaha
Ab-S-N	Abhidhammaṭṭha-saṅgaha nissaya
Ab-T	Abhidhammaṭṭha (saṅgaha) vibhāvinī-ṭīkā
Ac-Ab	A Comprehensive Manual of Abhidhamma by Bhikkhu Bodhi
An-N	Aṅguttara Nikāya (Vols. I, II, III)
Ap	Apadāna
Be	Burmese script edition of PALI texts
BD	Buddhist Dictionary Society (Sri Lanka)
BPS	Buddhist Publication Society (Sri Lanka)
Ch-CD	Chaṭṭha Saṅgāyanā CD-ROM: Version 3
Cu	Cūḷaniddesa
Dha	Dhammapada
Dha-A	Dhammasaṅgani-aṭṭhakathā
Di-N	Dīgha-Nikāya Vols. I, II, III
Di-N-A	Dīgha-Nikāya Aṭṭhakathā
Di-N-NT	A New Translation of the Dīgha-Nikāya, WP
G-M-Ni	Gambhīrāgambhīra-Mahānibbūta-Dīpanī
It	Itivuttaka
Ka	Kathāvatthu
Kh-N	Khuddaka-Nikāya

Kh-T	Khuddaka-ṭīkā
Ma-N	Majjhima-Nikāya Vols. I, II, III
Ma-N-NT	A New Translation of the Majjhima-Nikāya, WP
Ma-P-D	Mahāvagga PALI, Dīgha-Nikāya
Ma-P-V	Mahāvagga PALI, Vinaya Piṭaka
Ne	Netti-Pāḷi
Ni-B-F	Nirvāna and Other Buddhist Felicities
Ni-Di	Nibbāna-Dīpanī
Pa	Parivāra-Pāḷi
Pa-ED	Pāḷi English Dictionary, PTS, London, 1986
Pat	Paṭisaṁbhidāmagga
PED	Pāḷi English Dictionary (PTS)
PTS	Pāḷi Text Society (Oxford, England)
Pu	Puggalapaññatti-Pāḷi
Q-Mi	Question of King Milinda (Translation of Milindapaññhā, Be)
Sa-N	Saṁyutta-Nikāya Vols. I, II, II
Sa-N-NT	A New Translation of the Saṁyutta-Nikāya Vols. I & II, WP
T	Ṭīkā
Ud	Udāna-Pāḷi
Vi-M	Visuddhimagga Vols. I & II, Be
Vi-M-Tran	The Path of Purification, BPS
Vi-P	Vinaya-Piṭaka Vols. I, II, III, IV, V
Vim	Translation of Vimmuttimagga, BPS
WP	Wisdom Publication, Boston

일러두기

① 빠알리와 산스크리트 용어는 가능한 우리말로 음사하고 로마자를 병행했다. 또한 필요시 한글번역과 한자표기를 병기했다.

② 원서의 빠알리 문헌은 대부분 버마본(Be)을 기준으로 하고 있다.

③ 원서의 주석은 원서 그대로 미주(尾註, endnotes)로 표시했으며, 역서는 각주(脚註, footnotes)를 추가했다. 각주는 출전주를 통해 PTS(Pāli Text Society)본과 일부 비교, 참조주를 통해 역자의 의견 및 참고자료를 제시했다.

④ 원서의 원전 약호는 원서 그대로 사용했으며, 각주의 경우 *A Critical Pāli Dictionary*(CPD)의 약어기준을 따랐다.

⑤ 역서에서 다루는 서지정보의 국문 자료는 『 』, 「 」 표기 안에 국문으로 소개하고자 했고, 국문번역이 없거나 불분명한 경우는 로마자 이탤릭체로 표시했다. 예) 『청정도론(Visuddhimagga)』, *Nibbāna Dīpanī*(열반 해설서)

⑥ 본서의 미주尾註에는 직, 간접 인용 및 재인용을 포함하고 있다.

⑦ 원저자는 insight와 vipassanā를 동의어로 다루고 있으며, 역서에서는 'insight'는 '통찰', 그리고 'vipassanā'는 '위빠사나'로 번역한다.

⑧ 역자의 부연설명이 필요한 경우 〔 〕 표기 안에 넣었다.

〈표〉

1장 서론

열반(Nibbāna)은 *Abhidhamma*(아비담마)라는 철학적 논의〔論藏〕 안에서 조건을 벗어난 상태로 설명한다. 열반이 조건에서 벗어난 실제實際로 설명된 만큼, 열반이 무엇인지에 대한 이해는 매우 중요하다. 지금까지 열반을 이해하기 위한 다양한 해석과 모순적 정의들이 난무하고 있다. 본 연구는 불교학자들이나 비불교학자들이 정의 내린 열반에 대한 불교적 개념을 심도 있게 탐구하려고 한다. 기존에 정의된 열반의 해석에 초점을 맞추면서 이론적이고 수행적인 관점에서 열반의 연구에 부합하는 적절한 방법론을 적용하려 한다. 본 연구는 빠알리어로 '닙바나(Nibbāna, 산스크리트어 니르바나, Nirvāna, 涅槃)'의 의미를 탐구하기 위해 빠알리 문헌과 미얀마(구 버마) 문헌을 참조함과 동시에 원문에 근거하여 방법론적인 맥락에서 간략한 개요를 제시한다. 이 연구의 핵심적인 부분은 경전의 원문과 주석서 및 복주석서를 참조하는 것이다. 특히 미얀마 상좌부불교의 고유한 문헌들을 인용하여 열반에 대한 해석을 재조명한다. 또한 신뢰도를 높이기 위해 몇몇 서양 불교학자들의 견해 역시 다룰 것이다. 이 연구의 목적은 실용적이며 체험적인 시각으로 열반에 대한 의미를 문헌적으로 탐구하는 것이다. 물론 다양한 이론적인 근거 또한 논의할 것이다. 나아가, 초기불교 문헌의 학문적 해석을 기반으로 불교학자들과 일반학자들의 견해를 면밀히 분석할 것이다.

사실 열반이 무엇인지 그 의미를 분명하게 이해하기 위해, 학문적 설명이나 해석으로는 충분하지 않다. 왜냐하면 사람들이 사용한 언어에는 한계가 있고, 기존에 열반을 해석한 사람들도 그 의미를 정확히 파악하기 위해 충분한 노력이나 수행을 직접 하지 않았을지도 모르기 때문이다. 더욱 심각한 것은 그 어떤 불교 전통에서도 열반에 대한 명확한 결론을 내리지 못하고 있다는 점이다. 열반에 대한 보편적인 관점조차 여러 불교 전통 안에서는 물론이고, 심지어 같은 종파 내에서도 찾아내지 못하고 있다. 하물며 다른 종교에서 열반이 무엇인지를 상상이나 할 수 있겠는가. 따라서 본 연구는 열반이 무엇인지 명확히 하기 위해 열반의 문헌적인 해석은 물론이고, 이미 정의된 학문적인 해석에 깊이 접근할 것이다. 열반에 대한 기존 해석들이 열반의 의미가 무엇인지를 분명하게 정의내리지 못했기 때문에, 몇몇의 학자들은 열반을 '단멸론(annihilationism)'으로 이해하기도 한다. 불교학자가 아닌 막스 뮐러(Max Muller, 1823~1900)는 열반을 '완전한 단멸'로 규명했다. 막스 뮐러는 열반이 절대적인 소멸 외에 아무것도 아니라고 설명했다.[1] 그러나 이런 종류의 단멸론은 불교 본래의 가르침과는 거리가 멀다. 그의 시각은 불교를 아주 부정적인 것으로 간주한 것이다.

막스 뮐러와는 다른 입장을 취한 불교학자 푸생(Louis de La Vallee Poussin, 1869~1938)은 "우리는 열반=단멸이라는 개념이 '근본적인' 불교의 교리 중에 하나가 아님을 솔직히 고백해야 한다. 단멸이라는 교리는 원래 '목적'이 아니었다. 그것은 결과였다. 다시 말해서, 석가모니(Sakyamuni)나 교단은 해탈 또는 구원이라는 견해를 가지고 시작하지 않았다. 이러한 견해는 석가모니를 혹은 교단으로 하여금 성급하게 영혼의 존재를 부정하도록 종용해왔던 것이다."[2]라고 저술했다. 푸생은 다른 저서에서도 열반을 '완전한 단멸'로 잘못 해석되었음을 발견했으며 불교학자의 관점에서 열반은 '더 없이 행복한 낙원'이라고 주장했다. 하지만 푸생의 관점 역시 열반을 적절하게 묘사하지 못하고 있다. 푸생은 열반에 대한 견해를 다음과 같이 강조했다.

> "우리는 열반(Nirvāna)에 대해 가장 정확하고 권위 있는 정의는 단멸이 아니라 어떤 것이라 단언할 수 없는 해탈, 즉 '완전무결한 해탈'이라고 믿는다."[3]

푸생의 분석에 의하면 원래 인도불교는 열반의 의미를 해결하기 위한 방법으로 개념이나 이론적인 성찰에 근거하기보다 해결에 필요한 실용적인 접근법에 의존했다. 그는 "열반에 대한 연구는 그 해답에만 의존하지 않는다. 우리는 이러한 문제가 제기된 논쟁에 가담하지 않고 열반의 유력한 역사에 대한 타당한 견해를 쉽게 구축할 수 있다."고 주장한다.[4] 푸생처럼, 테오도르 체르바츠키(Theodore Stcherbatsky, 1866~1942)는 불교학자로 서유럽 독자들에게는 그 이름이 잘 알려지지 않았을지도 모른다. 그러나 많은 서양 학자들이 그의 분석적이고 지적인 견해를 인정하고 있다. 이에 대한 평론이 그의 저서 *The Conception of Buddhist Nirvāna*(불교 열반의 개념)에 실려 있다. "구원의 방법으로서 불교의 목적은 연속적으로 일어나는 다르마(dharma, 현상)의 순간 과정, 그리고 그 과정의 억제로 간주한다. 유명한 불교 방정식, 존재=비애 또는 괴로움(dukkha)은 대부분의 서양 해석가들에게는 의심쩍은 조합이며 체르바츠키의 논리에 의하면 기껏해야 유의어의 반복에 불과하다. 왜냐하면 체르바츠키는 둑카를 비애나 괴로움이 아니라 '불만'으로 번역했기 때문이다."[5] 열반이라는 단어와 관련하여 푸생은 다음과 같이 예리하게 지적했다.

> "인도 사람들은 사실과 견해, 견해와 말 사이에 분명한 차이를 구별하지 않는다; 그들은 결코 모순의 원리를 명확하게 인정하지 않는다. 불교 변증법은 네 갈래의 딜레마에 빠져 있다: 열반은 존재이다, 아니면 비존재이다, 아니면 존재와 비존재 둘 다이다, 아니면 존재도 아니고 비존재도 아니다."[6]

이와 관련하여 누군가는 열반(닙바나)이 언어적으로 의미하는 형이상학적 관점에 이의를 제기할지도 모른다. '열반은 존재하지 않는다.'라는 문구가 존재에 대한 부정일까? 실제로 그렇지 않다. 왜냐하면 불교가 추구하는 바가 존재에 대한 부정이 아니기 때문이다. 비부티 야다브(Bibhuti S. Yadav)[7]는 다음과 같이 주장했다.

> "형이상학은 방법론적 환상이며 'Being be'라는 바람과 'Being is'라는 주장을 혼동하게 하는 도구이다. … 형이상학적 사고는 '있다(asti)'와 '없다(nāsti)'라는 논리를 내포하고 있다. 그것은 어떤 것이 존재하거나 존재하지 않는다는 존재에 대한 논쟁이다."[8]

'그것은 존재한다와 그것은 존재하지 않는다.'라는 문구와 같이 열반이라는 개념이 모호하기 때문에 '이런 의미' 또는 '저런 의미'로 간단하게 이해할 수는 없다. 이렇듯 초기불교에서부터 열반의 의미를 규정하기 힘들기 때문에, 불교를 믿지 않는 학자들에게는 회의적인 의구심을 불러일으켰다.

현대 불교학자 스티븐 콜린스(Steven Collins)는 *Nirvāna and Other Buddhist Felicities*(열반과 다른 불교적 비유)를 포함하여 많은 책을 저술했다. 그는 열반에 대한 개념을 다른 차원으로 해석하려 한다. 동시에 영원주의〔상주론〕나 소멸주의〔단멸론〕의 관점에서 그 답을 찾으려고 시도하지 않는다. 그는 열반의 개념을 심상心象으로 보고 은유법을 써서 열반을 하나의 도시에 비유하려고도 한다. 콜린스는 열반의 상태를 초월적 비전이나 불교 구원론, 또는 불교에서 도달해야 할 궁극적인 성취라고 설명한다.[9]

비불교도의 관점에서 열반은 인도불교의 신비한 교리쯤으로 여기는 것 같다. 그럼에도 불구하고, 불교는 도덕적인 윤리를 바탕으로 논리적인 교리와 지향하는 목적에 의해 아시아에서 서양으로 점차 확장되었다. 물론 열반의 의미는 불교학자들이나 비불교학자들에게도 매우 중요하지만, 다양하고 모호한 해석들로 인하여 정확한 의미를 파악하기 어려운 것이 사실이다. 따라서 불교 전통에 대한 연구는 문헌적 의미와 자신의 체험을 말하는 살아있는 표현(언어) 사이에 균형을 맞출 필요가 있다. 제한된 해석을 통한 논의는 오히려 더 많은 회의적 의심을 초래할 수 있다. 불교수행의 관점에서 회의적 의심(vicikicchā)은 위빠사나 지혜(vipassanā ñāṇa)를 성취하는 과정을 가로막는 장애가 될 수 있다.[10]

사람들은 일상생활에서 소통하기 위해 언어를 사용한다. 언어를 사용하지 않으면 어떤 것에 대한 경험을 설명할 수 없다. 우리는 맛이나 느낌, 감정, 행복 등과 같은 것들에 대해 이야기하기 위해 언어가 필요하다. 하지만 열반의 의미를 언어만으로 설명하기는 불가능하다. 언어란 단지 이름 그 자체일 뿐이기 때문이다. 이름은 개념에 지나지 않는다. 사실 궁극적 진리는 이름을 갖지 않는다. 법(Dhamma)의 묘미와 열반의 진수는 이러한 개념적 언어를 넘어선 것이다. 왜냐하면 법과 열반은 궁극적 실제實際이기 때문이다. 불교의 관점에서 이러한 실제란 이름도 없고 언어로 표현할 수도 없다.[11]

실제로 경험한 것을 설명하기 위해 기술적인 용어 같은 몇 마디 말로 그 진정한 의미를 설명할 방법은 없다. 그 분야를 개인적으로 경험한 사람만이 그 말의 진정한 의미를 이해할 수 있다. 일례로 '닙바나(nibbāna, 열반)'라는 단어가 그렇다. 열반은 초월적인 경지(lokuttara citta, 출세간 마음)에 이른 깨달은 사람(빠알리어로 아라한타 arahanta)들만이 알 수 있다. 어떤 사람은 지속적인 명상을 한 후에 얻은 출세간의 지혜나 깨달음(arahatta magga phala ñāṇa, 아라한 도과道果

의 지혜)을 통하여 초월적인 체험을 할 수 있다. 이러한 경험들은 생각이나 추측만으로 가능하지 않다.[12] 아마도 어떤 사람은 철학적인 관점을 기반으로 열반의 의미가 무엇인지 이론적으로 설명할 수 있을 것이다. 하지만 그렇다 하더라도 「마하사띠빳타나 숫따(Mahāsatipaṭṭhāna sutta, 대념처경)」에 명시된 마음챙김 명상(satipaṭṭhāna bhāvanā, 염처수행)이라고 하는 위빠사나 명상을 하지 않는다면 철학적인 정의만으로 열반이 정말 무엇을 의미하는지 깨닫기는 쉽지 않다. 이러한 맥락에서 다음 설명을 살펴보자.[13]

> "비구들이여, 칠 년까지는 아니더라도 누구든지 이 네 가지 마음챙김의 확립〔사념처〕을 이와 같이 육 년을 닦는 사람은 … 이 네 가지 마음챙김의 확립을 칠 일을 닦는 사람은 두 가지 결과 중의 하나를 기대할 수 있다. 지금 여기에서 구경의 지혜를 얻거나〔아라한〕, 취착의 자취가 남아 있다면 다시는 돌아오지 않는 경지〔불환자〕를 기대할 수 있다."[14] [1]

직접 수행을 하지 않고 언어를 통해 진정한 열반을 완벽하게 체험할 수 있다는 설명은 찾아보기 어렵다. 가끔은 단지 해석만으로 독자들이 열반을 다른 의미로 받아들이게 하는 오류를 범하기도 한다. 따라서

---

1 DN, II. p.314 : Yo hi koci, bhikkhave, ime cattāro satipaṭṭhāne evaṁ bhāveyya sattavassāni,.. sattāhaṁ, tassa dvinnaṁ phalānaṁ aññataraṁ phalaṁ pāṭikaṅkhaṁ; diṭṭheva dhamme aññā; sati vā upādisese anāgāmitā. 각묵 옮김, 『디가니까야』 2권, 초기불전연구원, 2005, p.544.

열반의 불교적 개념을 언어로 설명할 때는 한정된 해석과 자아실현 사이에 긴장감 있는 균형을 맞출 필요가 있다. 본 연구는 붓다의 핵심 가르침을 분명히 확인하기 위해서 빠알리 경전에 수록된 열반의 메시지가 본래 무엇이었는지 파악하는 데 역점을 둘 것이다. 첫째, 초기불교 문헌의 역사적 발달 과정을 조사할 것이다. 둘째, 철학적인 방법론은 물론이고, 붓다의 근본 가르침에 대한 해석에 적용하는 문헌적 접근 방법이나 경전적 해석 방법에 초점을 맞출 것이다. 덧붙여 철학적 방법도 언급할 것이다. 끝으로 열반의 의미가 무엇인지 이해하기 위해 명상에 직접적으로 적용하는 마음챙김 명상 방법에 중점을 둘 것이다.

이미 언급했듯이 본 연구는 빠알리(Pāli) 문헌의 활용으로 제한할 것이다. 빠알리 문헌이란 버마불교 문헌을 포함하여 빠알리 경전과 그것의 주석서 등을 포함한다. 버마 문헌 중에서는 주로 두 권의 책을 참조했는데, 이들은 쉐진(Shwe Kyin) 사야도가 저술한 *Gambhīrāgambhīra Mahā-nibbūtadīpanī Kyam*(소멸인 열반에 대한 해설서)과 레디 사야도가 집필한 *Nibbāna Dīpanī*(열반 해설서)이다. 이들 자료는 상좌부불교 빠알리 문헌의 원전과 주석서를 근간으로 만들어진 것이다.

초기불교의 역사적 기반

불교는 붓다의 가르침이 그의 제자들을 고무시키면서 발생했다. 인도에서 시작되었다는 이유로 초기불교를 '인도불교'라고 불렀다. 초기불교는 붓다의 가르침을 유지하면서 조화를 이루었다. 그러나 〔불멸〕 약 100년 후에 근본분열〔결집結集을 서로 분리하여 진행〕을 시작으로 불교승단은 여러 종파로 분리되었다. 시간의 흐름에 따라 이러한 분리는 다른 환경에, 그리고 다른 문화적 전통에 의해 지속적으로 일어났다. 이러한 분리는 불교수행의 목표와 열반의 의미가 무엇인지를 포함하여 불교의 가르침에 대한 보편적인 합의로부터 멀어지게 만들었다.

히라카와 아키라(Hirakawa Akira)에 따르면 인도불교의 상좌부 계보에 처음 12개 종파가 있었다.[15] 또한 상좌부 전통 중에는 추가적으로 나타나는 다른 권위의 종파들도 있었다. 본 연구가 상좌부불교의 전통을 다루지만 모든 종파의 기원에 대해서는 설명하기 어렵다. 왜냐하면, 상좌부 전통의 모든 종파를 다루는 것은 본 연구의 범위를 벗어나기 때문이다. 본 연구는 바팟(P.V. Bapat)의 저서 *2500 Years of Buddhism*(불교 2500년)에서 언급한 것을 기준으로 상좌부 전통 중에 스타위라와다(Sthaviravāda)가 상좌부 전통의 주요 부파였음을 인정한다. 또한 상좌부는 그들의 전통에 맞는 신성한 언어나 경전의 언어로서 빠알리어를 사용했다. "빠알리 문헌에서 발견된 붓다의 최초 가르침은 상좌부불교 종파에 속한다. 그 상좌부불교 종파들은 불교에서 가장 정통한 부파로 불렸다."[16] 상좌부불교의 맥락에서 버마불교는 상좌부 전통의 명맥을 계승한 것으로 생각된다. *Ceylonese Chronicles*(실론〔스리랑카〕 연대기)에 따르면 아소카(빠알리어로 Asoka) 왕은 불교를 전파하기 위해 두 명의 불교 승려인 소나(Soṇa) 장로와 웃따라(Uttara) 장로를 지금의 미얀마 지역〔미얀마의 옛 이름〕인 수완나부미(Suvaranabhūmi, 빠알리어로 Suvaṇṇabhūmi, 황금의 땅)로 보냈다.[17] 아소카 왕의 치세 기간 동안(기원전 3세기)에 스리랑카, 미얀마, 태국 등 여러 나라로 불교 포교가 확산되었다. 미얀마 불교의 역사적인 맥락은 다음과 같이 기술된다.

> "버마(Suvaṇṇabhūmi, 황금의 땅)의 상좌부불교 성립 근거는 서기 약 5세기경 빠알리어로 쓰인 비문에 있다. 또한 한때 대승불교와 밀교가 버마에 성행했음에도 불구하고 아나와라타(Anawrahta) 왕은 서기 11세기에 상좌부불교로 개종했다. 그리고 2세기 후부터 버마의 불교는 더욱 폭넓게 확산되었다."[18]

이러한 사실을 근거로 현재 미얀마의 상좌부불교가 인도 상좌부불교의 명맥을 이어가고 있음을 의심할 여지가 없다. 불교학자들은 가장 오래된 붓다의 가르침이 빠알리어로 합송 전승되어 유지되고 있다고 추정한다. 이 언어는 마가디어(Māgadhī)와 관련이 있는데, 마가디어는 기원전 500년경 붓다 당시에 마가다국이었던 중부 인도에서 사용한 언어이다. 빠알리어와 마가디어 사이의 연관성을 지적할 만한 직접적인 지표는 없다. 그러나 불교학자들은 붓다 당시에 마가다에 살았던 사람들이 빠알리어의 원조인 마가디 언어를 사용했다고 추측한다. *Burmese-Pāḷi Dictionary vol. xvi*(버마-빠알리 사전 536)에 따르면 마가다어(Māgadha bhāsā)를 빠알리어(Pāḷi bhāsā)로 인정해 왔다.[19]

> "숫다마가다(Suddhamāgadhā)는 마가디로 이름 붙여진 언어를 의미한다. 그 언어는 원래 마가다에서 쓰기 시작하여 그곳에 살았던 사람들이 사용했기 때문이다. 마가다(Māgadha)가 문법에 맞게 '마가디(Māgadhī)'로 변형되었다."[20]

이런 역사적인 맥락에서 마가다국에 있는 라자가하(왕사성) 시 근처에서 불교의 결집이 열렸다. 결집의 참가자들은 공식적으로 빠알리어를 사용했다. 그 언어는 마가디와 빠알리라는 두 개의 다른 명칭을 가지고 있지만 빠알리어의 기원은 마가디어라 추정한다.

승가의 결집에 참여한 승려들은 '상좌부(Theravāda)'라는 용어를 사용했다. 왜 승가는 이런 명칭을 사용했을까? 빠알리어에서 '테라와다'라는 단어는 글자 그대로 '장로들의 방식' 또는 '장로들의 교리'를 의미한다.[2] 실제로 붓다가 그의 가르침을 먼저 설하면 장로들이 그것을 되풀이

---

2 빠알리어 테라와다(Theravāda)는 '테라(*thera*)'와 '와다(*vāda*)'의 합성어이다. '*thera*'의 어원은 분명하지 않지만 '서 있는', '고정된', '오래된', '강한' 등의 의미를 지닌 산스크리트 어 '√*sthā*'에서 파생되었을 것이라고 볼 수 있으며, '늙은', '존경받는(*sthavira*)' 등의 의미로 승단 안에서 가장 '나이가 많은 스님' 또는 '가장 존경받는 스님'을 나타내는 표현으로 사용되었다. 따라서 '테라'는 나이가 많거나 선임인 윗사람을 말하며 주로 '長老'라고 번역하여 활용한다. 초기경전(Pāli-Nikāya) 안에서도 테라라는 용어는 여러 차례 등장한다. 테라는 비구(bhikkhu)들의 높낮이를 구분하는 것으로 '장로비구(Thera Bhikkhu)', '중간비구(Majjhima Bhikkhu)', '신참비구(Nava Bhikkhu)'의 세 가지 분류 중에 가장 높은 단계를 말한다. 또한 '크다', '위대하다'는 의미를 지닌 '마하(Mahā)'와 합성하여 '마하테라(Mahāthera, 大長老)'로 활용되기도 한다. 테라와 함께 사용된 '*vāda*'는 '말하다'는 의미를 지닌 '√*vad*(*vac*)'에서 파생된 단어로 '言說', '說敎', '命題',

해서 암송하는 방식으로 붓다의 원음을 보존했다. 따라서 그런 가르침을 '장로들의 교리'라고 이름 붙였다. 이 과정을 통해 방대한 빠알리어 삼장이 완성되었다. 상좌부 불교도들은 이들을 삼장(ti-piṭaka, 三藏)이라 말한다. "삼장이란 무엇인가? 그것은 율장(Vinaya piṭaka)과 경장(Suttanta piṭaka) 그리고 논장(Abhidhamma piṭaka)이다."21 [3]

상좌부불교와 대승불교 전통 안에는 많은 종파가 있다. 이 연구에서 상좌부불교 전통과 대승불교 전통의 계보 사이의 차이점을 기술한다는 것은 너무 방대한 작업이다. 따라서 본 연구는 두 가지의 기본적인 그룹으로 전통을 분류하여 설명하고자 한다. 그 두 그룹은 빠알리 전통(Pāḷi Buddhism, 빠알리 불교)과 산스크리트 전통(Sanskrit Buddhism, 산스크리트 불교)이다. 상좌부불교로 알려진 빠알리 불교는 스리랑카, 미얀마, 태국, 캄보디아와 라오스 등과 같은 나라를 포함하는 남방불교 전통을 지닌다. 반면에 산스크리트 불교는 대승불교라고도 하는데 중국, 티베트, 네팔, 부탄, 한국, 일본, 대만, 베트남과 같은 북방불교 전통을 지닌다. 본 연구는 주로 빠알리 불교 관점을 강조하고자 한다.

'主義', '教義', '教理' 등의 의미를 지니고 있다. 초기경전 안에서 '와다'는 '이띠-와다(iti-vāda, 소문, 풍문)', '꾸마라까-와다(kumāraka-vāda, 어리숙한 말)', '무사-와다(musā-vāda, 거짓말)', '담미까-와다(dhammika-vāda, 올바른 말)' 등으로 실제 입으로 하는 '말(speech)'의 의미로 사용될 뿐만 아니라, 말을 주고받음으로 인해 생기는 '논쟁', '토론', '논박'의 의미로 확대되고, 결국 '교리', '교의', '주의'를 함께하는 '무리', '교파', '분파'의 의미로 사용되기도 한다. 따라서 테라와다에서 '와다'는 일반적인 의미의 말보다는 보다 강조되고 형식화된 주장을 담고 있는 '교리'를 의미한다고 볼 수 있다.

3 DA, I, p.16.

그 이유는 연구자 본인이 아홉 살 때부터 버마의 상좌부불교 전통에서 관련 교육과 수행을 병행하면서 훈련받았기 때문이다. 본 연구자는 종교 생활을 하는 동안 위빠사나 지도자로서 전문지식을 가지게 되었고, 특히 마하시(Mahāsi) 전통 수행을 했는데, 그 전통은 빠알리 불교와 연관되어 있다.

상좌부불교 맥락에서, 초기불교에 나타난 가장 핵심적이고 중요한 붓다의 가르침은 「담마짝까빠왓따나 숫따(Dhammacakkapavattana sutta, 초전법륜경)」에서 붓다가 설한 '사성제'이다. 「초전법륜경」에서 붓다의 가장 중요한 메시지 중에 하나는 괴로움을 소멸하는 성스러운 진리인 멸성제(dukkha-nirodha-saccā)이다. 멸성제는 열반이라는 용어와 거의 동의어이다.[22] [4] 니로다(소멸, nirodha)나 닙바나(열반, Nibbāna)라는 용어는 불교 문헌뿐만 아니라 빠알리 경전에 자주 언급되고 있다. 붓다는 닙바나라는 단어를 더 자주 사용했으며, 「마하사띠빳타나 숫따(대념처경)」에서 역시 붓다는 닙바나라는 단어를 직접 사용했다.[23]

> "비구들이여, 이 도는 유일한 길이니, 중생들의 청정을 위하고, 근심과 탄식을 다 건너가기 위한 것이며, 육체적 고통과 정신적 고통을 사라지게 하고, 옳은 방법을 터득하고, 열반(닙바나)을 실현하기 위한 것이다. 그것은 바로 '네 가지 마음챙김의 확립'이다."[24] [5]

---

4 SN, V. p.421.

5 DN, II. p.290 : Ekāyano ayaṁ bhikkhave maggo sattānaṁ visuddhiyā, sokapar-

닙바나라는 단어는 주석서와 복주석서를 제외하고도 〔6차 결집본으로 출간된〕 40권의 빠알리 삼장에 600번 이상 등장한다. 빠알리 불교는 닙바나를 마지막 해탈로 설명하는데, 그것은 모든 괴로움에서의 해탈(vimutti-dhamma)을 의미한다.[25]

다양한 불교 전통에서 열반의 개념을 설명하기 위해 혼신의 노력을 해왔다. 불교의 시간이 흐름에 따라 다양한 열반의 해석과 개념 그리고 '궁극적 실제實際'라는 용어 등이 속출했음은 의심의 여지가 없다. 이러한 현상으로 인해 누군가는 붓다의 근본 가르침이 다양한 불교 전통의 발생과 시대적 배경으로 인해 변화하고 약화되었다고 주장할 수 있다. 변하지 않는 실제로서의 열반 개념이 학문적 해석과 다른 불교 전통의 관점에 따라 변하고 있는 것이다.

오랜 불교 역사를 보면 불교 교리에 대한 다양한 해석이 초기불교의 견해와 불일치함을 알 수 있다. 새로운 불교는 붓다의 가르침에 대한 초기 해석에서 벗어나기 시작했다. 새로운 형태의 불교 중에 하나가 대승불교이다.[26] 대승불교 또는 산스크리트 불교학자들은 초기불교의 교리와 관점에 의견을 달리한다. 나가르주나(Nāgarjuna, 용수)는 대승불교 전통의 학승學僧이었다.[27] 나가르주나는 열반을 다른 입장에서 설명했다. 그의 시각에 따르면 열반이 윤회(saṁsāra)이며 윤회가 열반이다. 열반과 윤회는 서로 다르지 않으며 체험에 있어서 두 개의 독립체가 아니다. 그에게 이들 두 가지는 같다. 게다가 나가르주

---

iddavānaṁ samatikkamāya, dukkhadomanassānaṁ atthaṅgamāya, ñāyassa adhigamāya, Nibbānassa sacchikiriyāya, yadidaṁ cattāro satipaṭṭhānā. 각묵 옮김, 『디가니까야』 2권, 초기불전연구원, 2005, p.492.

나는 열반을 공(空, sunyatā)으로 해석했다. 그의 설명에 따르면 일체는 공이며 살아있는 것과 살아있지 않는 것 또한 공하다. 동시에 공은 중도이다. 따라서 공의 길을 열반의 길로 간주한다.[28]

열반의 해석에 대한 여러 이견을 바탕으로 또 다른 대승불교의 종파가 출현했다. 그 신생 종파는 정토淨土불교이다.[29] 정토불교 전통은 열반을 '극락정토' 또는 '불국토'와 동일시한다. 정토(Pure Land)는 다르마까라 보살(Bodhisattva Dharmakara)의 수많은 공덕의 결과이며, 다르마까라 보살은 아미타불(Amitābhā)이 되기 전에 수 억 겁 동안 수행을 했다. 정토불교 전통은 석가모니 부처의 법신(法身, Dharma-kāya)이 영원불멸하다고 강조한다.[30] 정토불교의 주장은 영원한 붓다가 이론적으로 세 개의 현신(顯身, trikāya)을 가지고 있다는 것이다. 이러한 견해는 무착(Asanga, 無着)의 이론과 다른 유가행파(Yogācāra) 스승들의 관점과 연계되어 있다.

> "붓다의 몸은 '숫자적으로 하나이지만 기능적으로는 다수'이다. 초기 대승불교 사상에서 붓다는 두 개의 몸을 가졌는데 이들 중의 하나는 법신이다. 법신法身은 형상이 없으며 절대적인 실제이다. 그리고 다른 하나는 색신(rūpakāya)이다. 색신色身은 색깔이 있으며 만질 수 있고 오감五感이 있다. 무착과 다른 유가행파 지도자들은 붓다가 세 개의 몸을 가졌다고 주장했다. 그 세 개의 몸은 진리 그 자체를 나타내는 법신, 깨달음에서 오는 기쁨을 누리는 보신(報身, sambhogakāya), 중생을 교화하기 위해 이 세상에 나타난 응신(應身, nirmānakāya)이다."[31]

위의 설명을 토대로, 정토불교도들은 역사적 붓다가 인간계에 더 이상 존재하지 않을지라도 보신은 불국토라는 가장 높은 천상에서 영원히 존재한다고 설명한다. 정토불교에 따르면 붓다의 법신은 영원불멸한 것 같다.

이러한 역사적 흐름에서 비춰보면, 위빠사나 지혜(vipassanā ñāṇa)를 계발하지 않은 사람은 상좌부불교와 대승불교를 포함한 불교 자체를 부정적인 시각으로 볼지도 모른다. 그럼에도 불구하고 열반에 대한 다양한 해석을 탐색할 수 있는 방법이 있다. 그것은 불교경전을 토대로 연구하는 것이다. 이러한 방법론은 문헌적 방법(경전에 입각한 방법)과 몇 가지 철학적 접근을 포함한다. 철학적 방법의 활용은 열반의 개념에 대한 명확한 이해를 확장하는 데 도움이 되며, 문헌적 방법의 활용은 수행자들로 하여금 도·과의 지혜(깨달음, magga-phala ñāṇa)를 성취하는 중요성을 이해하는데 도움이 된다. 더 명확히 말하면, 문헌적 접근 방법과 철학적 이해를 활용하는 것은, 두 가지의 극단적인 관점을 규명하고자 하는 본 연구의 취지와 부합할 것이다. 여기서 두 가지 관점은 단멸론(uccheda diṭṭhi, 단멸된다는 극단적인 견해)과 상주론(sassata diṭṭhi, 지속한다는 극단적인 견해)을 말한다.

열반의 연구를 위한 방법론적 맥락

이미 언급했듯이, 많은 불교 전통의 다양한 관점에 대해 단지 역사적인 맥락만으로 열반의 의미를 설명하는 것은 충분하지 않다. 따라서 본 연구는 기존의 몇 가지 해석에 대한 재평가를 시도해 보려 한다.

기존에 진행한 해석 작업은 붓다의 원음에 대해 상호 보완적이기보다는 모순을 지적하는 데 가까웠다. 본 연구는 초기불교 사상에 대한 조사를 실시함에 있어서, 해석에 대한 작업을 강화하기 위해 철학적인 방법은 물론 문헌적 방법을 포함하여 진행할 것이다.

여기서 문헌적 방법이란 무엇인가? 그것은 빠알리 문헌을 분석하는 방법이다. 빠알리 불교에서 문헌적 방법은 세 가지 측면을 포함하고 있다: (1) 이론적 텍스트(pariyatti, 교학), (2) 실천적 텍스트(paṭipatti, 수행), (3) 체험적 텍스트(paṭiveda, 꿰뚫음). 여기서 이론적 텍스트는 붓다의 가르침과 연관된 교리를 설명하는 방법을 의미한다. 실천적 텍스트는 정신적, 영적 계발을 얻기 위해서, 또 진정한 열반의 의미가 무엇인지를 알기 위해 붓다의 교리를 핵심으로 적용하는 것이다. 체험적 텍스트는 사마타(samatha)와 위빠사나(vipassanā)를 포함하는 명상 체험을 말한다. 이 세 가지 측면 중에 이론적 텍스트는 불교의 핵심적인 문헌이 되어야 한다. 이것은 교학적 가르침에 기초한 것이기 때문이며, 다른 두 가지 방법은 불교 수행자들 스스로 영적인 성장 과정을 통해 완성할 수 있다.[32]

"여기서 빠리얏띠(교학)는 삼장을 의미한다. 빠띠빳띠는 수행이다. 빠띠웨다는 사성제의 진리를 깨닫는 것이다. 세 가지 텍스트 중에 빠리얏띠(이론적 텍스트)는 다른 두 가지 텍스트보다 좀 더 기본적이고 핵심적이다. 기본적인 이론을 연구하면서 지혜로운 사람은 다른 두 가지 텍스트도 완성할 수 있다."[33] [34]

경전을 기본으로 하는 연구 방법의 중요성을 강조했듯이, 본 연구에서는 열반의 의미를 탐색하기 위해 문헌적 방법을 적용한다. 그리고 진리의 실현은 수행을 통해 선정(jhāna, 몰입)의 성취와 위빠사나 지혜뿐만 아니라 도·과의 지혜(ñāṇa, 통찰지혜)에 대한 체험을 말한다.[35]

본 연구는 불교 문헌을 체계적으로 해석하기 위해 몇 가지 적절한 철학적 방법을 활용한다. 이를 위해 해석학적 방법론과 실용주의 방법론이 적용될 수 있다. 해석학적 방법론은 종교적인 문헌의 해석에 대한 인간의 이해와 관련된 것이다. 이것은 신성한 문헌을 좀 더 좁은 의미에서 해석하려는 시도와 관련되어 있다. 오늘날 '해석학'은 흔히 성경 연구나 종교적인 연구와 철학 분야에서 사용되고 있다. 해석학은 프리드리히 슐라이어마허(Friedrich Schleiermacher)의 작품에 나타난 철학적 전통뿐만 아니라, 현대 해석학 이론에 관하여 20세기 철학적 입지를 구축했다. 더욱이 '해석학적 순환'은 슈테펜 슐라이어마허(Steffen Schleiermacher)에 의해 처음으로 초석이 닦인 개념으로, 하나의 본문을 이해하고 새로운 해석을 만들어 내는 과정이다. 아마도 해석학적 순환은 매번 새로운 해석이 나올 수 있을 것이다.[36] 최근 해석학에 대한 주류는 좀 더 현대적인 해석 이론에 관심을 보이고 있다. 불교 문헌을 위한 '불교 해석학' 역시 경전의 해석을 주로 다루고 있다.[37]

"최종 관점을 규명하고자 탐색하는 것은 불교 해석학의 최우선 관심사가 되었으며, 경전 해석에 문제를 일으키기도 했던 붓다의 방편적 방법인 우빠야(방편, upāya)가 해석을 하는 데 원칙이

되어야만 한다는 것은 놀랄 일도 아니다. 우빠야는 상좌부 전통의 '네띠빠까라나(導論, Netti pakarana)'와 쿠카이(Kūkai)의 '의식 발달의 10단계(Jūjūshinron)'에서 제시한 것과 표면상 서로 다른 문헌적 분류의 토대를 형성한 것 같다. …… 상좌부불교의 번역자들은 해석학의 전략을 깨달음으로 가는 점진적인 길에 기반을 두고 있다. 따라서 번역자들은 사람들의 유형을 기술했으며, 그것은 붓다가 가르침을 설했던 사람들의 영적인 발달 단계와 그들의 성향과 같은 요인들을 근간으로 했다."[38]

붓다는 제자들에게 동일한 내용과 방식으로 가르치지 않았다. 따라서 어떤 특정한 문헌의 의미를 알아내기 위해, 특히 열반의 의미를 해석하기 위해서는 다양한 각도의 방법들을 활용해야 한다. 본 연구는 열반에 대한 이전 해석들을 분석하기 위해 불교의 해석학적 방법을 사용하고 있다.

기존의 해석들을 살펴보면 해석의 방법론적 순환을 벗어나기 어렵다. 해석학적 방법에서 해석의 순환성은 부분과 전체 사이에 관련이 있다. 즉, 각 부분의 해석은 전체 해석에 달려 있다는 의미이다. 이러한 사실은 본 연구에서 아주 유용하게 적용된다. 왜냐하면 해석이란 의미와 관심사의 다양성으로 인해 매우 복잡해지기 때문이다. 본 연구의 목적 달성을 위해 해석학적 접근의 시도는 신뢰할 만하다.

또한 본 연구는 실용주의(Pragmatism)를 적용하고자 한다. 실용주의는 본래 미국에서 발달했다. 이 방법은 관념에 대한 의미나 진리는 실용적인 성과의 기능이 있어야 한다고 본다. "실용적이라는 용어는 생각을 행동으로 옮기는 것을 의미한다."[39] 실용주의는 참(진리) 이론으로써 실용주의적 입장을 펼쳐나간다. 찰스 샌더스 퍼스(Charles Sanders Peirce, 1839~1914)는 실용주의에 대해 개념을 명확하게 하는 방법으로 정의한다. 퍼스에게 실용주의의 기본 원리는 개념을 실험적인 검증에 넣고 결과를 고찰하는 것이다. 퍼스는 모든 생각은 뭔가 하는 방식이 되어야 한다고 추정했다. 사람은 믿음을 가져야 한다; 믿음은 생각으로 바뀐다. 경험과 실험에 의해 검증된 생각만이 행동하는 습관을 갖게 하는 믿음을 줄 수 있을 것이다.[40]

윌리엄 제임스(William James, 1842~1910)는 진리가 실험적 검증에 유용하다는 견해를 제시한다. 제임스는 "실용주의는 하나의 방법일 뿐이다. … 실용주의가 비록 특정한 결과를 의미하지 않는다 하더라도, 실용적인 방법으로서 그것의 핵심은 분명한 결과를 가져야 한다."고 말한다.[41] 따라서 본 연구는 이론과 교리의 해석에 대한 검증을 포함한 실용적 접근을 통해 실생활에 유용한 결과를 도출해 내고자 한다. 이러한 방법은 열반의 의미를 실용적 검증과 실용적 결과를 적용하여 정의하는 데도 유용하다. 이처럼 본 연구는 철학적인 방법은 물론 문헌적 방법을 적용함으로써, 열반을 분석하려는 연구목적을 완수할 것이다.

연구 개요

초기불교 사상은 통찰명상을 통해 얻은, 개인적인 체험을 통한 열반(Nibbāna)의 중요성에 관심이 많다. 본 연구는 가능한 빠알리 불교(상좌부불교)의 관점을 기반으로 열반의 의미를 명확하게 하는 작업에 집중하고자 한다. 왜냐하면 개인적인 열반 체험은 말로 다 형언할 수 없으며, 열반의 핵심을 정확한 의미로 정의하기도 불가능하기 때문이다. 그러나 신뢰할 만한 문헌을 사용하여 문헌적이고 철학적인 방법을 토대로 열반의 논리적인 의미를 탐색하는 것은 가능하다. 이미 언급했듯이 본 연구를 위해 가장 신뢰할 수 있는 자료는 빠알리 경전, 경전의 주석서, 그 밖의 불교 문헌과 미얀마 전통의 불교 문헌들이다.

1장은 열반의 문헌적인 의미를 조사하는 방법에 대해 개요를 설명한다. 2장은 빠알리 경전과 초기불교와 관련 있는 역사적인 저서, 그리고 불교학자와 불교도가 아닌 학자들의 해석을 근간으로 문헌 검토에 초점을 맞출 것이다. 빠알리 문헌은 붓다의 가르침과 직접적인 연관성을 얻기 위해 본 연구에 중요한 도구이다. 문헌적 관점은 주로 경전 텍스트와 열반에 대한 불교학자들의 해석을 다룰 것이다. 또한 현대 불교학자들과 비불교학자들의 관점도 다루게 된다.

3장은 불교 우주관의 관점으로 업(kamma, 산스크리트어 karma)과 윤회(saṁsāra)의 개념을 통해, 존재와 비존재의 견해를 탐색한다. 불교 문헌은 윤회와 열반의 개념을 다루는 불교 우주관의 관점을 명확하게 설명하고 있다. 불교 문헌에서 불교 우주관을 설명하는 목적은 삶과 죽음의 과정, 그리고 존재와 비존재를 이해하기 위한 것이다. 많은 불교도들은 '깨달은 사람들은 어떻게 중생들이 윤회에서 존재하고 어떻게 중생들이 윤회에서 괴로움을 소멸하는지 알고 있다'고 믿는다. 이 장에서는 다양한 유형의 의식 과정과 불교 우주관의 입장에서 윤회와 열반에 관련한 정신적 경지를 *Abhidhamma*(아비담마, 論) 이론으로 설명한다.

4장은 빠알리 학자들의 다양한 해석과 그들의 철학적 관점을 조사한다. 본 연구는 그들의 해석과 관점을 확실하게 반영하고 있다. 닙바나(Nibbāna, 열반)라는 단어는 다른 전통적 배경 때문에 다양한 의미나 많은 견해를 가질 수 있다. 그러나 각각의 전통은 그들의 전통적인 교리를 토대로 그 자체의 가치를 가지고 있다. 이 연구의 한 가지 임무는 학자들의 다양한 관점을 이해하기 위한 것이며 빠알리 문헌에서는 어떻게 열반의 의미를 정의하려 시도했는지를 설명하는 것이다. 또한 열반의 철학적 개념과 관련 있는 다양한 학자들의 견해를 덧붙이려고 한다. 불교학자들의 다른 시각을 비교하는 것은 비교불교를 좀 더 폭넓은 시각으로 이끌 수 있다.

5장은 주로 '위빠사나' 명상으로 알려진 '사념처 수행' 방법을 적용한 실천적 수행을 강조한다. 원래 붓다가 수행하라고 지시한 이 방법은 위빠사나 지혜(통찰지혜)를 계발하는 길이다. 서기 5세기에 살았던 붓다고사(Buddhaghosa)의 주석 작업은 체계적이고 정교하며 서술적이고 포괄적으로 마음챙김 방법에 대해 좀 더 자세히 기술하고 있다. 붓다고사는 범주, 비유, 단계, 그리고 명확한 시선으로 마음챙김 방법을 주의 깊게 분석한다. 이를 위해 『청정도론(Visuddhimagga)』과 「마하 왁가 앗타가타(Mahā-vagga aṭṭhagathā, 대념처경의 주석서)」는 중요한 문헌이다. 이들 문헌은 수행자의 정신적 여정과 바른 길을 이끌어주기 위해 아주 중요하다. 5장에서는 주로 마음챙김 명상 방법에 대해 논의할 것이다.

열반의 해석에 대한 논쟁과 관련하여, 본 연구자는 단지 학문적인 해석만으로 열반의 의미를 이해하는 데 충분하지 않다고 생각한다. 이론과 수행, 두 가지를 병행하면서 실제로 적용해야 한다. 먼저, 이론적 관점에서 열반이란 무엇인가?

2장 다양한 시선에서 본 열반의 개념

열반(닙바나)의 어원

빠알리 경전과 주석서에 나타난 열반(Nibbāna)은 해석하기 어려운 것으로 생각되어 왔다. 빠알리 주석가와 불교학자와 비불교학자들은 열반이 무엇인지 알고 싶어 하는 다양한 청중들을 위해 열반에 대한 그들 나름의 정의를 내렸다. 그러나 그들의 정의와 해석은 다양한 주장을 제기하고 있다. 본 연구가 열반의 개념을 덜 모순되게 하면서 상호보완적인 정의를 도출하기 위해 많은 학자들의 해석을 분석하려고 하는 이유도 바로 이것 때문이다. 하지만 모든 불교 전통이 항상 같은 견해를 갖는 것은 아니라는 결론에 다다를 것이다.

붓다의 근본적인 가르침과 열반의 해석에 대해 좀 더 알아보기 위해, 불교를 비관주의의 개념으로 일축하기보다는 불교 문헌의 체계와 중요성을 고려해야만 한다. 경전에는 붓다의 견해에 대한 명확한 설명이 수록되어 있다; 열반의 개념이 언제 시작되었는지 그리고 그 중요성을 어떻게 인정했는지. 이러한 사실을 알아차리지 못한다면, 열반의 교리에 대해 많은 의문이 생기는 것은 의심의 여지가 없다.

Abhidhammaṭṭha saṅgaha(아비담맛타상가하)[6]에서 열반은 4가지 궁극적 실제(paramattha dhamma) 중에 하나로 설명된다. 빠라맛타는 빠라마(parama)와 앗타(attha)의 합성어이다. 빠라마는 '궁극의', '가장 높은', '최종의'라는 의미이고, 앗타는 '실제實際'를, 담마(dhamma)는 '본질', '현상' 또는 '사물'을 뜻한다. 따라서 빠라맛타 담마는 사물 또는 자신의 고유 성질(sabhāva)로 존재한다. 이것들이 존재를 구성하는 최종적이며 더 이상 분해할 수 없는 구성요소이다. 아비담맛타상가하에 따르면 빠라맛타 담마(궁극적 실제)는 4가지 요소로 구성되어 있다. 그것은 마음(citta), 마음작용(cetasika, 마음부수), 물질(rūpa, 형색)과 열반이다. 네 가지 중에 처음 3가지 실제는 조건 지어진 것이며 4번째 실제만이 조건 지어지지 않은 것이다. 이것이 열반은 조건 지어진 존재에 포함되지 않는다는 의미이다. 열반은 존재의 괴로움에서 벗어난 마지막 해탈의 경지이기 때문이다.[42] 아비담맛타상가하에서

---

6 Abhidh-s : Hammalawa Saddhātissa ed, *The Abhidhammatthasaṇgaha of Bhadantācariya Anuruddha and The Abhidhammatthavibhāvinī-Ṭīkā of Bhadantācariya Sumaṅgalasāmi*, Oxford : The Pali Text Society. 1989. ; 원서를 참고로 한 편역서로 Nārada Mahā Thera, *A Manual of Abhidhamma*, Kuala Lumpur : Buddhist Missionary Society. 1956 ; Bhikkhu Bodhi, *A Comprehensive Manual of Abhidhamma*, Kandy : Buddhist Publication Society. 1993 ; 대림, 각묵 옮김, 『아비담마 길라잡이』 상·하, 초기불전연구원, 2002 ; 김종수 옮김, 『아비담마 종합해설』, 불광출판사, 2019 등이 있다.

는 4가지 궁극적 실제를 언급하고 있다.[43]

> "이렇게 여래(붓다)는 네 가지로 궁극적 실제를 설한다. 그것은 마음, 마음작용, 물질과 열반이다."[44] [7]

불교 문헌에 따르면 열반은 오직 하나의 본질인 하나의 고유한 성질만 갖는다. 이것이 열반은 하나의 특성만 있다(*tadetaṁ sabhāvato ekavidhampi*)는 의미이다. 열반의 고유한 성질은 무엇인가? 이것은 '적정의 열반(*santi-lakkhanaṁ Nibbānaṁ*)'으로 '열반은 완전한 평온 혹은 조건 지어지지 않은 평화로움'이라는 뜻이다.[45]

그리고 『쿳다까니까야(Khuddaka-nikāya, 소부)』의 「이띠웃따까(Itivuttaka Pāḷi, 여시어경)」는 두 종류의 열반을 구체적으로 설명한다. 원문은 다음과 같다: "비구들이여, 두 가지 열반의 요소가 있다. 그 두 가지는 무엇인가? 그것은 ①남은 것이 있는 유여열반 요소와 ②남은 것이 없는 무여열반 요소이다."[46] [8] 유여열반(Saupādisesā Nibbāna)은 일종의 심리적 해탈을 경험하는 것이다. 그것은 한 사람의 일생 동안

---

7 Hammalawa Saddhātissa ed, *The Abhidhammatthasaṇgaha of Bhadantācariya Anuruddha and The Abhidhammatthavibhāvinī-Ṭīkā of Bhadantācariya Sumaṅgalasāmi*, Oxford : The Pali Text Society. 1989. p.34 ; 대림, 각묵 옮김, 『아비담마 길라잡이』 하. 초기불전연구원. 2002, p.582 : "갈애에서 벗어난 대선인들은 열반은 불사요, 다함이 없고 형성된 것이 아니고, 위없는 경지라고 설하신다. 이와 같이 마음과 마음부수와 물질과 열반이라는 네 가지 궁극적 실제를 여래께서는 설하신다."

8 Ernst Windisch ed., *Itivuttaka*, London : The Pali Text Society. 1975 p.38.

쌓인 오염원 때문에 겪는 괴로움으로부터 풀려나는 것이다. 무여열반(Anupādisesā Nibbāna)은 또 다른 종류의 생물학적 해탈을 경험하는 것이다. 이것은 열반의 경지에 들어간 후에 오온(색온, 수온, 상온, 행온, 식온: 육체, 느낌, 인식, 상카라, 마음)과 연계된 모든 괴로움으로부터 풀려나는 것이다."

열반(Nibbāna)이라는 단어는 빠알리 경전에 등장하지만 그 빠알리어의 의미는 다양하다. 빠알리 성전협회(PTS) 사전에 따르면, 어근인 'nir + vā'를 포함한 니르바나(Nirvāṇa)는 인도의 베다 시대에 이미 사용되었다. 그 의미는 '불다' 또는 '(불을) 끄다' 또는 '소멸하다'이다. 여기서 불의 소멸, 즉 탐욕과 성냄과 어리석음은 세속적인 '불'로 잘 알려진 불교의 개념이다. 닙바나(열반)라는 단어는 동사 'nibbanti'에서 파생된 빠알리어이다.[9] 닙반티(nibbanti)는 『쿳다까니까야』의 「라따나 숫따(Ratana sutta, 보배경)」에 등장한다: *nibbanti dhīrā yathāyaṁ*

---

9 초기불교의 열반은 빠알리어로 '닙바나(nibbāna)'이다. '닙바나'는 초기불교 안에서 언어적으로 다양한 의미로 해석된다. 먼저 가장 자주 볼 수 있는 닙바나는 '불을 끈다'는 의미이다. 이러한 이해에는 크게 두 가지 방식이 있다. 열반의 의미를 지닌 산스크리트어 'nirvāṇa'의 'vā'는 '불다(to blow, nir+vā)'는 의미를 지니고 있다. 여기서 '분다'는 것은 불어서 '불을 끈다'는 의미를 지닌다. 다시 말해, 번뇌의 불을 불어서 소멸시키는 것이다. 타오르는 불을 소멸시키는 방법으로는 부는 것 외에도 재료를 공급하지 않거나, 타고 있는 재료를 빼내는 방법도 있다. 따라서 'vṛ'를 '불을 덮는다(to cover, nir+vṛ)'로 이해하는 방식 역시 가능하다. '불을 불어서 끈다'는 해석은 마치 외부의 바람이나 어떤 외적 힘에 의해서 소멸시킨다는 뉘앙스를 지닌 반면에, '불을 덮는다'는 해석은 불에 더 이상의 연료를 공급하지 않거나, 불이 만들어지는 원인을 없애는 것으로, 외적 영향이 아닌 내적인 해결책으로 볼 수 있다.

padīpo(마치 등불이 꺼지듯이 현자들은 적멸한다).[10] 이것은 '소멸되다' 또는 '꺼지다"라는 의미다. 여기서 닙바나는 탐·진·치의 세속적인 '불'을 소멸한다는 의미이다.[47]

어원적으로 닙바나는 두 단어의 합성어이다: 빠알리어로 ni + vāna이다. 여기서 ni는 '부정' 또는 '떠남(nikkhantattā)'의 의미이며, vāna는 '갈애'이다. *Abhidhammaṭṭha vibhāvinī ṭīkā*(아비담맛타 위바위니 띠까)에서 다음과 같이 설명하고 있다 : 욕망이나 갈애의 얽힘에서 떠남.[48] 두 단어 ni + vāna 합성어의 의미는 '갈애(taṇhā)에서 떠남'이다. 빠알리 문법에 따르면 vāna 앞에 va라는 또 다른 단어가 문법적으로 합쳐졌다. 그래서 vāna에 va가 더해져서 va + vāna = vavāna에서 vvāna가 되었다. 그런 후에 문법적으로 vvāna가 bbāna로 되었다. 따라서 ni + bbāna가 정식 빠알리어 Nibbāna가 된 것으로 생각된다. 이 단어의 의미는 갈애로부터 떠남이다.[49] [11]

사성제의 교리에서 붓다는 멸성제(nirodha-saccā, 괴로움의 소멸에 관한 진리)는 사성제 중 세 번째 성스러운 진리이며, 열반과 동의어라고

---

10 Helmer Smith ed., *Khuddaka Pāṭha*. London : The Pali Text Society. 1978, p.5 : te khīṇabījā avirūḷhichandā nibbanti dhīrā yathāyaṁ padīpo. : 그들은 씨앗이 제거되었고 욕망이 커지지 않으니, 현자들은 마치 등불처럼 〔번뇌의 불이〕 꺼졌다.

11 초기불교에서의 열반은 색계와 무색계를 넘어서는 윤회의 종식을 의미한다. 이 상태를 위해서는 괴로움의 원인이었던 갈애의 제거가 필수적이다. 따라서 빠알리어 '닙바-나(nibbāna ; Skt. nirvāṇa)'〔ā장음〕를 '닙바나(nibbana ; Skt. nirvana)'로 이해하는 경우도 있다. 즉, 'nis'(nir)와 'vana'의 합성으로 '번뇌의 숲이 없고, 갈애의 숲이 없는' 것으로 해석하는 것이다.

설했다. 이것은 『디가니까야』의 「마하사띠빳타나 숫따 (대념처경)」에 기록되어 있다.[50] [12]

> "비구들이여, 괴로움의 소멸에 대한 성스러운 진리는 무엇인가? 그것은 갈애가 남김없이 소멸하고 버리고 놓아버리고, 벗어나 집착이 없음이다. … 거기서 이 갈애가 끝나며 거기에 갈애의 소멸이 일어난다. 비구들이여, 그것을 괴로움의 소멸의 성스러운 진리라고 한다."[51]

『디가니까야(Dīgha-nikāya)』의 「마하왁가(Mahāvagga Pāḷi)」 주석서에 따르면, 소멸(nirodha)은 열반과 동의어이다. 열반의 경지에서 갈애가 완전히 소멸되었다. 따라서 이 경우에 있어서 열반은 소멸과 같은 의미로 쓰였음이 분명하다. 빠알리 문헌에는 다음과 같이 언급한다: "남은 것이 없는 탐욕의 소멸(asesavirāga)과 소멸(nirodha)이라는 말은 열반과 동의어이다."[52] [13] 그러므로 소멸이라는 단어는 멸성제의 맥락에서 열반과 같은 의미이다.

어떤 이름이나 어떤 동의어를 사용했든지 열반의 핵심은 오직 하나이다. 즉 절대 적정(santi lakkhana, 절대적 평화로움)이다. 그런데도 열반은 많은 이름을 가질 수 있다. 예를 들면, 남은 것이 없는 탐욕의 소멸, 남김없이 소멸, 버림, 놓아버림, 벗어남, 집착 없음, 탐욕의

---

12 DN, II. p.310.

13 W. Stede ed., *Sumaṅgala Vilāsinī*, part III. London : The Pali Text Society. 1971, p.800.

제거, 성냄의 제거, 어리석음의 제거, 갈애의 제거, 태어나지 않음, 윤회에서 자유로움, 표상(相) 없음, 욕망에서 벗어남, 행行이 없음, 생기지 않음, 다시 태어나지 않음, 다른 존재로 일어나지 않음, 생겨나지 않음, 늙지 않음, 병들지 않음, 죽지 않음, 슬픔 없음, 비탄 없음, 절망 없음, 오염원이 없고 청정함 등이다. 이것은 「마하사띠빳타나숫따」의 주석서에서 인용한 것이다.[53] [14]

사실 열반의 동의어는 위에 열거한 이름보다 더 많다. 위에 언급한 설명에서는 일반적이고 유용한 열반의 동의어를 아직 말하지 않았다. 예를 들면, 몇 개의 단어가 더 있다. 빠알리 문헌에 공(空, suññata), 무(abhūta), 적정(寂靜, santi)과 안온(安穩, khema)과 같은 동의어가 있다. 어쩌면 열반의 동의어를 연구하는 것도 흥미로울지 모르겠다. 사실 빠알리어와 산스크리트어도 영어처럼 동의어가 풍성하다. 영어에 많은 동의어와 반의어가 수록된 유의어 사전이 있듯이, 빠알리어와 산스크리트어에도 어휘사전으로 알려진 사전이 있다. 빠알리어로 된 *Abhidhānappadīpikā*(아비다납빠디삐까)라는 동의어 사전이 있는데 이 사전에서 같은 의미를 갖는 많은 다른 단어를 제시하고 있다. 이 사전에서 가장 훌륭한 부분은 동의어의 모음이라는 것인데, 출판사 이름이 적힌 마지막 장을 제외하고 1,203개의 게송이 수록되어 있다. 열반의 동의어도 이 사전에 실려 있다. 닙바나(열반)라는 단어를 모두 합쳐 46개의 다른 이름으로 명기했다.[54]

불교 문헌에서 '아상카따(asaṅkhata)'는 열반의 의미를 설명하는 데

---

14 W. Stede ed. 1971, p.801.

사용되어 왔다. 아상카따도 닙바나의 동의어이다. 어원상으로 빠알리어 '아상카따'는 a와 saṅkhata의 합성어이다. a는 '부정'을 saṅkhata는 '조건 지어진'을 의미한다. 즉, '오온과 같이 특정한 조건에 의해 형성된(paccayehi abhisaṅkhatattā saṅkhataṁ)'이라는 뜻이다. 조건이란 업(kamma)과 마음(citta) 그리고 온도(utu)와 음식(āhāra)을 포함한다. 따라서 '아상카따'는 '비조건적인' 또는 '조건 지어지지 않은'을 의미한다.[55]

아상카따라는 단어는 『디가니까야』의 「마하빠리닙바나 숫따(Mahā parinibbāna sutta, 대반열반경)」에 실려 있다. 「마하빠리닙바나 숫따」에서는 아상카따(조건 지어지지 않은)와 닙바나(절대적 평화로움)가 어떻게 어원학적인 맥락에서 서로 연관성이 있는지를 설명하고 있다. 그 설명은 다음과 같다.

> "세존이 입멸하실 때, 천신들의 통치자 삭가(Sakka)는 이 게송을 읊었다. 무상한 것은 형성된 것이며, 일어났다 사라진 것이며, 일어난 것처럼 그것들도 사라진다. 그런 것들이 완전히 멈춘 것이 진실한 행복이다."[56 57 15]

'완전한 멈춤(소멸)이 진실한 행복이다(tesaṁ vūpasamo sukho)'라는 구절은 이 문맥에서 명확하지 않은 것 같다. 그래서 주석가인 붓다고사는 『디가니까야』의 「마하왁가 앗타까타(Mahāvagga-aṭṭhakathā)」에서

---

15 DN, II. p.157.

아상카따의 의미를 명확하게 했다.

> "완전한 멈춤이 진실한 행복이라는 의미는 형성된 모든 것들(saṅkhara)이 멈추기 때문에 열반의 경지는 형성되지 않은(asaṅkhata) 상태이며 고요한 행복(santi-sukha)의 상태라는 것이다."[58 59 16]

이 문장에서 닙바나(열반)와 아상카따(조건 지어지지 않은)는 같은 의미이며 단지 단어만 다를 뿐이다. 열반의 의미와 관련하여 만약 어떤 것이 형성된 것이라면, 태어나고 존재하고 조건 지어진(saṅkhata) 것은 무엇이든지 쇠퇴하는 것으로 이해된다. 아무도 쇠퇴하는 것을 막을 수 없다. 그러나 열반은 쇠퇴, 태어남, 존재하는 것과 같이 조건 지어진 것이 아니다. 이것은 붓다의 가르침에서 인용한 것이다. "태어나고 존재하고 조건 지어진 것은 무엇이든지 쇠퇴한다. 그것은 쇠퇴하지 않고 존재할 수 없다."[60] 열반의 의미를 정의하기 위해 많은 경전에서 언급하고 있다.

열반과 초기불교의 개념

초기 인도의 종교 전통은 모크샤(Moksha)의 영향을 받았다. 그 당시

16 참고) W. Stede ed., *Sumaṅgala Vilāsinī*, part II. London: The Pali Text Society. 1971. p.595. *Tesaṁ vūpasamo-ti tesaṁ saṅkhārānaṁ vūpasamo, asaṅkhataṁ nibbānameva sukhaṁ-ti attho.*

모크샤는 인도 전통에서 최고의 목표였다. 그러나 인도 전통 내에서도 많은 학파들이 깨달음을 뜻하는 묵띠(Mukti)와 해탈의 체험을 의미하는 모크샤의 본질을 다르게 해석하고 있다. 그것은 그들의 다른 형이상학적 위치와 입장 때문이다. 자이나교에서 모크샤는 문자 그대로 해방을 의미한다. 이것은 악으로부터 영혼의 해방이며 더 나아가 윤회로부터의 해방을 의미한다.[61]

일반적으로 괴로움과 죄악으로부터의 자유는 종교적 신념이다. 이러한 맥락에서 불교는 열반이나 해탈(mutti 또는 vimutti)의 성취를 그 목표로 한다. 붓다는 중생들에게 최초의 설법으로 멸성제(Dukkha nirodha saccā, 괴로움의 소멸이라는 성스러운 진리)의 중요성을 강조했다. 이와 관련해서 둑카 니로다(dukkha nirodha)는 해탈로 해석될 수 있다. 불교도들은 절대적 평화로움, 즉 죽음과 윤회로부터의 자유를 얻기 위해 해탈의 길을 찾으려고 한다. 따라서 불교도들은 심리적이고 생물학적인 자유를 성취하려는 종교적 꿈을 가지고 있다.[17]

열반의 해석과 관련하여, 초기불교의 개념이 두 장로들의 설명을

---

17 해탈로 번역되는 빠알리어 '위목카(vimokkha)'는 기본형 '√*muc* (to unloose, 풀다)'에서 파생된 남성명사로, 그 의미는 '해탈', '해방', '자유' 등을 나타내고 'deliverance', 'release', 'emancipation' 등으로 영역된다. 즉, 인간이 세속적(世俗的) 속박(족쇄)으로부터 벗어나 자유롭게 되는 상태를 말한다. 초기경전에서 '위목카(vimokkha)'는 크게 두 가지로 보여진다. 하나는 세 가지 단계(無相解脫 animitta-vimokkha, 無願解脫 apaṇihita-vimokkha, 空解脫 suññatā-vimokkha)를 통하여 선정의 성취와 관련하여 설명하는 것이고, 다른 하나는 八解脫(aṭṭha vimokkha)을 통하여 물질, 무색계 선정, 그리고 상수멸정과 관련하여 설명하는 것이다.

통해 나타난다. 사리뿟따(Sāriputta, 사리불)와 목갈라나(Moggallāna, 목건련) 존자는 불사不死의 경지로서 열반을 해석한다. 후에 사리불과 목건련 존자가 될 우빠띳사(Upatissa)와 꼴리따(Kolita)라는 두 남자가 축제 광경을 바라보고 있던 중에 인생의 모든 것이 덧없음을 깊이 깨달았다. 그 결과, 두 사람은 가정생활을 단념하고 해탈의 길을 찾기로 결심했다.[62] 그러나 모든 것을 포기하기 전에 그들은 만약 두 사람 중에 한 사람이 불사의 경지를 체험하게 된다면 서로에게 알려주기로 약속했다. 이 맥락에서 불교도들은 열반의 의미가 무엇인지 가늠할 수 있다.[63]

> "사리뿟따와 목갈라나 존자가 산자야(Sañcaya)라는 고행 수행자의 지도하에 수행하고 있던 중에 두 사람은 '만약 한 사람이 먼저 불사의 경지를 체득한다면 상대방에게 알려줘야 한다.'고 서로 약속했다."[64]

초기불교도들은 경전의 문맥을 근간으로 열반과 해탈의 중요성이 무슨 의미인지를 이해할 수 있지만, 태어남과 죽음으로부터 해탈이라는 개념은 현대 불교도들에게 철학적 의문을 불러일으킬 수 있었다. 해탈의 개념에 대한 설명은 종교적 개념이면서 중요한 쟁점을 내포하고 있다. 어떻게 두 가지를 연결시킬 수 있을까? 실제적으로 열반과 연결된 깨달음(arahatta magga phala ñāṇa, 아라한 도과의 지혜)과 해탈을 어떻게 연결시킬 것인가? 깨달음을 얻어 직관력(통찰력)을 가진 사람은 비극이 가득한 세상을 일반적 현실로 볼 수 있다. 그러한 사람은 괴로운 세상으로부터의 자유를 갈구하면서 지혜의 힘으로 마음이 자유롭기를 바란다. 지혜와 깨달음은 갈애를 제거할 수 있다. 갈애는 비극적인 세상을 자기 자신에게 연결시킨다. 더욱이 지혜의 힘은 이번 생에 깨달음을 얻은 사람이 있는지, 천신이나 아귀나 인간이나 축생과 더 낮은 존재로서의 윤회를 더 이상 겪을 필요가 없는 사람이 있는지를 알 수 있다. 중생의 삶의 과정을 파악하게 되면서, 불교도들은 깨달음의 역할이 해탈을 위한 핵심적인 불교 개념이라고 추측한다.

깨달음의 경지에 대한 개념은 무엇인가? 이 경우에 깨달음의 경지를 진리에 대한 깨달음이나 오염원(번뇌, 족쇄)들로부터 자유로워진 마음 상태로 이해할 수 있다. 깨달음의 힘을 통하여 어떤 것에도 더 이상 집착하는 경향이 없다. 여기에 붓다가 깨달음의 주제에 관련하여 제자들에게 설한 적절한 설법 하나가 있다. 그 내용은 다음과 같다.

> "해탈했을 때 지혜가 생긴다. 그것이 해탈한 것이다. '태어남은 소멸되었고, 성스러운 삶은 완성되었으며, 해야 할 일은 다 마쳤으며, 더 이상 윤회는 없다.' 그것이 세존께서 설한 것이다. 행복해하는 이들 비구들은 세존의 설법에 기뻐했다. 이 설법이 설해진 동안 다섯 명의 비구들은 집착을 버림으로써 번뇌로부터 마음이 자유로워졌다."[65] [66] [18]

---

18 해탈로 번역되는 빠알리어 '위뭇띠(vimutti)'는 '√*muc*'에서 파생된 여성명사로서 '위목카(vimokkha)'와 마찬가지로 '해탈', '해방', '자유' 등의 의미를 지니고, 'release', 'deliverance', 'emancipation' 등으로 영역된다. 즉, vimutti는 묶이거나 구속된 상태로부터 〔집중과 지혜를 통해〕 자유롭게 벗어나거나, 풀려나는 것을

위 내용은 열반에 대한 철학적 견해보다는 심리적인 관점을 표명하고 있다. 만약 그 설명을 심리적인 깨달음으로 가정한다면, 열반의 본질은 나마(nāma, 정신적 개체)로 특징지어진다. 불교학자들이 열반의 경지를 나마로 인정할 수 있었을까? 그렇다. 그렇게 인정했다. 그러나 열반은 청정의 결과로도 묘사한다. 청정의 결과를 안다는 것은 연기법(paṭiccasamuppāda)과 청정함을 근간으로 깨달음의 내용을 이해하는 것이다. 본 연구는 이들 두 가지의 측면을 나중에 논의할 것이다. 보통 불교 문헌은 열반의 경지를 청정의 순서로 설명하려 한다. 청정은 오염원의 근본적인 뿌리인 탐욕과 성냄과 어리석음이 없는 것이다.

『디가니까야』의 「실락칸다왁가(Sīlakkhandhavagga abhinava ṭīkā)」 복주석서에는 탐욕·성냄·어리석음과 같은 오염원汚染源들을 독毒에 비유한다. 이 세 가지가 중생들로 하여금 많은 괴로움을 주는 오염원을 극복할 수 없게 만들기 때문이다. 복주석서에 이렇게 명기하고 있다: 오염원은 범부로 하여금 굉장한 괴로움을 받게 하기 때문에 독에 비유된다.[67] 실제로 오염원의 독은 다른 사람들에게 해로울 뿐만 아니라 자신에게도 해로울 수 있다. 그것뿐만 아니라 독은 그것을 마시거나 만지는 사람들에게 치명적인 상황을 일으킬 수 있다. 그러므로 불교 수행자들은 누군가 자신의 오염원들을 제거할 수 있다면 그 사람은 열반(절대적 평화로움)을 성취할 수 있다고 믿는다. 더 나아가, 수행을

의미한다. 초기경전에서 vimutti는 마음, 지혜 등과 함께 복합어의 형태로 자주 등장한다. 이들은 심해탈(心解脫, cetovimutti), 혜해탈(慧解脫, paññāvimutti), 그리고 양분해탈(兩分解脫, ubhatobhāgavimutti)이다.

통해 오염원들을 극복하는 것은 '마음의 청정'을 얻는 것이다. 일련의 청정에 접근하는 방법은 거의 마음의 심리적인 측면과 관련이 있다. 그러나 초기불교의 개념은 깨달음의 경지나 열반의 성취가 결국에는 오염원(불선한 마음)을 근절함으로써 모든 괴로움에서 자유로워진다는 것이다.

붓다는 깨달음 또는 열반을 성취한 순간 바로 직후에 다음 말씀을 했다. 그 말씀은 붓다가 처음으로 한 개인적인 표현으로 확인되었다. 『디가니까야』의 「실락칸다왁가」에 따르면 붓다의 말씀은 세 개의 그룹으로 나눌 수 있다. 그것은 붓다의 최초 말씀과 중간 말씀(최초와 최후 말씀을 제외한 그 사이의 모든 가르침)과 최후 말씀이다. 그 인용문은 다음과 같다: 붓다의 가르침은 세 개의 그룹으로 나누어진다. 최초 말씀, 중간 말씀과 최후 말씀이다.[68] 세 그룹의 말씀 중에 최초 말씀(오도송)은 다음과 같다.

"이 몸을 만든 목수를 찾아다녔지만 찾지 못하고
수많은 세월 윤회를 겪으며 허둥지둥 살아왔다!
끊임없이 생을 반복하면서 고통스러웠다.
오! 이 몸을 지은 자여, 이제 그대를 보았다.
너는 다시는 집을 짓지 못할 것이다.
너의 서까래는 완전히 부서졌고
대들보도 산산이 조각났다.
나의 마음은 이제 형성된 것을 완전히 벗어난 열반을 성취했으며
온갖 갈애를 다 버렸다."[69] [70] [19]

이 말씀은 약간의 철학적 논제를 포함하고 있다. 붓다는 이 구절을 자신에게 읊었다. 이것은 아무도 다른 것으로부터 갈애를 제거할 수 없다는 것으로 이해된다. 오직 깨달음의 힘을 통하여 갈애를 제거할 수 있다. 갈애는 윤회(saṁsāra) 속에 존재한다. 만약 열반이 윤회 속에 존재하지 않는다면 어떻게 갈애와 열반 사이의 관계를 설명할 수 있을까! 사실상 깨달음의 힘은 두 가지를 다르게 구별한다. 갈애는 윤회와 연관되고 갈애 없음은 태어남이 존재하지 않는 열반과 연관되어 있다. 따라서 열반이 있는 곳에는 다시 태어남이 전혀 없다는 것으로 이해된다.

붓다의 세 가지 말씀과 관련하여, 붓다가 대반열반(mahā-parinibbāna)이라고 하는 최후 열반에 막 들어가려고 했을 때, 제자들에게 법의 중요성을 절실하게 강조했다. 붓다의 이 설법이 최후 말씀이었다. 그 설법은 『디가니까야』의 「마하빠리닙바나 숫따, 대반열반경」에 기록되어 있다.[71]

> "그때 붓다가 비구들에게 설했다. '비구들이여, 그대들에게 고하노라. 조건 지어진 모든 것들은 부패하기 마련이다. 게으르지 말고 정진하라.' 이것이 여래의 마지막 유훈이었다."[72]

더욱이 초기불교도들은 붓다가 열반을 경험한 것은 가장 놀라운 사례라고 추정했다. 붓다 자신이 깨달음을 얻었고 수행을 통해 열반의

---

19 SN. III. p.68.

핵심을 꿰뚫어 체험했다. 불교 문헌에 따르면, 붓다는 외부의 아무런 도움 없이 각고의 노력으로 깨달음을 얻었다. 붓다는 그의 가르침을 듣는 중생들이 열반이 진정 무엇을 의미하는지 이해하기가 쉽지 않다는 것을 알았다. 그래서 처음에 붓다의 마음은 법(Dhamma)을 가르치기보다는 가르치지 않은 쪽으로 기울었다. 왜냐하면 많은 오염으로 눈이 가려진 중생들에게 법을 가르치는 것이 어렵다는 것을 알았기 때문이다. 그러나 붓다는 실제로 자비의 마음으로 중생들에게 법을 설했다. 다음은 『디가니까야』의 「마하빠다나 숫따(Mahāpadāna sutta, 대본경)」에 기록된 붓다의 회상이다.[73]

> "내가 성취한 이 법은 깊고 알기 어렵고 이해하기 어려우며, 평화롭고 우수하며 논리(atakkāvacaro)의 세계를 넘어선 법이며, 심오해서 오직 현자들만이 이해할 수 있다. 그러나 요즘 세대는 욕망을 탐닉하고 욕망에 빠져 그 쾌락을 즐긴다. 욕망을 탐닉하고 욕망에 집착하는 자들은 이 법을 이해하기 어렵다. 다시 말해서 이것에 조건 지어진 성질이나 연기법을 알기 어렵다. 또한 모든 현상들의 고요함을 보기 어렵고, 다시 태어남의 모든 기질基質을 버릴 수 없으며 갈애의 끝을 보기 어렵고 평정심과 소멸과 열반을 보기 어렵다. 만약 내가 다른 사람들에게 법을 가르쳤는데 그들이 이해하지 못한다면, 그것은 나를 쇠진하게 하고 나를 힘들게 할 것이다."[74]

우리가 위의 경전 구절에서 볼 수 있듯이, 이것이 왜 초기불교도들이 열반의 해석에 관련하여 어떤 논쟁적인 문제점들을 제기하지 않고 함구했는지 알 수 있는 이유 중의 하나이다. 동시에 붓다, 사리뿟따 그리고 깨달은 제자들이 열반을 최종 해탈로 여기는 설명으로 이해할 수 있다. 초기불교의 해탈에 대한 개념은 언어 측면에서 다른 종교의 구원에 대한 개념이나 외적으로 드러나는 해방과 유사할지도 모른다. 그러나 이런 의미에서 해탈인 열반의 개념은 다른 종교인들의 해석과 다르다.

열반에 대한 문헌적 해석

열반은 모든 괴로움으로부터의 해탈이라고 알려져 있다. 그래서인지 누군가는 해탈의 상태를 불사不死의 경지로 주장하려 한다. 이러한 논의가 초기불교 안에서도 다뤄졌고, 이들은 영혼의 개념이나 영원한 상태를 부인한다. 초기불교도들은 최상의 영혼(Brahma, 범천)과 전능한 유일신을 포함하여 어떠한 영원한 존재에 대한 언급도 거부한다. 초기불교는 영원히 존재하기 위한 조건에 대해 어떤 것도 거론하지 않는다. 영원의 관점을 수용하기보다, 영원히 살아있는 실체에 대한 개념을 거부한 것이다. 그들은 깨달음을 얻은 사람(아라한)이 열반의 마지막 경지에 들면, 그 사람을 구성했던 모음(蘊)은 아무것도 남지 않는다고 본다. 이러한 이해 때문에 깨달은 자의 사후 상태를 논의하는 것은 중요하게 다뤄지지 않았다. 하지만 이러한 관점은 철학적 의문으로부터 벗어나기 어렵다. 열반의 경지를 경험하려는 사람에게는 이익이 되지 않은 작업이라 할지라도, 이러한 문제에 대한 교리적 설명은 필요할 것이다. 그러다보니 몇몇 불교학자들은 열반을 빠알리어 '순냐따(suññata, 空)', '카야(khaya, 제거)', '소멸', 혹은 '비존재(abhāva)', '공허함(tuccha)'으로 해석하려고 한다.

사실, 열반의 경지는 그 자체가 중요성을 지닌다. 그러나 감각적 즐거움으로 향하는 세속적인 마음으로 열반을 생각하면 열반의 진정한 핵심과 멀어진다. 또한 열반의 행복을 경험하지 못한 사람은, 깨달은 사람이 열반에 든 후 어디에 있는지 이해한다는 것이 불가능하다. 그럼에도 불구하고, 불교도들은 아라한이 그들 자신의 깨달음의 경지를 알 수 있다고 믿는다. 경전에 따르면, 아라한은 출세간의 대상을 알고 있으며 출세간의 지혜로 그들의 깨달음의 상태를 안다. 아라한의 경험은 불교논리학의 분석적인 실험에 비유된다. 다음은 붓다가 설한 빠알리 구절이다.

> "비구들이여, 내가 이와 같이 세 가지 단계와 열두 가지 측면으로 네 가지 성스러운 진리(사성제)를 있는 그대로 알고 보는 것이 완벽하게 청정해졌을 때 천신들과 마라(Māra)들과 범천들을 포함한 세상에서 사문과 바라문과 천신과 인간을 포함한 무리 가운데서 나의 깨달음을 자신 있게 선포하였다. 나의 마음에 '흔들리지 않는' 해탈을 이루었다. 나에게 지견知見의 지혜가 생겼다. 이것은 나의 마지막 태어남이다. 이제 더 이상 다시 태어남(존재함)은 없다."[75 76] [20]

---

20 참고) Dhp. v.153~154 : "나는 집을 짓는 자를 찾으며 그러나 발견하지 못하고 많은 생애의 윤회를 달려왔으니, 거듭 태어남은 고통이다. 집짓는 자여, 그대는

붓다는 깨달음을 얻은 후, '이것이 나의 마지막 태어남이다.'라고 선언했다. 이것은 붓다 입멸 후 더 이상 죽음의 굴레에 놓이지 않았다는 의미이다. 이에 관해서 붓다는 완전한 깨달음을 통한 마음의 해탈만을 강조했다.[21] 그러나 아직도 붓다의 가르침에 대해 제자들의 마음속에 남아 있을지도 모르는 의문 하나가 있다. 사람들은 붓다가 생물학적 해탈을 선언했는지 아닌지 또 그것이 어떻게 열반의 중요성과 연관되어 있는지 알고 싶어 한다. 붓다는 이것에 대해 제자들에게 많은 곳에서 여러 번 설했다.

붓다는 인간이 자신의 고유한 성향(carita, 기질)이 있음을 알았다.

알려졌다. 그대는 다시는 집을 짓지 못하리. 서까래는 부서졌고 대들보는 꺾였다. 많은 생애의 윤회를 달려왔으나, 마음은 형성을 여의고, 갈애의 부숨을 성취했다." 전재성, 『법구경, 담마빠다』, 한국빠알리성전협회, 2008, p.472f

21 혜해탈과 양분해탈은 불교수행의 최종목표인 열반을 의미하지만, 모든 심해탈(마음의 해탈)이 열반을 의미하는 것은 아니다. 심해탈은 혜해탈과 함께 성취되었을 경우와 '흔들리지 않는 심해탈(akuppā cetovimutti, 不動心解脫)'을 얻은 경우에 열반을 나타낸다고 볼 수 있다. 「초전법륜경(Dhammacakkappavattana sutta)」에서 '흔들리지 않는 심해탈'은 윤회 없는 붓다의 깨달음으로 묘사되고 있다(SN, III. p.27; SN, V. p.423 ; AN, I. p.259 ; AN, IV. p.448). 초기불교는 심해탈에 대해 크게 두 가지 종류로 설명하는데, 이들은 '일시적으로 기쁨이 수반되는 심해탈'과 '흔들리지 않는 심해탈'이다. 심해탈과 비교되는 다른 해탈을 살펴보면 심해탈의 특징이 나타난다. 초기경전에서 혜해탈과 양분해탈의 경우에는 각각 혜해탈자慧解脫者와 양분해탈자兩分解脫者라는 용어가 등장한다. 이는 혜해탈과 양분해탈을 얻은 사람이 있다는 얘기이다. 하지만, 심해탈의 경우 심해탈자心解脫者라는 용어는 찾아보기 어렵다. 따라서 경전 상에서 등장하는 다양한 심해탈 중에 '흔들리지 않는 심해탈'을 제외한 심해탈은 독자적으로 완전한 해탈을 의미한다고 보기 어렵다.

성향이란 한 개인의 성격이며 이것은 그 사람의 자연스런 태도나 행동과 연관되어 있다. "사람의 성향은 그들의 다양한 과거 업(kamma) 때문에 다르다. 주석가들은 사람의 성향은 재생연결식을 생산하는 업(janaka kamma)에 따라 결정된다고 한다."[77] 『청정도론(Visuddhimagga)』에 따르면 간단하게 여섯 부류의 성향이 있는데, 탐하는 성향, 성내는 성향, 어리석은 성향, 믿는 성향, 지적인 성향, 사색적 성향이다. 그러나,

> "어떤 사람은 14가지 성향이 있다. 여섯 가지 각각의 성향에 탐하는 성향을 조합하여 세 개의 이중 조합으로 만들고 다시 세 개씩 한 조합을 만들어 네 개의 성향을 만든다. 이처럼 믿음을 조합하여 같은 방식으로 성향을 조합한다. 그러나 이렇게 분류하면 탐하는 성향과 믿는 성향 등과 조합하여 더 많은 성향이 있게 된다. 따라서 성향의 종류를 간단하게 여섯 가지로 이해해야 한다."[78]

사람들의 성향을 바탕으로, 각각의 개인은 삶의 영적인 측면뿐만 아니라 세속적인 측면에 개인적인 관심을 가질 것이다. 예를 들면, 우리가 살고 있는 속세에서 어떤 사람은 녹색을 좋아하는 반면 어떤 사람은 다른 색깔보다 빨강색을 더 좋아할 수 있다. 영적인 수행을 할 때 어떤 사람들은 자애명상이나 자비명상과 같은 사마타(samatha, 고요) 명상(빠알리어로 kammaṭṭhāna)을 좋아할 수도 있다. 반면에 어떤 사람들은 다른 명상보다 위빠사나(vipassanā) 수행을 선호할지도 모른

다. 이런 상황을 알아차린 붓다는 개인의 성향에 맞게 각기 다른 관점에서 그 사람에게 맞는 방편을 써서 가르침을 펼쳤다. 가끔 붓다는 심리적인 해탈뿐만 아니라 생물학적인 해탈도 강조했다. 따라서 열반은 심리적이며 생물학적인 자유를 포함한 해탈로 이해할 수 있다. 『쿳다까니까야』의 「숫따니빠따(Suttanipāta Pāḷi, 경집)」에 기록된 붓다의 말씀이 있다.[79]

> "두려움이 없는 섬, 탐욕에 대한 집착이 없는 섬, 아무런 도피처도 필요하지 않은 섬, 그 섬이 바로 열반이다. 어디엔가 그 섬이 있다; 그 섬은 늙음과 죽음으로부터 자유롭다."[80] [22]

위의 구절에서 열반을 어딘가 안전한 섬〔의지처〕처럼 묘사하고 있다. 그곳은 죽음으로부터 자유롭고 괴로움과 관련된 모든 것으로부터 자유로운 곳이다. 이미 언급했듯이, 제자들은 지적 수준이나 정신적 수준이 각기 다르다. 그래서 어떤 사람은 비유적 정의로 열반을 설명한 것에 대해 이해하지 못할 수 있다. 반면에 어떤 사람들은 이러한 비유적 설명으로 열반을 쉽게 이해할 수도 있다. 열반에 대한 해석과 관련하여, 붓다의 상수 제자 중 한 사람인 사리뿟따(사리불 존자)는 제자들의 이익을 위해 열반이 어떤 의미인지를 해석하려고 했다. 그의 설명은 어떤 사람들에게는 명확하고 몇몇 불교 수행자들에게는

---

22 SN. V.1094 : "어떠한 것도 없고, 집착 없는 것, 이것이 다름 아닌 피난처입니다. 그것을 열반이라고 나는 부릅니다. 그것이 노쇠와 죽음의 소멸인 것입니다." 전재성, 『숫타니파타』, 한국빠알리성전협회, 2004, p.504f.

이해하기 쉽다. 왜냐하면 그의 정의가 심리적인 해석에 바탕을 두고 있기 때문이다. 그의 해석은 열반에 대해 물었던 잠부카다까(Jambukhādaka)라는 외도수행자에게 이상적인 것처럼 보인다. 그 설명은 『상윳따니까야(Saṁyutta nikāya, 상응부)』의 「닙바나빤하 숫따(Nibbāna-pañhā sutta)」에 다음과 같이 기록되어 있다.[81]

> 질문: "도반 사리뿟따여, '열반', '열반'이라고들 말합니다. 도대체 열반이란 무엇입니까?" 응답: "(도반 잠부카다까여), 탐욕의 소멸, 성냄의 소멸, 어리석음의 소멸: 이것을 열반이라고 합니다."[82] [23]

위의 설명에서 사리뿟따의 열반에 대한 정의는 탐욕과 성냄과 어리석음과 같은 오염원으로부터 자유로운 것이다. 만약 어떤 사람이 탐욕, 성냄, 어리석음과 같은 마음을 품는다면, 그 사람은 더 많은 괴로움(dukkha)을 일으키는 문제를 만들어 낼지도 모른다. 그러나 그런 사람에게 오염원이 없다면 더 이상의 괴로움은 없을 것이다. 사실 깨달음을 얻지 못한다면 탐욕과 성냄과 어리석음의 위력을 파괴하기는 불가능하다. 그래서 사리뿟따는 열반은 탐욕의 소멸이며 성냄의 소멸이며 어리석음의 소멸이라고 강조했다. 그런 후 열반을 실현하

---

23 SN. IV. p.251 : 〔잠부카다까〕 "벗이여, '열반, 열반'이라고 하는데, 열반이 무엇입니까?" 〔싸리뿟따〕 "벗이여, 탐욕이 부서지고 성냄이 부서지고 어리석음이 부서지면 그것을 열반이라고 부릅니다." 전재성, 『쌍윳따니까야』 4권, 한국빠알리성전협회, 2007, p.789.

는 길을 팔정도로 제시했다. 팔정도는 바른 견해(sammā diṭṭhi), 바른 사유(sammā saṅkappa), 바른 언어(sammā vācā), 바른 행위(sammā kammanta), 바른 생계(sammā ājiva), 바른 노력(sammā vāyama), 바른 마음챙김(sammā sati), 바른 집중(sammā samādhi)이다.[83]

경전에 아무리 많은 열반의 정의가 등장한다 하더라도 근본적으로 두 측면의 경전적 정의를 일괄하는 하나의 특성만 있을 뿐이다. 열반은 결국 해탈의 경지이다. 해탈은 두 측면을 포함하고 있다. 하나는 마음과 관련된 심리적인 해탈이고 다른 하나는 오온(五蘊, 몸+마음), 좀 더 정확하게 말하면 존재와 관련된 생물학적 해탈이다. 이러한 상황을 인식하면서 사리뿟따는 열반에 대해 하나의 사유에 도달했다. 그것은 그의 설법에 대한 일종의 결론이다. 이것은 『쿳다까니까야』의 「빠띠삼비다막가(Paṭisaṁbhidāmagga, 무애해도)」에 다음과 같이 기록되어 있다: "존재로 일어남은 상카라[saṅkhāra, 형성된 것]이다. 존재(有)로 일어나지 않음이 열반이다. 현상의 과정이 상카라이며, 현상의 과정이 없음이 열반이다."[84] 대부분의 경우에 상카라라는 전문용어는 불교 문헌에서 '형성된 것들, '정신작용(行, 의지작용)'으로 번역한다. 그러나 여기서 상카라는 열반의 반대 의미이다. 「빠띠삼비다막가」에 따르면 열반은 '유有의 소멸' 또는 '존재의 소멸'이다. 이 맥락에서 열반의 의미는 때로 생물학적인 해탈로 이해될 수 있다.

열반에 대한 주석서의 해석

이미 열반에 대한 경전의 해석에서 언급했듯이, 열반(Nibbāna)의 의미가 제자들에게 어떤 의미로 다가갔을지 설명되었다. 빠알리 주석가들은 경전의 해석이 열반의 의미를 이해하기에 충분히 명확하다고 믿는다. 모든 붓다의 가르침은 수행의 기초를 다지기 위해 이론적 적용에 바탕을 두고 있다. 그러나 실제적인 수행을 하지 않는다면 열반의 진정한 핵심을 꿰뚫을 수 없다고 지적한다. 실제로 어떤 사람이 이론을 먼저 배웠다면 그는 후에 정신적인 계발을 위해 배운 이론을 수행에 적용해야 한다. 이런 과정을 통해 그는 열반의 중요성을 이해할 수 있다.

빠알리 주석가들은 열반의 본질을 깨닫는 것에 대해 중요한 설명을 했다. 열반에 대한 경전의 해석을 이해하고자 하는 사람은 수행을 통해 올바르게 접근해야 한다. 주석가들은 실천수행을 하지 않고 열반의 진정한 본질을 꿰뚫을 수 없으며 깨달음의 체험도 불가능하다고 확신한다. 그들의 이러한 입장을 확인하기 위해 주석가 아누룻다 장로(Anuruddhā Thera)는 *Abhidhammaṭṭha saṅgaha*(아비담맛타상가하)에서 그의 관점을 논리적이고 실천적으로 설명했다. 그의 설명은 다음과 같다.[85]

> "열반은 출세간이며 4가지 출세간 도道의 지혜로 실현된다.[86] 열반은 출세간 도道와 과果의 대상이며 이것을 닙바나라고 한다. 왜냐하면 열반은 얽히고설킨 갈애로부터 벗어나기 때문이다."[87] [24]

---

24 Hammalawa Saddhātissa ed., *The Abhidhammatthasaṅgaha of Bhadantācariya Anuruddha and The Abhidhammatthavibhāvinī-Ṭīkā of Bhadantācariya*

위에 언급한 진술을 바탕으로, 누군가는 출세간 마음을 통해 열반의 본질을 깨달을 수 있다. 누군가는 출세간 도(lokuttara-magga, 팔정도 또는 초월적인 도의 경지)를 통해 열반을 실현할 수 있다. 과연 어떤 사람이 열반의 본질을 깨달을 수 있을까? 상좌부불교에 따르면 오직 깨달은 자들만이 열반을 진실로 깨달을 수 있다. 이러한 문헌적 맥락에서, 열반의 속성은 오직 깨달은 자들에게만 속하는 것으로 이해된다.

붓다고사는 5세기에 살았던 유명한 주석가였다. 그의 가장 주목할 만한 업적은 『청정도론』과 빠알리 문헌의 주석서들이다. 붓다고사는 고대 주석서들을 조합하여 새로운 주석서들을 만듦으로써 삼장三藏을 요약한 완벽한 주석의 전형을 만들었다. 열반의 개념과 관련하여 불교 교리에 많은 혼돈이 있었기 때문에 붓다고사는 위에 언급된 해석을 다시 정리하고자 했다. 먼저 그는 수행을 통해 열반의 의미를 분석했다. 그런 후 본인에게 열반이 어떤 의미인지를 명확하게 규정했다. 그가 규명한 것 중에 가장 중요한 포인트는 명확하고 간결하다는 것이다. 붓다고사는 붓다의 가르침을 분명하게 만드는 능력을 가졌다. 요약하자면 열반이나 깨달음을 얻고자 하는 사람은 계·정·혜(戒定慧, sīla, samādhi, paññā) 삼학三學을 닦아야 한다는 것이다. 이것은 진정으로 통찰지혜나 깨달음을 얻고 싶은 모든 사람에게 요구되는 핵심 필요 요건이다. 그러나 붓다고사는 바라밀(pāramī)과 법에 대한 믿음

Sumaṅgalasāmi, Oxford : The Pali Text Society, 1989. p.33 : “열반은 출세간이라 불리고, 네 가지 도로써 실현해야 하며, 도와 과의 대상이고, 얽힘이라 부르는 갈애로부터 벗어나기 때문에 열반이라 한다.” 대림, 각묵 옮김, 『아비담마 길라잡이』 하, 초기불전연구원, 2002, p.580.

(saddhā)과 법의 수행에 대한 굳은 결심(adhiṭṭhāna)과 같은 필요 전제 조건도 간과하지 않았다. 그는 다음과 같이 단언했다.[88]

> "다시 말하지만 열반은 존재하지 않는다고 말해서는 안 된다. 왜 그렇게 말하면 안 되는가? 열반을 실현하는 길(도를 닦음)이 무익하게 될 것이기 때문이다. 만약 열반이 비존재라면 계로 시작하는 세 가지 무더기(계·정·혜)와 처음 바른 견해가 나오는 팔정도를 포함하는 바른 도 닦음이 소용없게 될 것이다. 도를 닦는 것은 소용없는 일이 아니다. 그것은 열반에 도달하기 때문이다."[89] [25]

『청정도론』에서 붓다고사는 열반의 해석을 세밀하게 분석했으며, 어떤 사람들은 실제로 존재하지 않은 토끼의 뿔로 열반의 개념을 잘못 이해하고 있다고 언급했다. 붓다고사는 비존재로서의 열반의 개념을 강력하게 부인했다. 열반의 개념은 계·정·혜를 지킴으로써 이해할 수 있기 때문이다. 붓다고사는 좀 더 나은 이해를 위해 전에 내린 해석을 다시 정리하고자 시도한다. 예를 들면, 사리뿟따가 열반은 탐욕이 다한 것(rāga kkhaya) 또는 탐욕의 소멸을 의미한다고 말했던

---

25 Vism. p.507f ; "더욱이 열반이 없다고 말해서는 안 된다. 왜 그런가? 도닦음이 무익하게 될 것이기 때문이다. 열반이 없다면 바른 견해를 제일로 하고 계의 무더기 등 세 가지 무더기(즉, 계, 정, 혜)를 포함하는 바른 도닦음이 무익하게 되고 말 것이다. 그러나 도닦음은 무익한 것이 아니다. 열반을 얻기 때문이다." 대림 옮김, 『청정도론』 2권, 초기불전연구원, 2011, p.563.

열반에 대한 해석을 다루고 있다. 그 원문은 다음과 같다.[90]

> "도반이여, 탐욕(과 성냄과 어리석음)이 소멸한 것이 열반이다(Sa-N. IV, 251)"라고 시작하는 말 때문에 '소멸한 것 또는 다한 것이 열반이다'라고 한다면 그렇지 않다. 아라한이 되는 것이 단지 소멸한 것이 되기 때문이다. 왜냐하면 "도반이여, 그것은 탐욕의 소멸과 성냄의 소멸과 어리석음의 소멸이다(Sa-N, IV, 252)."라는 방법으로 아라한이 되는 것을 설했기 때문이다.[91]

소멸의 쟁점과 관련하여 붓다고사는 원래 단어인 탐욕이 다한 것, 즉 소멸을 뜻하는 단어를 다시 언급한다. 붓다고사는 소멸(khaya)이 열반을 말하는 것이 아니라 빠알리어로 아라한의 무더기(蘊), 즉 깨달은 자들을 말한다고 주장한다. 깨달은 자들은 새로운 존재로 이어질 업력을 가진 모든 오염〔束縛〕을 제거한다. 붓다고사는 붓다의 말씀을 통해 명확한 설명을 찾고자 한다. "모든 것을 아는 분의 말씀에 따르면, 궁극적인 의미에서 열반은 개별적 본질과 관련하여 비존재가 아니다. 왜냐하면 다음과 같이 설했기 때문이다. '비구들이여, 태어나지 않고, 생겨나지 않고, 만들어지지 않고, 형성되지 않는 것이 있다.'(Iti. 37; Ud. 80)."[92] [26]

---

26 It. 37 : "수행승들이여, 태어나지 않고, 생겨나지 않고, 만들어지지 않고, 형성되지 않는 것이 있다. 수행승들이여, 태어나지 않고, 생겨나지 않고, 만들어지지 않고, 형성되지 않는 것이 없다면, 이 세상에서 태어나고, 생겨나고, 만들어지고, 형성되는 것으로부터의 여읨이 알려지지 않는다. 그러나 수행승들이여, 태어나

그의 해석은 "오직 이것[즉 열반]만이 영원하다[정확히 말하면 만들어지지 않았기 때문이다]. 열반은 물질의 개별적 성질을 초월했기 때문에 실체가 없다. 붓다의 목적은 이것 하나이며 다른 여러 개가 아니다."라고 결론짓는다.[93] 이러한 열반에 대한 해석의 맥락에서 아마 당대의 주석가인 아라한 우빠띳사는 『해탈도론(Vimutti-magga)』에서 자신의 방법으로 열반에 대한 주석을 달았다. 그의 주장은 "갈애의 남김 없는 빛바램과 소멸과, 놓음, 포기, 벗어남과, 집착 없음에 관한 것이다. 따라서 이것이 괴로움의 소멸의 성스러운 진리"라고 알아야 한다.[94] 우빠띳사의 주석은 태어남에서 벗어남이 소멸을 의미하는 것이 아니며, 현실적으로 소멸하는 것이 아니다. 그것은 세 번째 성스러운 진리인 멸성제를 깨닫는 것이다. 다시 말해서 고통의 소멸 또는 괴로움의 끝을 열반이라고 한다. 위의 설명을 요약하면, 주석가가 내린 열반에 대한 해석은 명확하고 간결하다. 우리는 다른 관점에서 열반에 대한 해석을 알 수 있다. 이들 관점은 열반은 단지 업보(kamma vipāka, 과거와 현재에 지은 업의 결과물)로부터의 해탈과 갈애나 집착과 무지無知에 의한 윤회(태어남과 죽음 또한 존재의 순환)의 속박에서 벗어남이라고 우리에게 시사하고 있다. 따라서 우리는 해탈의 중요성을 여러 가지 방법으로 이해할 수 있다.

지 않고, 생겨나지 않고, 만들어지지 않고, 형성되지 않는 것이 있으므로, 이 세상에서 태어나고, 생겨나고, 만들어지고, 형성되는 것으로부터의 여읨이 알려진다." : 전재성, 『이띠붓따까-여시어경』 한국빠알리성전협회. 2012. p.105 ; 참고) Ud. 80 ; 전재성, 『우다나-감흥어린 시구』, 한국빠알리성전협회, 2009, p.216.

비상좌부불교학자들의 열반에 대한 해석

비상좌부불교란 주로 인도 대승불교(Indian Mahāyāna Buddhism)를 말한다. 사실상 두 종파의 교리는 근본적으로 붓다의 가르침을 기본으로 한다. 열반에 대한 몇 가지 해석들이나 정의는 서로 일치하지만 몇 가지는 그렇지 않다. 두 종파는 열반에 이른다는 공통의 목표를 가지고 있다. 대체적으로 두 종파는 열반에 대한 해석 때문에 고심하고 있다. 대부분의 상좌부불교 수행자들은 깨달음(열반)은 수행을 통해 바로 이번 생에서 얻을 수 있는 가능성이 있다고 본다. 반면에 대부분의 대승불교 수행자들은 열반은 우리 모두에게 이미 존재하고 있기 때문에 성취할 수 있다고 본다. 그러나 두 종파 모두 어리석음이나 무지로부터의 해탈이 열반이라고 강조한다. 상좌부불교 수행자들에게 어리석음과 갈애로부터의 해탈이란 궁극적 실제에 대한 깨달음이며 열반의 성취이다. 대부분의 대승불교 전통 불자들은 어리석음(무지)으로부터 자유로워짐으로써 또는 모든 것으로부터 마음을 비움으로써 본래면목, 즉 불성으로 돌아갈 수 있다고 생각한다.[95] 그 인용문은 다음과 같다.

> "무지로부터 벗어남으로써 우리는 궁극적인 실제로 돌아갈 수 있고, 궁극적인 실제로 돌아감으로써 본성(佛性)을 얻을 수 있다. 본성을 성취한 상태가 열반의 경지이다. 그러나 열반은 외부에 있는 어떤 것이 아니고 윤회와 완전히 다르지 않으며, 불성의 실제는 외부에 있는 것도 아니고 현상계와도 완전히

> 다르지 않다. 단박에 깨달음(돈오)을 얻기만 하면, 현상계가 단박에 열반이 된다〔현상과 열반이 다르지 않다〕. … 대승불교의 깨달음은 윤회 밖에 있는 것으로 생각하지 않는다. 윤회의 과정에서 우리는 태어남과 죽음의 사건을 경험하면서 깨달음을 얻을 수 있다."[96]

상좌부불교와 인도 대승불교 모두 '어리석음(무지)'이 열반의 주요 장애 역할을 한다는 것은 분명하다. 상좌부불교 학자들은 무지의 힘이 열반의 성취에 방해된다고 자주 말한다. 이런 맥락에서 대승불교 학자들도 같은 의견이다. "이것은 중국 불교에서 흔히 말하는 속언俗諺이다: 어리석은 사람은 범부이고, 깨달은 사람은 현자이다."[97]

비상좌부불교 학파들 사이에서 가장 유명한 두 학파는 중관학파(Mādhyamika)와 유가행파(Yogācāra)이다. 불교 철학자 나가르주나(Nāgarjuna, 용수)는 중관학파의 창시자이며 중도中道로도 알려져 있다. 2세기 무렵에 살았던 나가르주나는 철학적 불교 교리 체계를 강조했으며, 그가 도입한 방법은 아비다르마(Abhidharma, 빠알리어로 Abhidhamma) 교학의 관점에 근거한 교리의 모순을 규명하기 위하여 논리를 사용한 것이다. 철학에서의 해체론과는 다르게, 그는 아비담마 교리에 내재된 철학적 분석이 갖는 상식적인 발상을 줄이기 위해 논리를 사용했다.[98]

유식학파로 알려진 유가행파는 기원후 4세기경에 살았던 아상가(Asanga, 무착)와 와수반두(Vasubandhu, 세친) 두 형제가 창시했으며, 궁극적 실제의 핵심을 탐색하기 위해 수행을 지지하면서 붓다의 중도를 소개하기 위해 명상을 강조했다. 나가르주나와는 다르게 아상가의 주장은 사람의 인식과 개념은 원래부터 본질적으로 존재한 것이 아니라 원인과 조건으로 생긴 '상대적인 현상'이라는 것이다.[99]

나가르주나는 열반의 특성을 해탈과 다시 태어나지 않음이라고 강조하지 않았다. 그러나 그의 주장은 궁극적 진리인 열반을 사람들에게 깨닫게 하기 위한 것이다. 나가르주나는 궁극적 진리는 언어로 설명할 수 있어야 한다고 믿었다. 그러나 언어는 그 자체로 관습적이고 조건적이다. 세속적 진리(세속제)로서의 언어는 궁극적 진리(승의제)를 이해하기 위해 필수적이다. 나가르주나의 입장은 궁극적 진리는 세속적 진리인 언어만으로 성취할 수 없다는 것이다. 그러나 궁극적 진리를 이해하지 못한다면 열반(Nirvāna)을 이해할 수 없다. 나가르주나에게 말이나 명칭과 언어는 공한 것이며 있음(존재)과 없음(비존재)도 공한 것이다. 있음(being)과 없음(non-being)을 공한 것으로 아는 것이 궁극적 진리이다. 진정한 우주의 상태는 있음과 없음으로 설명될 수 있는 것이 아니다. 그러나 산룬(San-lun, 三論)학파의 스승인 지장(Chi-tsang) 스님과 같은 몇몇의 대승불교 스승들은 '비어 있는(empty)' 또는 '공(空, emptiness)'은 믿을 수 없는 것 또는 가치 없는 것으로 다뤄진다고 지적한다. 이 스승에 따르면 공한 것들은 가치가 없다; 그러므로 공의 개념은 붓다의 가르침을 취약하게 만드는 역할을 제거하기 위한 차원에서 버려야 한다. 그럼에도 불구하고, 개념은 개념일 뿐이다. 실제가 아니다.

"나가르주나는 사물의 실체는 있음(being)과 없음(non-being)

또는 존재(existence)와 비존재(non-existence)와 같은 개념의 상호작용으로 설명될 수 없다고 주장했다. 다시 말해 일체는 공하다. 왜? 있음과 없음은 동시에 얻을 수 없을 뿐만 아니라, 따로 있는 것도 아니기 때문이다."[100]

사실상 나가르주나의 철학은 대승불교 전통에 지대한 영향을 미쳤으며 철학적이고 종교적인 다양한 움직임을 불러일으켰다. 나가르주나의 입장을 바탕으로 대부분 대승불교 학파들은 붓다의 본질적이고 핵심적인 가르침으로 중관학파의 몇몇 설명을 선택했다. 그런 후 그들만의 교리와 종교적인 수행을 개발했다. 몇몇의 대승불교 학자들은 형이상학의 관점을 구축하는 기초를 세우며 존재론적인 입장을 옹호하기 위해 나가르주나의 사상을 활용했다.

"형이상학적 사고는 '있다(asti)'와 '없다(nāsti)'에 대한 논리이며, 어떤 것이 존재하거나 존재하지 않는 존재(being)에 대한 논쟁이다. 둘 중 하나의 논리를 강조하면서 초기불교 학자들은 열반은 '존재한다'거나 '존재한다'는 모든 것의 부정이라고 느꼈다. 우리는 그들이 '열반은 괴로움이 없는 곳에서 존재한다.'거나 '열반은 단지 (괴로움의) 부재不在일 뿐이다.'와 같은 주장을 하고 있음을 알 수 있다."[101]

형이상학과 관련된 위의 설명을 자세히 살펴보면, '있다'와 '없다'에 대한 이론적 사고는 괴로움의 문제를 해결할 답이 될 수 없는 것이 분명하다. 이러한 맥락에서는 윤회 자체가 열반이 된다고 가정할 수 있기 때문이다. 만약 누군가 열반을 비존재, 텅 빔 또는 완전한 소멸 등으로 해석하여, 열반은 존재의 완전한 부재不在라고 관철하려 한다면 부정적 역설의 견해로 떨어질 것이다. 나가르주나는 '일체의 존재가 상호의존적 존재'라는 것이 사실이라면, 누군가는 "열반을 포함하는 비존재는 비의존적인 것이다."[102]라고 가정할 수 있다고 한다. 열반(Nibbāna)이라는 단어는 다양한 관점을 포함하고 있고 많은 불교학자들의 해석이 다르기 때문에, 확고한 입장을 취하거나 하나의 결론을 내리기가 쉽지 않다.

유가행파의 공동 창시자인 아상가(무착)는 두 가지의 진리인 절대적 진리와 상대적 진리를 수정하면서, 다양한 방편(upāya)과 더불어 공(sunyatā, 空)이라는 사상을 펼친 나가르주나의 관점을 지지했다. 아상가는 세 가지의 본질 또는 특성(산스크리트어로 laksana)의 견지에서 그의 관점을 강조했다. 그 세 가지 특성은 다른 것에 의존하여 일어나는 성질(의존성, 산스크리트어로 paratantra)과 두루 분별하여 집착하는 성질(가상성), 그리고 원만히 성취한 실제實際하는 성질(절대성)이다. 아직도 그는 열반이라는 단어를 대부분의 초기불교의 해석처럼 그침 또는 소멸로 정의하고자 했다. "왜 그침을 장애가 없는 것(Nirvāna)이라고 하는가? 모든 오염원의 불로부터 자유로워졌기 때문이며, 모든 욕망의 불만족에서부터 오는 괴로움의 거대한 불로부터 벗어났기 때문이다. 왜 그침을 소멸(Nirvāna)이라고 하는가? 표상이 없는 평온한 행복(animitta-sāntasukha)의 상태이기 때문이다."[103] 그 외에 유가행파의 공동 창시자인 불교 철학자 와수반두(세친)는 열반에 대해 그의 견해를 표명했다.

> "분별(숙고)의 소멸(pratisaṁkhyānirodha) 또는 열반이라는 것은 –이미 생성된 번뇌와 이미 생성된 존재가 부서진 것 모두– 어떤 다른 오염원 혹은 어떤 다른 존재가 없는 것이다. 그리고 의식의 힘(pratisaṁkhyā-prajñā, 분별의 지혜)을 원인으로 만든 … 그러나 〔경량부(Sautrānika) 학파는 언급한다〕 더 이상 의식(pratisaṁkhyā)의 추정으로 괴로움이 일어나지 않음; 그렇다면 이것은 분별(숙고)의 소멸에 포함된다."[104]

그의 견해에 따르면, 열반의 상태에는 어떤 오염원(번뇌)이나 어떤 다른 존재가 없기 때문에, 앞으로 괴로움이 일어나지 않는다는 것이다. 이것은 번뇌가 일어나지 않는 것은 열반을 증득하는데 주요한 핵심이라는 점을 지적하고 있다. 사실상 불교학자들은 해탈을 염원하는 다른 종교의 구도자들과 비슷한 견해를 가지고 있다.

불교학자들의 관점에서부터 열반에 대한 불교의 해석을 종합해보면 열반은 많은 의미를 가지고 있다. 그럼에도 열반은 오직 하나의 특성을 지니는데 그것은 절대적인 평화로움이다. 그러나 놀랍게도 불교 전통은 열반을 마음의 '궁극적인 실제'라고 정의하는 것에 동의한다. 아직도 그들은 앞에서 언급한 열반의 해석에 대해 여전히 의문점을 가지고 있다. 이것은 열반의 의미가 그들이 생각한 것과 다르며 열반의 핵심이 그들이 기대한 것과 다르기 때문이다. 그들은 이미 그들이 정의한 열반을 기반으로 스스로를 교화시키고 있는지도 모른다. 이미 열반에 대해 알고 있는 것처럼, 우리는 명상의 실천을 통해서만 열반을 성취할 수 있다.

불교학자들과 비불교학자들의 열반에 대한 해석

열반의 다양한 해석에 대해 이미 언급했듯이, 대부분 학자들의 해석은 아마도 열반을 스스로 경험한 것을 바탕으로 한 것이 아니라 이론적으로 열반의 개념을 이해한 것으로 사료된다. 경전에서는 열반을 실현하기 위해 반드시 명상을 실천해야 한다고 자주 강조한다. 이것이 열반의 본질을 깨닫기 위한 기본적인 지침이다. 그러나 불교학자들과 비불교학자들은 열반을 성취하기 위한 최선의 방법은 실질적인 수행을 기본으로 하기보다는 이론적이고 철학적인 기초를 통해서 가능하다고 스스로 생각하는 것 같다. 우선 이론적으로 열반의 의미가 무엇인지 이해하는 것은 가능하다. 그러나 본 연구는 두 가지 측면을 적용해야 한다고 강력하게 주장한다. 그 두 가지 측면은 열반을 더 잘 이해하기 위한 이론적 측면(pariyatti)과 수행 측면(paṭipatti)인데, 둘 다 중요하다.

열반의 개념이 얼마나 강력하고 그것이 다른 문화와 다른 불교 전통에 얼마나 영향을 미칠 수 있는지 안다는 것은 정말 놀라운 일이다. 이런 열반의 개념과 관련하여 비불교학자들은 그들이 이해한 대로 열반의 본질을 그들만의 종교적 개념을 기본으로 삼아 해석하려고 한다. 예를 들면, 힌두교의 관점에서 본 한 진술을 보면 열반이라는 용어를 그들의 종교적 이념과 연계하려고 한다. 그러한 관점은 다음의 주장에서 대변하고 있다. "붓다는 완전체 브라흐만과 동일한 대우주적 자아가 아닌, 작고 이기적인 자아의 부정을 다루고 있다고 말했다. 열반의 진리는 우파니샤드의 구원의 가르침과 같은 것이다."[105]

더욱이 비불교학자 막스 뮐러(Max Muller)는 열반을 영혼의 안식처로 들어가는 관문으로 해석하고자 했다. 열반에 대한 이러한 학자들의 해석은 그들 자신의 믿음에 근거한 것이라는 것은 의심의 여지가 없다. 막스 뮐러는 열반을 다음과 같이 주장한다.

> "영혼의 안식처로 가는 입구, 모든 욕구와 욕망을 가라앉힌 것, 기쁨과 아픔이 다르지 않은 것, 선과 악에 여여하고, 영혼에 몰입한 것, 태어남과 죽음의 윤회에서 자유로운 것이며 죽음과 다시 태어남으로부터 자유로운 것이다."[106]

불교 교리 전체가 영혼이론에 대한 개념을 부인한다 하더라도 영혼이론을 단념하는 데는 어려움이 있다는 것을 이해할 수 있다. 그러나 여러 사람들이 열반을 어떻게 생각하고 열반에 대한 개념을 나름의 방식으로 어떻게 추측하는지를 아는 것은 흥미롭다. 그럼에도 불구하고 열반의 개념은 그들이 추측한 것과 같지 않을 수 있다. 열반의 개념에 대한 다른 종교의 관점을 세밀하게 비교 분석하는 과정은 본 연구에서 생략되었다.

종교적인 관점에서, 누군가 종교 자체가 사람들의 믿음 체계에 혼란을 일으킬 수 있는 힘을 가지고 있다고 말할 수 있을까? 아니다. 그렇지 않다. 종교의 목적은 사람들에게 평화를 만들어내는 것이다.

사람들은 종교 활동을 통해서 그들 자신의 평화를 이룰 수 있다. 그러나 이러한 믿음이 완벽하게 옳은 것인지 완전히 틀린 것인지 아무도 정확하게 단언할 수 없다. 사실 종교가 인간에게 평화를 만들어 낼 수 있는지 아니면 인간이 평화를 위해 종교를 만드는 것인지 말하기는 어렵다. 따라서 믿음에 대해 언급하면 할수록 더 혼란스러워질 뿐이다. 사실상 열반은 단지 추측만 하는 그런 주제가 아니다. 열반은 다가갈 수 있는 실제 현상, 즉 궁극적인 실제實際이다. 이러한 의미에서 열반은 그 무엇도 아니며 단지 영적 경험이다.

몇몇의 상좌부불교 학자들이 붓다의 가르침과 실천 방식을 근본으로 해탈에 대한 교리적 관점을 분석하고자 한 것은 의심의 여지가 없다. 이러한 입장을 보면서 불교학자인 푸생(La Vallee Poussin)은 다음과 같이 진술한다.

> "초기불교에는 형이상학적 접근이 전혀 없으며, 전체성이나 존재의 본질과 관련하여 엄격하거나 추론적 이론도, 학습도 없다. 붓다의 말씀에 따르면 사람은 깨달음을 통해 얻은 열반을 성취하여 최고의 행복을 얻는 날까지 존재로부터 존재로 그의 행위에 대한 결과를 반복한다고 믿는다."[107]

스티븐 콜린스(Steven Collins)는 열반을 조건 지어진 모든 것들과 존재의 무상함과 불만족한 요소들을 제거하는 소멸의 과정으로 해석한 현대 불교학자이다. 불교에 대한 콜린스의 긍정적인 관점은 불교를 받아들이기 주저하는 사람들에게 용기를 준다. 왜냐하면 일부 사람들이 열반의 본질을 잘못 이해하고 스스로 법(Dhamma)을 구하려는 사람들의 입장을 사회참여와 무관하게 보려 하기 때문이다. 그는 불교에 대한 그의 견해와 오늘날의 사회참여에 관한 관점을 제시하고 있다. 사실 그는 두 개의 극단인 상주론과 단멸론의 개념을 해결하려고 하지 않는다. 그러나 콜린스는 열반은 초월적이고 조건 지어지지 않은 구원론으로 생각하는 불교 가치의 일부라고 제시한다. 깨달은 자들의 사후 입장에 관한 의문과 관련하여 그의 주장은 다음과 같다.

> "그 답은 두 가지 입장 중 하나인 것 같다: 열반은 자아의 부정과 같은 일종의 '수승한 존재', 그 어떤 영원한 본질에 대해 말하는 것을 거부하고, 그것이 의미할 것 같은 것을 의미하지 말아야만 한다; 그렇지 않으면, 교리는 의미할 것 같은 것을 정말로 의미한다. 그래서 열반은 비존재 또는 소멸이어야 한다. 불교 교리 입장은 간단하게 설명할 수 있다. 열반은 실로 궁극적인 종교의 목표이며 모든 괴로움과 무상함으로부터 벗어난 경지이다. 그러나 언어나 개념으로 그 의미를 적절하게 묘사할 수 없다. 열반은 추론적인 생각(atakkāvacara)으로 접근할 수 없다(It 37, Ud-a 391). 특히 열반은 특정 자아의 상태로는 설명할 수 없다. 현대의 불교작가들은 물 밖의 거북이가 물속의 물고기에게 메마른 육지의 경험을 설명할 수 없는 우화를 활용한다."[108]

지금까지 열반에 대한 학자들의 해석과 몇 가지 적절한 요점을 살펴보았다. 이러한 해석들은 학문적 연구에 어떤 방법으로든 유익하다. 그러나 학자들 스스로는 개념과 실제라는 두 가지 측면 사이의 구별을 두고 고심하고 있다. 불교학자들의 관점에서 열반의 체험은 일종의 영적인 것이거나 영적 여정에 관한 개인적인 속성이다. 그러나 이 연구의 목적은 실제를 뒷받침해주는 이론적인 개념과 함께 실제에 대한 체험을 분명히 하는 것이다. 실제에 대한 체험은 수행적인 접근을 기초로 얻을 수 있다. 반면에 이론적인 개념은 경전이나 문헌이나 그 이론적 접근에 대한 해석과 연관되어 있다. 이론적 개념은 목적지에 편안하게 도달할 수 있도록 안내해주는 지도와 같은 것이다. 따라서 이 연구에서 이론적인 측면을 배제하고 열반에 대한 의미를 분석한다는 것은 있을 수 없다.

문헌을 통한 열반의 이해

연구 목적을 충족하기 위해 본 연구의 중요한 역할은 문헌적 방법을 적용하는 것이다. 두 가지의 중요한 문헌을 이용한 방법이 있다. 그 두 가지 방법은 '빠띳짜삼웁빠다(paṭiccasamuppāda, 緣起)'를 다루는 경전들과 『청정도론』이다. 이들 문헌적 방법은 불교수행에서 목표에 도달하기 위해 자주 사용된다. 이것은 빠알리 경전과 주석서에 체계적으로 기록되어 있다.

'빠띳짜삼웁빠다'라는 단어는 빠띳짜(paṭicca)와 삼웁빠다(samuppāda)의 합성어이다. 빠띳짜는 '~에 의존하는'의 뜻이며, 삼웁빠다는 '일어나는' 또는 '발생'의 의미이다. 네 종류의 궁극적인 실제와 범주에 대해 이미 언급했음에도 불구하고 본 연구에서는 조건법과 인과법 그리고 이들 관계에 대한 분석을 설명하지 않았다. 연기(緣起, 의존하여 생겨남)법이란 인과관계의 중요성을 자세하게 설명하는 교리 중 하나이다. 연기 방법은 일체의 현상(Dhamma)이나 심리현상이 조건에 의해 어떤 특정한 인과가 생긴다는 것을 제시하는 것이다. 문헌에 의하면 붓다는 연기의 과정을 깨우친 후에 깨달음을 얻을 수 있었다. 연기라는 것은 근본적으로 12가지의 상호의존 관계와 두 가지의 기본 뿌리를 적용하는 것이다.[109]

이러한 방법은 근본적으로 하나의 원인이 하나의 결과를 가져올 수 없고 단지 하나의 결과가 하나의 원인으로 일어날 수 없음을 지적한다. 실제로 무수한 결과와 관련된 무수한 조건이 항상 있기 마련이다. 연기의 간단한 공식은 존재하는 어떤 것이 있을 때 어떤 것이 일어난다는 것이다. 만약 어떤 것이 소멸한다면 일어날 것이 아무것도 없다. 아비담맛타상가하에 수록된 빠알리 표현에 의하면, "이것이 있으면 저것이 있다. 이것이 없으면 저것도 생기지 않는다." 그 빠알리 문헌에 연기법의 기본 원리가 다음과 같이 제시되어 있다.[110]

> "무명〔無明: 사성제, 연기 등의 진리를 모르는 것〕에 연해서 행〔行: 신·구·의 삼행; 몸과 말과 뜻으로 짓는 삼업〕이 있고 행에 연해서 식〔識: 안식, 이식, 비식, 설식, 신식, 의식〕이 있으며 식에 연해서 명색〔nāma-rūpa, 이름과 형색〕이 있고 명색에 연해서 육입〔六入: 여섯 개의 감각기관〕이 있으며 육입에 연해서 촉〔觸: 여섯 개 감각기관의 접촉〕이 있고 촉에 연해서 수〔受: 좋음, 싫음, 좋지도 싫지도 않은 마음작용〕가 있고 수에 연해서 애〔愛: 갈애〕가 있으며 애에

> 연해서 취[取: 꽉 붙잡는 행위, 집착]가 있고 취에 연해서 유[有: 현존재 또는 현재 가지고 있는 것]가 있고 유에 연해서 생生 있으며 생에 연해서 노사(老死: 늙음과 죽음), 슬픔, 비탄, 육체적 괴로움, 정신적 괴로움과 절망이 생긴다. 이렇게 갖가지 괴로움이 생긴다."[111]

사실 연기법은 존재의 윤회(vaṭṭa)뿐만 아니라 인과관계에 대한 핵심 구조이다. 마음작용 때문에 삶과 죽음의 회전[윤회]이 지속된다. 연기법은 12가지 요인이 있는데, 과거 2가지 요인, 현재 8가지 요인, 미래 2가지 요인으로 이루어져 있다[삼세양중인과]. 12가지 요인 중에 처음 2가지 요인인 무명과 행은 과거의 원인이다. 8가지 요인인 식, 명색, 육입, 촉, 수, 애, 취, 유는 현재에 속한다. 나머지 2가지 요인인 생과 노사는 미래의 원인이다. 연기에 포함된 두 가지의 중요한 뿌리가 있는데 그것은 무명과 갈애이다.[112]

연기법의 원리에 따르면, 생과 죽음을 포함하는 모든 고통이나 괴로움은 이들 두 가지 근본적인 뿌리가 그 원인이다. 이들 두 가지의 뿌리는 살아있는 모든 중생들을 윤회 속에 허덕이게 만들 수 있다. 연기법 원리의 요점은 만약 어떤 것이 존재한다면 존재하는 원인이 있으며 저것 또한 존재하게 된다는 것이다. 따라서 과거와 현재와 미래의 삼생三生이 서로 연관되어 있다[삼세양중인과]. 반대로 만약 어떤 것이 있다면, 좀 더 정확하게 말하면 수많은 무명과 갈애가 있는데 그것들이 멈춘다면 더 이상 아무것도 존재하는 것이 없다는 것이다(nirodha). 이것은 만약 무명과 갈애의 마음작용이 없다면 더 이상의 생과 죽음이 없다는 의미이다. 열반으로 향하는 길을 알려주기 위해 이런 방식으로 이론적 방법을 적용했다.

또 하나의 다른 중요한 문헌적 방법은 『청정도론』이다. 이 방법은 불교명상의 실천에서 자주 사용되는데, 더 정확하게 말하면 자신의 목표인 열반에 도달하기 위한 마음챙김의 확립(satipaṭṭhāna) 수행이다. 불교에서 이러한 수행을 강조하는 것은 수승한 도의 경지를 탐구하기 위한 것이다. 이 과정에서 심청정心清淨이라고 하는 정화의 특징이 나타난다. 수행법의 요점은 괴로움으로부터 완전한 해탈의 경지로 해석되는 열반을 실현하기 위해 마음챙김을 계발함으로써 마음을 청정하게 하는 것이다. 사띠(마음챙김) 명상의 방법은 5장에서 자세히 논의할 것이다.

특히 본 연구는 문헌에 입각한 해석 그리고 불교학자들과 비불교학자들의 연구에서 찾아낸 많은 논란을 다룬다. 주로 열반에 대한 다양한 해석을 이론적으로 탐구하며 열반을 직접 체험하기 위한 실천적 방법을 제시한다. 이미 언급했듯이 존재와 비존재의 개념, 몸과 마음의 불만족으로부터의 해탈 등, 현상에 대한 이론적 분석만으로 열반의 진정한 의미가 무엇인지 밝힌다는 것은 충분하지 않다. 따라서 이론과 실천적인 방법을 동등하게 적용할 필요가 있다. 더불어 긍정과 부정의 학문적 해석 모두를 지지한다. 열반을 해석하는 사람들의 연구를 분석함으로써 누군가는 열반의 개념을 좀 더 분명하고 명확하게 이해할지도 모르기 때문이다.

3장 존재와 비존재

존재란 무엇인가?

이 장은 열반과 대조적인 삶(bhava, 존재)과 죽음(maraṇa)에 대한 불교도의 관점에 초점을 맞출 것이다. 삶과 죽음의 과정을 이해하기 위해서 본 연구에서는 열반의 명확한 의미를 규명하는 것이 근본적으로 필요하다. 불교 문헌에는 삶과 죽음의 과정을 이해하기 위해 두 가지 필요한 사항이 있다. 그 두 가지를 모른다면 존재에 대한 이익과 불이익을 진실로 이해하지 못할 수도 있다. 두 가지는 (1) 삶의 본질과 (2) 죽음의 본질이다. 불교 교리에 따르면 죽음은 존재의 끝을 의미하지 않는다. 완전한 깨달음을 얻지 못하면 죽음은 새로운 삶의 시작이다. 불교 교리는 삶의 과정이나 존재의 연속을 바와(bhava, 존재)라고 한다. 그것은 조건 지어진 것(有爲)을 의미하는 '상카따(saṅkhata)'로도 알려져 있다. 열반은 그와 반대의 의미를 갖는다. 열반은 조건 지어지지 않는 것(無爲)으로 '아상카따(asaṅkhata)'이다.

'바와'라는 단어는 끊임없이 태어남과 죽음이 계속 재현되는 존재의 과정을 함축하고 있다. 반면에 열반은 삶의 과정이 배제되어 있으며 계속되는 태어남과 죽음이 재현되지 않는다. 존재(bhava)와 관련하여 미얀마 불교도들은 삼사라 둑카(saṁsāra dukkha, 윤회의 괴로움)라고 말하거나 버마어로 탐타야 씬예(thamthaya sinye) 또는 바와 탐타야(bhava thamthaya)라고 자주 말한다. 이것은 '삶의 순환'이라는 뜻이다. 미얀마 속담에 "삶은 삼사라다. 삼사라에서 삶이 이어질 때 수많은 괴로움을 일으킬 수 있는 많은 것들이 있다. 만약 사람이 존재의 수레바퀴 속에 더 이상 머물지 않는다면 두려워할 것이 아무것도 없다."라는 말이 있다. 여기에서 존재로 머물지 않는다는 문맥상 안식처로서 열반을 가정한다. 하지만 열반의 존재(existence)는 '비존재의 개념'과 다르다.

본 연구는 존재와 비존재라는 용어에 관해 우선 존재의 개념인 바와(bhava)를 탐구할 것이다. 이미 언급했듯이 열반의 경지에 들어간 사람들은 더 이상 삶과 죽음의 수레바퀴〔윤회〕 속에 머물지 않으며 더 이상 삼사라(saṁsāra)의 과정을 재현하지 않는다. 열반은 절대적으로 평화롭고 고요한 행복(santi-sukha, 적정)의 상태이다: *tesaṁ(saṅkhārānaṁ) vūpasamo sukho* (존재가 더 이상 존재하지 않을 때, 이것은 더없이 행복한 적정의 경지이다).[113] 사실 삶과 죽음의 과정을 설명하는 불교 우주관의 주제를 이해하지 못한다면 이 연구는 완성될 수 없을 것이다. 삶과 죽음의 주제에 대한 정보는 열반을 좀 더 분명하게 이해하는 그림을 제시한다.

존재(bhava) 자체는 괴로움의 실상을 보여준다. 여기에서 괴로움은 삶에서 원하지 않는 느낌을 의미한다. 예를 들면, 사랑하는 사람과 헤어지고 이별하는 것은 원하지 않는 느낌이다. 또한 죽음도 많은 괴로움을 만든다. 살아있는 사람들은 사랑했던 사람이 떠남으로 인한 이별의 슬픔을 겪는다. 『상윳따니까야(Vol. II)』의 「아시위소빠마 숫따(Āsīvisopama sutta)」에 따르면, 바와(존재)는 위험(bhaya, 두려움)을 상대해야 하고 소위 말하는 '사악한 죽음(māra)'과 대면해야 한다. 다행히도 살아있는 중생들에게 유일한 희망 하나가 있다. 이것은 죽음으로부터 자유로운 열반이다. 붓다는 열반은 모든 위험과 죽음으로부터 안전한 어떤 것이라고 설한다. 붓다의 설명은 다음과 같다.

> "비구들이여, 위험과 두려움이 있는 이쪽 해안(tīra; bhava), 이것이 유신(sakkāya, 나라는 실체가 있다는 것)이다. 비구들이여, 안전하고 위험이 없는 저쪽 해안(Nibbāna), 이것이 열반이다."114 115 [27]

이러한 맥락에서 열반은 직접적으로 죽음이 없는 경지(不死)를 말한다. 여기서 우리가 알아야 할 중요한 점이 있다. 그것은 죽음의 본성과 죽음이 없는 경지 사이의 연관성을 어떻게 구축하고, 두 가지의 속성을 어떻게 교류할 것인가이다. 죽음의 속성은 살아있는 존재들에게 속하

27 SN. IV. p.175 : "수행승들이여, 두렵고 위험한 이 언덕이라고 하는 것은 바로 개체를 말한다. 수행승들이여, 안온하고 평온한 저 언덕이라고 하는 것은 바로 열반을 말한다." 전재성, 『쌍윳따니까야』 4권, 한국빠알리성전협회, 2007, p.636. (빠알리어 tīra는 해변이나 호숫가를 의미한다. 전재성은 언덕이라고 번역했다.)

며 반면에 죽음이 없는 경지의 속성은 깨달은 자들에게 속한다. 이러한 관점에서 삶과 죽음의 본질을 탐구하는 것은 중요하다. 따라서 열반을 분석하기 전에 속세에 사는 중생들의 상황과 그들이 살고 있는 세상을 설명할 필요가 있다.

불교에 따르면, 생물과 무생물을 포함하는 모든 것은 멸滅하기 마련이며 조건 지어진 것이다. 조건 지어지고 멸하기 마련인 중생들은 자유롭지 못하다. 조건의 속성뿐 아니라 멸의 실제를 다루는 사람은 좀 더 자유롭다. 이것은 만약 존재(bhava)가 없다면 더 이상 괴로움이 없다는 것을 의미한다. 왜냐하면 괴로움이란 소위 존재라는 정신적이며 육체적인 현상의 진행과 관련되어 있기 때문이다. 이런 점에서 존재로부터의 해탈과 괴로움(dukkha)으로부터의 해탈이 열반이다. 존재는 세 가지 측면으로 구성되어 있다: 욕계 존재(kāma-bhava, 감각적 쾌락이 만연한 욕망의 세계)와 색계 존재(rūpa-bhava, 물질계)와 무색계 존재(arūpa-bhava, 비물질계)이다. 아비담맛타상가하의 설명은 다음과 같다: “삼계에서 윤회하는 것은 괴로움이며 갈애가 그것의 원인이다. 존재의 소멸이 열반이다. 그 길은 출세간으로 간주한다.”[116]

불교의 우주론적 관점에서 열반은 ‘비존재(non-existence)’로 여겨진 것 같다. 왜냐하면 존재의 진행 과정을 포함하고 있지 않기 때문이다. 여기에서 존재란 삶과 죽음의 과정을 말한다. 더 이상 존재의 31영역에 속하지 않은 살아있는 존재를 ‘비존재’에 있는 존재(being)라고 한다. 그러나 열반은 비존재를 의미하지 않는다. 열반은 31영역에 속하지 않은 ‘초월적 상태’로 존재하기 때문이다. 따라서 존재(bhava)에 대한 견해와 삶과 죽음의 그침(열반)이라는 견해는 본 연구의 주제를 명확하게 해준다. 그러나 누군가는 의문점을 제기할 수도 있다. "만약 살아있는 존재들을 포함한 모든 것들이 늙고 병들어 죽기 마련이라면 누가 다시 존재로 돌아온다는 말인가?"

존재(existence)와 관련하여, 전생에서 지은 업보가 아직 남아 있는 한, 우리는 한 존재에서 또 다른 존재로 계속해서 존재할 것이다. 이것이 삼사라(삶의 순환, 輪廻)이다. 특히 업은 삶의 과정을 만들어내는 중요한 역할을 담당하며 빠알리어로 깜마(kamma, 행위), 산스크리트어로 까르마(karma)라고 부른다. 존재는 기본적으로 두 가지 측면이 있다. 선善한 행위와 관련된 좋은 존재(sugati bhava)와 불선不善한 행위와 관련된 나쁜 존재(duggati bhava)가 있다. 이 두 가지 측면을 천상계와 지옥계로 부를 수 있다. 세계의 종교적 문헌들이나 구전으로 전해지는 전통을 보면, 거의 모든 종교가 천국과 지옥의 개념을 설명한다. 그 개념은 각기 특정한 종교의 관점에 따라 다양한 방법으로 설명되고 있다. 예를 들면, 기독교나 무슬림은 천국이나 지옥은 영원하다고 믿는다. 반면에 불교에서 천국이나 지옥은 영원하지 않다. 더욱이 천국은 특별히 선한 사람들을 위해 마련된 곳이고, 지옥은 악한 사람들을 위해 마련된 곳이다. 선한 사람들이란 선한 행위를 하는 사람들이고 악한 사람들이란 악한 행위를 저지른 사람들이다.[117]

윈스턴 킹(Winston King)과 멜포드 스피로(Melford Spiro)에 따르면 두 종류의 불교가 있는데 그것은 업불교(Kammic Buddhism)와 열반불교(Nibbānic Buddhism, 열반을 추구하는 불교)이다. 업불교도들은 선한 업(kamma)을 지으면 더 나은 곳에 다시 태어난다고 믿는다. 열반불교도들은 수행(명상)을 함으로써 다시 태어남에서 벗어날 수 있다고 믿는다.[118] 더 나아가 본 연구자는 이론과 실천적 측면에서 ①업불교와 ②선정불교(Jhānic Buddhism)와 ③열반불교 세 가지로 구분해야 한다고 생각한다. 업불교도들은 인간계나 천상계 같은 좋은 세상에 태어나기 위해 유익하지 않은 행위를 저지르지 않고 좋은 행위를 하려고 노력한다. 선정불교도들은 범천계로 알려진 범천의 세상과 같은 평화로운 세계에 태어나기 위해 사마타(고요, 평온) 수행을 하려고 노력한다. 선정수행자들은 색계와 무색계를 포함하는 범천의 세상에 태어날 기회를 얻는 것을 진정한 기쁨의 하나라고 생각한다.

그러나 열반불교도들은 업불교도와 선정불교도들의 견해가 유익하다고 보지 않는다. 사람들이 즐기는 즐거움은 아주 훌륭한 것이지만, 이들 안에는 이익이 되지 않은 많은 것들이 포함되어 있다. 만약 즐거움에 대한 끝없는 욕망과 어리석음 때문에, 그리고 어리석음으로 생긴 갈애 때문에 좋지 않은 행위를 저지른다면, 그들의 좋지 않은 행위가 그들로 하여금 감각적이고 기쁨이 넘치는 세상에서 더 이상 즐길 수 없게 만들 것이다. 불행하게도 사람들이 저지른 좋지 않은 행위는 그들을 지옥이나 아귀와 축생계와 같은 고통의 세상(악도)에 태어나게 할 것이다. 게다가 천상의 즐거움이 아무리 좋다고 할지라도 늙음과 죽음과 괴로움은 여전히 피할 수 없다. 이러한 불이익과 31계에 존재하는 괴로움을 보면서 열반불교도들은 윤회의 괴로움에서 해탈하기 위해 정진을 이어나간다.

중생의 존재 개념

불교 우주론은 심리학적이며 생물학적인 삶의 측면을 다룬다. 동시에 마음속에만 존재하는 보이지 않는 존재들도 있다고 주장한다. 그렇다면 우리는 열반에 대해 어떻게 말할 것인가? 열반도 우리들의 마음속에만 존재한다고 말할 수 있을까? 보이지 않는 존재들을 상대해 본 경험이 없는 사람들은 많은 회의적인 의심을 가질 것이다. 따라서 불교 우주론의 관점을 분석하고 살아있는 모든 생명체들〔중생〕의 존재 영역과 그 중요성을 이해할 필요가 있다. 불교 우주론에 따르면 모든 중생들이 존재하는 곳은 기본적으로 3개의 영역(bhūmi)으로 나뉜다.

(1) 욕계(kāma bhūmi): 7가지 욕계 선처 세상과 4가지 악처 세상.
(2) 색계(rūpa bhūmi): 16가지 색계 천상.
(3) 무색계(arūpa bhūmi): 4가지 무색계 천상.[119]

이것은 불교 우주론에 대해 앞으로 더 자세하게 설명하기 위한 간략한 개요이다. 어떤 사람들은 천상이나 지옥과 열반과 같은 존재의 영역을 볼 수 없기 때문에 그러한 세상은 마음속에만 존재한다고 추측한다. 이러한 맥락에서 불교 존재 영역의 체계와 개념적인 설명이 필요하다. 먼저 관습적 진리(sammuti saccā, 상대적 진리)와 궁극적 진리(paramattha saccā)의 차이점을 이해해야 한다.

관습적 진리는 일반적으로 일상의 대화에서 사용되는 것을 진리라고 생각하게 한다. 상대적 진리를 이용한 많은 관습적인 표현이 있다. '여자', '남자', '몸', '침대', '자리' 등은 모두 관습적 진리나 상대적 진리의 본보기이다. "이들 중에 어떤 것도 마음, 접촉, 확장, 응집 등과 같이 '진실로 현존하는' 법(사실, 현상, 속성)의 이름이 아니다. 그러므로 개념적인 의미를 갖는 이들 명칭과 단어가 암시하는 의미는 일반적으로 일상생활에서 통용되는 언어로서 관습적인 표현방식을 사용한다."[120]

궁극적 진리는 물질(色), 느낌(受), 지각(想), 정신작용(行)과 의식(識) 등의 무더기와 같은 법(dhamma, 여기서 담마란 현상을 말한다)의 핵심을 설명하기 위해 사용되는 진리이다. 본질적 실제는 이들 현상에서 기인한다. 궁극적 진리는 단지 이름이 아니라 실제로 존재하는 무엇인가가 있음을 암시한다. 이러한 의미에서 레디 사야도는 "관습적 진리는 거짓에 대한 안전장치이고 궁극적 진리는 환상이 일어나지 않도록 지킨다."[121]라고 지적한다. 이들 두 가지 진리와 관련하여 중생의 존재와 열반의 존재는 각각의 범주 하에서 고려해야 한다.

이들 궁극적 진리와 관습적 진리는 빠알리 초기경전에 직접 나타나지 않지만 주석서에 그 이름으로 표기하고 있다.[122] 그러나 주석적 방법으로 진리를 적용하는 것이 바람직하다. 주석적 방법은 '니땃타(nītattha, 명시적 의미나 직접적인 의미)'와 '네얏타(neyyattha, 함축된 의미나 추론적 의미)'이다.[123] 그러나 붓다는 가르침을 펼 때 중생들이 궁극적 진리와 관련된 법의 본질을 깨달을 수 있도록 하기 위해 여전히 관습적 진리를 사용했다. 이것과 관련하여 다음과 같이 언급했다: "관습적 진리에 의존하여 궁극적 진리를 얻을 수 있다."[124] 28

관습적 진리 관점에서 보면 살아있는 생명체는 분명히 존재한다. 그러나 실존하는 것으로서 어떤 것을 진지하게 논의할 때는 그것을 어떻게든 증명해야 한다. 불교학자들은 '존재하다(to exist)'의 의미를 '원인이 되다', '조건 지어지다', '생성되다', '어떤 것에 의존하여 생기다'로 해석한다.[125] 이것이 살아있는 생명체의 존재를 인정하기 위한 불교 사상의 기본 개념이다. 그러나 이러한 개념은 궁극적 진리에는 적용되지 않으며 오직 관습적 진리에만 적용된다.

이러한 관점에서, 관습적 진리는 살아있는 것, 죽음(mata), 그리고 죽음 없음(不死, amata)과 관련되어 있기 때문에 존재(existence)라는 측면은 관습적 진리에 더 밀접하게 연관되어 있다. 죽음의 본질은

---

28 nītattha와 neyyattha는 초기경전(AN. I. p.60)과 주석서(AN-a. II. p.118)에서 모두 설명되고 있다. 관습적 진리와 궁극적 진리의 구분은 두 종류의 진리를 가리키는 것이 아니라 진리를 나타내는 두 가지 방식을 가리킨다. 형식적으로 두 종류의 진리라고 소개되지만, 진리를 표현하는 두 가지 양태라는 것이다. 따라서 하나가 우월하고 하나가 열등하다는 두 가지 진리의 정도를 말하는 것은 아니다. 이는 kathā(말)와 desanā(가르침)가 종종 두 가지 진리와 관련해서 사용되는 이유를 말해준다. 이 측면에서 sammuti와 paramattha의 구분이 초기불교의 nītattha와 neyyattha의 구분과 대응한다. nītattha(분명한 의미)와 neyyattha(함축적 의미) 사이에 우위에 있는 가치판단은 없기 때문이다. 단지 둘을 혼돈해서는 안 된다는 것만 강조되고 있다. sammuti와 paramattha를 nītattha와 neyyattha로 이해하면 진리의 복수성의 개념과 화해하는 문제는 생기지 않는다. 관련 자료로는 Karunadasa, Y. *The Dhamma Theory - Philosophical Cornerstone of the Abhidhamma,* The Wheel Publication No.412/413, Kandy: Buddhist Publication Society. 1996 ; Karunadasa, Y. 「두 가지 진리, 상좌부의 견해(Theravada Version of the Two Truths)」, 『한국불교학결집대회논집』, 2006, pp.213~229 등이 있다.

살아있는 생명체〔衆生〕의 핵심 속성이다. 이 세상에는 수많은 종種과 다양한 생명체들이 있으나 이들은 크게 두 개의 그룹으로 나눌 수 있다. 보이는 생명체(diṭṭha satta)와 보이지 않는 생명체(adiṭṭha satta)이다. 불교의 우주관은 존재의 31가지 영역을 기본으로 다양한 생명체를 자세하게 설명하고자 한다. 불교 전통에서는 앞에서 이미 언급한 세 가지 존재 영역을 언급한다. 이들 영역은 보이는 존재와 보이지 않는 존재를 포함한다. 본 연구에서 존재의 31영역을 적용함으로써 불사不死의 경지뿐만 아니라 삶과 죽음의 모습이 심리적으로 좀 더 선명해질 것이다. 아래 도표는 *Abhidhammaṭṭha saṅgaha*(아비담맛타 상가하)의 빠알리 문헌에 제시된 31계를 통해 한 수행자가 어떻게 열반과 연계되어 있는지를 보여주고 있다.

31영역에 대한 도표는 상좌부불교의 *Abhidhamma*(아비담마) 문헌을 기본으로 해서 분류한 것이다. 몇몇 대승불교 문헌에도 존재의 31영역의 유형에 대해 설명하고 있지만 영역의 배치와 숫자 배열에서 상좌부불교와 다르다. 대승불교에서는 존재의 영역을 41가지로 나눈다.[127] 그러나 두 전통 모두 살아있는 모든 생명체들은 존재에 대한 집착 때문에 끊임없이 윤회를 배회하고 있다는 견해에 동의한다. 사실 사람들이 존재에 대한 집착을 버리면 열반을 성취할 수 있을 것이다.

왜 사람들은 이 31영역을 정처 없이 떠도는 것일까? 이것이 업의 법칙이다. 사람들은 현재 생뿐만 아니라 과거 생에서부터 몸(身)으로 말(口)로 마음(意)으로 선업과 악업을 지었다. 연기법에 의하면 사람들은 갈애와 어리석음 때문에 어떤 특정 영역에 끊임없이 태어난다.

실제로 사람이 죽으면 다시 태어나기 위해 업력業力이 그 사람을 특정한 영역으로 끌고 간다.

표1 상좌부불교의 열반과 존재의 31영역

31. 비상비비상처천
30. 무소유처천
29. 식무변처천
28. 공무변처천

27. 색구경천
26. 선견천
25. 선현천
24. 무열천
23. 무번천
22. 무상유정천
21. 광과천

20. 변정천	19. 무량정천	18. 소정천
17. 광음천	16. 무량광천	15. 소광천
14. 대범천	13. 범보천	12. 범중천

11. 타화자재천
10. 화락천
9. 도솔천
8. 야마천
7. 삼십삼천
6. 사대왕천

5. 인간

4. 아수라계
3. 아귀계
2. 축생계
1. 지옥

주註: *Abhidhamma*(아비담마)의 교리에 따르면, 우리는 이 우주에 있는 존재의 31영역을 볼 수 있으며 세속의 인과관계에 영향을 받지 않는, 우주를 넘어선 초월적인 열반의 경지를 볼 수 있다. 아비담마에서는 초월적인 의식의 상태를 출세간의 마음이라고 한다. 열반(절대적 평화로움)은 초월적인 의식을 통해 깨달을 수 있다. 위의 도표에 따르면 이 우주에는 각각 8단계가 있다. 맨 아래부터 맨 위까지 첫 번째 단계는 악처(duggati bhūmi, 고통과 괴로움의 영역)라고 하는 고통스러운 세상이다. 두 번째 단계는 선처(sugati bhūmi)에 속하는 인간 세상(행복한 영역)이다. 사실 인간 세상에서부터 시작하여 그 위의 모든 세상은 행복한 세상이다. 세 번째 단계는 천신의 영역(deva bhūmi, 욕계육천)이며, 네 번째, 다섯 번째, 여섯 번째, 일곱 번째 단계는 색계 범천의 영역(rūpa Brahmā bhūmi, 색계 16천)이다. 여덟 번째 단계는 무색계 범천의 영역(arūpa Brahmā bhūmi, 무색계 범천들의 네 개 세상)이다. 어리석음과 탐욕이라는 두 가지 원인으로 태어난 사람(dvi hetuka puggala)과 인식이 없는 사람(asaññasatta puggala)을 제외하고, 두 번째 단계에서 여덟 번째 단계에 태어난 사람들은 금생에서 열반을 성취할 가능성이 있다. 그러나 맨 아래 단계인 비참한 세상(apāya)인 악처에 태어난 사람들은 이번 생에서 열반을 실현할 방법이 없다. 그럼에도 불구하고, 다음 생에서는 열반을 성취할 가능성이 있다. 열반의 경지는 이 우주의 모든 단계를 초월한다. 왜냐하면 열반의 경지는 다시 태어남도 죽음도 없기 때문이다. 하지만 열반이 이 모든 단계 위에 있는 것이라 할지라도 열반이 이들 단계 위에 존재한다고 추측해서는 안 된다. 열반은 생물학적으로도 심리학적으로도 존재의 31영역에 속하지 않는다. 따라서

열반은 '초월적인 경지'로 보아야 한다.[126]

존재의 개념에 대해 위에서 이미 언급했듯이, 존재의 유형은 원인과 결과(인과관계)와 조건 지어진 상황 그리고 상호 의존적인 것과 서로 연관되어 있다. 삶과 죽음이 서로 연결되어 있기 때문에 범부들이나 이생에 살아있는 중생들과 다음 생의 존재들 사이의 인과관계를 탐구할 필요가 있다. 불교는 현생에서 다음 생으로 가는 것을 '가띠(gati, 태어날 곳)'라고 한다. '가띠'는 '감' 또는 '환생'을 뜻한다. 여기서 환생이란 '영혼의 환생'이 아니라 존재의 영역이 바뀌는 것이다. 가띠는 주로 두 가지 유형으로 나뉘는데 그것은 범부들의 환생(puthujjana gati)과 성자들의 환생(ariya gati)이다. 범부(puthujjana, 세속적인 사람)의 부류에는 선한 범부(덕이 있는 사람)와 눈먼 범부의 두 종류가 있다. 불교에 따르면 완전히 깨달음을 얻지 못한 사람들은 31영역 중 한 곳에 다시 태어날 것이다. 그러나 완전히 깨달은 사람들은 이번 생 이후〔사후〕에 열반에 들 것이다.[29]

세상 사람들(범부)은 이들 존재의 31영역 중에서 어느 곳이 그들의 종착지가 될지 확실하지 않다. 완전히 깨달은 아라한들을 제외하고 초기단계의 깨달음(magga-phala ñāṇa)을 얻은 성인들이나 여덟 단계의 깨달음 중에 첫 번째 단계에 있는 성인들(sotāpanna, 예류자)을

29 무여열반이 죽음 이후의 열반을 의미한다면, 저자가 사후에 열반에 든다고 설명하는 것은 무여열반을 의미할 수 있다. 하지만 초기경전을 기준으로 사후의 열반에 대한 내용은 찾아보기 어렵다. 따라서 무여열반에 대한 논의가 필요해 보인다.

포함하여 깨달은 자들은 성인들의 영역으로 알려진 선처에 태어날 것은 너무도 확실하다. 그러나 완전하게 깨달은 아라한들은 이번 생 이후에 마지막 열반에 들 것이다. 이와 관련하여 레디 사야도는 다음과 같이 언급했다.

> "사람들은 그들이 원하는 영역에 다시 태어날 수 없다. 그러나 각자의 전생 업에 의해 31영역 중 한 곳으로 떨어지기 쉽다. 코코넛이나 야자수 열매가 나무에서 떨어질 때 어디로 떨어질지 미리 확인할 수 없다. 그래서 사후에 범부(평범한 사람)가 태어날 새로운 영역을 미리 정해 어디에서 환생할 것인지 정할 수 없다. 태어난 모든 생명체는 죽음의 악마(죽음의 속성)가 숨어서 기다리고 있는 그 상황을 결코 피할 수 없으며 31영역 중 한 곳으로 '흩어져' 떨어질 것이 분명하다."[128]

범부들은 그들 자신의 행위〔업〕에 따라 31영역 중 한 곳에 다시 태어날 수밖에 없다. 그러나 『상윳따니까야』의 「나카시카 숫따(Nakhasikha sutta)」에 따르면, 아마도 범부들은 네 곳의 비참한 영역에 다시 태어나기 쉽다. 왜냐하면 대부분의 사람들은 선한 행위보다 악한 행위를 더 많이 저지르기 때문이다. 붓다는 손톱 위에 작은 티끌을 올려놓으며 생명체가 존재하는 조건을 시연했다. 붓다는 비참한 4가지 악처에 태어날 사람들이 인간이나 천신의 영역에 다시 태어날 사람들보다 훨씬 더 많다고 설했다. 손톱 위에 올린 작은 티끌〔인간이나 천신으로 태어날 사람들〕은 우주에 있는 모든 티끌보다 적다. 그것은 파멸 처(vinipātana gati)의 해악으로, 사후에 악처의 존재로 떨어질 가능성이 많기 때문이다.[129]

아비담맛타상가하에서 주석가는 다양한 가능성이 있는 개인과 존재 영역 사이의 연관성을 설명한다. 실제로 불교 교리에도 한 개인이 어떤 단계의 존재 영역으로 가는지, 개인이 지닌 의식의 유형에 따라 어떤 영역에 다시 태어나는지를 기술하고 있다. 아비담맛타상가하에 따르면 12가지 유형의 개인(puggala)이 있다고 한다. 그들은 자신이 저지른 행위에 따라 또는 그들이 수행을 통해 체험한 도道와 과果의 지혜와 통찰에 따라 앞으로 태어날 특정한 영역으로 기우는 경향이 있고 한다.

표2 12유형의 개인과 열반과의 관계

12 유형의 개인	악처	선처	6욕계천상		16색계범천			4 무색계		열반					
	4악처	인간	사대왕천	5천상	10범천	무상유정천	정거천		↔	아라한	불환자	일래자	예류자	선한범부	열반 불가능한 자
악처의 원인없는 자	+								↔						+
선처의 원인없는 자		+	+			+			↔						+
2 원인을 가진 자		+	+	+					↔						+
3 원인을 가진 자		+	+	+	+			+	→					+	
예류도에 든 자		+	+	+	+				→				+		
예류과에 든 자		+	+	+	+			+	→				+		
일래도에 든 자		+	+	+	+			+	→			+			
일래과에 든 자		+	+	+	+			+	→			+			
불환도에 든 자		+	+	+	+			+	→		+				
불환과에 든 자		+	+	+	+		+	+	→		+				
아라한도에 든 자		+	+	+	+		+	+	→	+					
아라한과에 든 자		+	+	+	+		+	+	→	+					

도표의 주요 용어:

악처의 원인 없는 자: 원인이란 탐·진·치·불탐·부진·불치 / 선처의 원인 없는 자 / 두 가지 원인 있는 자: 불탐(alobha), 부진(adosa)의 두 가지 원인 / 세 가지 원인 있는 자: 불탐, 부진, 불치의 세 가지 원인 / 예류도에 든 자: 예류도의 흐름에 든 자 / 예류과에 든 자: 예류과의 흐름에 든 자 / 일래도에 든 자: 한 번 더 욕계에 태어나는 도道에 든 자 / 일래과에 든 자: 한 번 더 욕계에 태어나는 과果에 든 자 / 불환도에 든 자: 다시 태어나지 않는 도에 든 자 / 불환과에 든 자: 다시 태어나지 않는 과에 든 자 / 아라한도에 든 자 / 아라한과에 든 자

악처: duggati bhūmi / 선처: sugati bhūmi / 사악처: apāya / 인간: manussa / 사대왕천: catumahārājika: 욕계 육욕천의 첫 번째 하늘 / 십범천: 색계 16범천 계 중 무상유정천(assaññasatta bhūmi)과 오정거천(suddhāvāsa bhūmi)을 제외한 나머지 10범천 세상 / 무색계: arūpa bhūmi

두 번째 도표의 주요 용어:

아라한: 완전히 깨달은 자; 이번 생에 열반에 든 자 / 불환자: 바로 이번 생 이후에 열반을 증득할 자(금생에 열반에 들 가능성 있음) / 일래자: 두 번째 생에 열반을 증득할 자(금생에 열반에 들 가능성 있음) / 예류자: 한 번에서 최대한 일곱 번 다시 태어난 후에 열반을 증득할 자(금생에 열반에 들 가능성 있음) / 선한 범부: 그의 수행 정진에 따라서 이번 생 또는 수없는 미래 생에 열반을 증득할 가능성이 있는 범부 / 금생에 열반을 증득할 수 없는 범부: 나머지 세 개 유형의 개인은 이번 생에 열반을 증득할 가능성이 없다. 그러나 미래 생에서 열반을 성취할 가능성은 있다.[130]

불교 우주론의 쟁점

불교 우주론과 관련하여 몇 가지 문제되는 쟁점이 있다. 붓다는 불교 우주론의 개념에 대해 설했을까, 설하지 않았을까? 불교 문헌에 제시된 존재의 영역은 정말 존재하는 것일까, 아닐까? *Encyclopedia of*

Buddhism, Vol. IV(불교 백과사전)의 편집자였던 조띠야 디라세께라(Jotiya Dhirasekera)는 『디가니까야』의 「브라흐마잘라 숫따(Brahmajāla sutta, 범망경)」에 실린 것처럼 초기불교에서 붓다는 우주에 대한 추측을 받아들이지 않았다고 지적한다.[30] 그리고 붓다는 세상이 영원한지 영원하지 않은지에 대해 물었던 마룬끼야뿟따(Mālunkyaputta) 장로의 질문도 인정하지 않았다고 지적한다. 불교는 이러한 붓다의 조언을 신중하게 다루고 있다.[131] 불교의 우주론에 따르면 질문에 대답하는 네 가지 방식이 있다. 이들은 ①직접 대답할 수 있는 질문, ②분석과 설명이 필요한 질문, ③반문으로 답하는 질문, 그리고 ④대답을 유예(거부)한 질문이다.[132]

첫 번째 질문은 오온(다섯 무더기: 색, 수, 상, 행, 식)과 같은 문제를 다룬다. "오온이 영원한가 영원하지 않은가?" 두 번째 질문은 마음과 물질의 양상으로서의 논제와 연관되어 있다. "물질은 영원한 요소인가?" 세 번째 질문은 분석의 측면으로써의 논제와 연계되어 있다. "모든 것은 눈으로 식별할 수 있고 알 수 있을까?" 마지막 질문은 이와 연관된 문제를 다룬다. "세상은 영원한가? 세상은 영원하지 않은가? 세상은 유한한가? 세상은 무한한가? 세상은 유한하지도 않고 무한하지도 않은가? 영혼은 육체와 동일한가? 영혼과 육체는 별개인가? 여래(Tathāgata, 붓다)는 사후에 존재하는가, 존재하지 않은가, 아니면 사후에 존재하기도 하고 존재하지 않기도 하는가, 아니면 사후에 존재하는 것도 아니고 존재하지 않은 것도 아닌가?" 이런

---

30 DN, I. p.13ff ; 참고) 각묵, 『디가니까야』 1권, p.105ff.

문제에 대해 붓다는 마룬끼야뿟따 장로의 질문에 답을 하지 않았다. 그러나 우리는 "왜 붓다가 그런 질문에 대답하지 않았을까?"라고 의구심을 가질 수도 있다. 그 이유는 "그 질문에 대답할 이유도 없고 대답할 근거도 없기 때문이다. 붓다(세존)의 발언도 설법도 없다. 그것은 이유도 근거도 없다."[133] [31]

붓다가 마룬끼야뿟따 장로의 질문에 대답하지 않았다 하더라도, 붓다는 우주와 불교 우주론에 대해 설했다. 붓다는 중생들에게 유익하다고 생각할 때 가끔 존재(existence)와 비존재(non-existence)에

---

31 초기불교 안에서 붓다는 대기설법을 했다. 따라서 가르침을 받는 사람의 근기에 따라 답변의 형식을 변경했다. 붓다가 다양한 질문에 답변하지 않은 이유를 설명하는 경전도 있다. 『아위야까따 상윳따(Avyākata saṃyutta)』(SN, IV. p.400)는 붓다와 왓차곳따(Vacchagotta)의 대화 내용을 담고 있다. 붓다는 왓차곳따의 질문에 대답하지 않았다. 왜냐하면 그가 자아에 대한 진실을 이해할 수 있을 정도로 성숙하지 못했기 때문이다. 붓다가 왓차곳따에게 '자아가 있다'라고 대답을 하면 왓차곳따는 상주론자가 되었을 것이고, '자아가 없다'라고 대답하면 왓차곳따는 단멸론자가 되었을 것이다. : "존자 고따마여, 자아는 있습니까?" 이와 같이 묻자 세존은 침묵하셨다. 두 번째에는 유행자 왓차곳따는 세존께 이와 같이 말씀드렸다. "존자 고따마여, 자아는 없습니까?" 두 번째에도 세존께서는 침묵하셨다. 그러나 유행자 왓차곳따는 자리에서 일어나 그곳을 떠났다. …(왜 답하지 않으셨냐는 아난다의 질문에)… "아난다여, 내가 유행자 왓차곳따의 '자아는 있는가?'라는 질문을 받고 똑같이 '자아가 있다'라고 대답하면 아난다여, '일체의 사실은 무아이다'라는 지혜의 발현에 순응하는 것인가?" "세존이시여, 그렇지 않습니다." "아난다여, 내가 유행자 왓차곳따의 '자아는 없는가?'라는 질문을 받고 똑같이 '자아가 없다'라고 대답하면 아난다여, '예전에 나에게 자아가 있었는데 지금은 그 자아가 더 이상 없다'라고 혼미한 왓차곳따는 더욱 혼미해질 것이다." 참고) 전재성, 『쌍윳따니까야』 4권, 2007, p.1302.

대해 가르쳤다. 그리고 붓다는 우주가 어떻게 형성되었는지에 대해 근접원인 관점과 원격원인 혹은 세상(anādhika loka, 무한의 과거로부터 끝없이 존재함)의 '끝이 없는 시작'의 관점을 신중하게 구별했다. 많은 사람들은 붓다가 우주론과 우주에 대해 언급하는 것을 거부했다고 생각한다. 왜냐하면 초기불교 문헌에서 붓다가 우주에 대한 추측을 받아들이지 않았기 때문일 것이다. 붓다가 우주에 대해 설명하지 않았다고 보는 데는 두 가지 이유가 있다. 첫 번째 이유는 불교 경전에 세상이 돌아가는 시스템의 패러다임과 관련한 기록이 거의 없다는 점이다. 두 번째 이유는 붓다가 세상의 영원함이나 무한함에 대한 우주적 문제에 대해 침묵했다는 점이다. 붓다는 마룬끼야뿟따 장로가 "세상은 영원합니까? 세상은 영원하지 않습니까?" 등과 같은 질문을 했을 때 답변하지 않았다.[134] 만약 누군가 마룬끼야뿟따 장로와 관련된 붓다의 무기無記에 대해 심사숙고한다면, 불교가 세상이 돌아가는 시스템의 구성 조건과 우주론에 대해 인정하지 않은 것으로 오인할지도 모른다. 하지만 붓다는 31영역으로 설명된 불교 우주론을 그의 가르침에서 배제하지 않았다.

붓다가 불교 우주론에 대해 설법한 사실을 뒷받침할 만한 근거도 있다. 『디가니까야』의 「악간냐 숫따(Aggañña sutta, 세기경)」에서 붓다는 어떻게 생명체와 함께 세계가 처음 물방울로 생겨 성장하고 지속시키고 불과 물과 바람으로 파괴되었는지를 설명하기 위해 다음과 같이 설했다.

"와셋타여, 참으로 긴 시간이 지나고, 이 세상이 무너지는 그런 시기가 곧 온다. 세상이 파괴될 때 대부분의 중생들은 광음천에 태어나게 된다. 마음으로 이루어진 그들은 거기서 희열을 음식으로 삼고, 스스로 빛나고, 허공을 걸어 다니고, 눈부신 존재로 아주 긴 시간을 그렇게 산다. – 그리고 참으로 긴 세월이 지난 후, 이 세상이 다시 팽창하기 시작한다. 세상이 팽창하면서 다시 이루어질 때 대부분의 중생들은 수명이 다하여 광음천의 무리에서 떨어져서 이 세상(인간계)으로 오게 된다. 마음으로 이루어진 그들은 여기서 희열을 음식으로 삼고, 스스로 빛나고, 허공을 다니고, 그렇게 깨끗한 존재로 오랫동안, 긴 시간을 머문다. … 그때 어떤 중생에게 '진정으로 이것이 무엇일까?'라는 탐욕의 마음이 생겼다. 그는 손으로 달콤한 땅을 맛보았다. 맛을 가진 땅을 손으로 맛본 그를 그 맛이 뒤덮었고 갈애가 생겼다. … 그 결과 중생들의 스스로 빛남이 사라졌다. 스스로 빛남이 사라지자 태양과 달이 나타나고, 밤과 낮이 구별되고, 달과 보름이 생겼으며, 년年과 계절이 생겼다. 이렇게 하여 세상이 다시 생겨났다."[135] [32]

붓다가 우주론과 세상의 기원에 대해 언급한 것은 의심의 여지가 없다. 붓다는 우주의 쟁점을 거론하고 그 우주가 자연적인 과정을 거쳐 어떻게 형성되었는지에 대해 설한 것은 사실이다. 우주는 복합적인 세계 체제와 다양한 생명체로 구성되어 있다. 그러나 그 우주는

---

32 DN, III. pp.84~86 ; 전재성, 『디가니까야』, 한국빠알리성전협회, 2011. pp.1171~1172.

시시각각 변화하고 있다. 그런 다음 우주의 과정은 생성기와 소멸기의 순환으로 설명할 수 있다. 한 세계의 순환 주기 과정은 겁(kappa 또는 산스크리트어로 kalpa)으로 알려져 있으며, 헤아릴 수 없을 만큼의 긴 시간이다.

> "불교 문헌은 세 종류의 겁을 언급하는데 그것은 간겁間劫과 아승지겁 그리고 대겁大劫이다. 간겁은 인간 수명이 십 년에서부터 최대한 수천 년까지 늘었다가 다시 십 년으로 줄어드는 기간이다. 이십 간겁은 일 아승지겁과 같으며, 사 아승지겁은 일 대겁과 같다. 붓다는 일 대겁의 기간은 세로와 높이가 일 요자나(yojana, 약 7~8마일)인 화강암으로 된 산이 백 년에 한 번씩 실크 옷깃이 스칠 때 그 산이 모두 닳아 없어지는 시간보다 더 길다고 설했다."[136]

일 대겁의 기간에 대한 설명은 *Abhidhamma*(아비담마)도 유사하다. 참으로 일 대겁의 기간은 무한수로 헤아릴 수 없이 길기 때문에 아무도 정확하게 그 기간을 셀 수 없다.

세계의 형성과 파괴 주기 과정은 네 가지 시기가 있다. 그 네 가지는 '파괴기'와 '아무것도 존재하지 않는 시기 또는 혼돈의 시기'와 '형성 또는 생성기', 그리고 '형성된 세상이 존속하는 시기'이다. 네 가지 세계의 분류 중에서 파괴기는 불과 물과 바람이 세상을 파괴했을 때 시작했다. 세상이 파괴되는 동안 거의 모든 생명체들은 지옥과 다른 세상에서 풀려나 인간 세상에 다시 태어났다. 어떤 중생들은 선정(jhāna) 의식의 단계에 따라 초선 영역에 다시 태어날 수 있고 어떤 중생들은 이선 영역에, 어떤 중생들은 삼선 영역에 다시 태어날 수 있을 것이다. 그런 후에 고요명상을 통해 좀 더 높은 집중(samādhi) 경지에 들어갈 수 있다. 그래서 불과 물과 바람이 그들을 파괴할 수 없는 사선의 영역에 다시 태어날 수 있다.[137]

그러나 *Abhidharmakosa*(아비다르마코샤, 아비다르마의 곳간)에 따르면, 그들의 악업에 대한 형벌이 아직 다 끝나지 않아 지옥에서 완전히 풀려나지 못한 지옥 중생들은 다른 우주에 존재하는 어떤 지옥으로 옮겨질 수 있다.[138] 세상이 파괴되는 과정은 자연적인 과정에 의해 하나의 세상에서 다른 세상으로 계속 일어난다. 불교에서 논란의 여지가 있을 법한 경전의 관점은 아니지만, 철학적 견해 하나가 있다. 그 견해는 모든 생명체의 시작이 없을 뿐만 아니라 이 우주의 시작도 없다는 것이다. 이것은 그 시작 전에 하나의 시작이 있고 또 그 시작 전에 다른 시작이 있다는 의미이다. 이 개념을 '끝없는 시작'이라고 한다. 이러한 원리는 '연기법'과 직접적으로 연관되어 있다. 세상의 과정이나 살아있는 생명체들의 과정과 생명체가 형성된 방법은 지금 이 현재 세상을 근간으로 한다. 하지만 우주는 인간의 이해 능력을 넘어 엄청나게 방대한 것으로 생각된다. 인간의 인식이나 심지어 인간 과학의 통찰을 넘어 수많은 세상이나 우주가 존재한다.

연기법의 원리에 따르면 중생들은 어리석음(무명)과 갈애 때문에 윤회의 수레바퀴에서 벗어날 수 없다. 붓다는 마치 윤회에서 헤매기 위해 있는 힘을 다해 어리석음과 갈애 속으로 뛰어드는 것 같은 중생들에게 설했다: "비구들이여, 이 윤회는 시작을 찾을 수 없다. 어리석음에

덮이고 갈애에 묶여서 허우적대고 헤매는 중생들은 처음의 시작점을 알 수 없다."[139] 이 설명을 통해 우리는 붓다가 우주 과정의 '시작 없음'을 어떻게 강조하는지 이해할 수 있다. 붓다는 어떻게 그리고 왜 세계가 시작되었고, 누가 이 우주를 창조했는지보다 인간의 고통스러운 세상으로부터 자유로워지는 과정에 더 관심이 있었다. 그럼에도 불구하고, 붓다는 여전히 그의 제자들에게 도덕적 윤리를 가르쳤고 제자들 자신이 원하는 곳에 다시 태어날 수 있는 기회를 더 많이 가질 수 있도록 중생들의 존재 영역에 대해 설파했다.

세계체제의 시작에 관한 두 가지 견해

세계나 우주가 처음 어떻게 생성되었는지에 관해서 서로 비슷한 두 가지 견해가 있다. 그 두 가지 견해는 과학자들의 견해와 불교학자들의 견해이다. 그들의 견해는 서로 밀접하게 연관되어 있다. 첫 번째, 신(God)이 실제의 기원이라는 것을 부인한다. 두 번째, 우주나 세계는 자연적인 과정에 의해 생성되었다고 지적한다. 그 자연적인 과정은 이 세계를 생성하기 위하여 신이나 창조자의 어떤 영향력도 받지 않고 스스로 생겨난다.

어떻게 세계가 생성되었는지에 대한 견해와 관련하여 많은 과학자들은 몇 개의 본래 물질이 물리적 진화와 화학적 진화와 생물학적 진화나 우주 진화 때문에 복잡한 인간으로 진화할 수 있다는 증거를 가지고 있다고 말한다. 그러나 불교는 물리적으로 세계가 생성된 것에 대한 증거는 없지만 몇 가지 이론적인 논제를 내세운다. 그럼에도 불구하고 세계 생성에 대한 불교학자들의 관점은 과학자들의 관점과 아주 밀접하다. 과학자들의 견해는 다음과 같다.

> "많은 과학자들은 거대한 지구 실험실에서(40억 년 이상 전에) 복잡한 분자를 생성하기 위해 탄소, 수소, 산소와 질소의 요소를 조합했다고 믿는다. 그러한 과정에서 아마 특정한 결합이 '생명'이라고 하는 가장 흥미롭고 매력적인 과정을 촉발시켰을지도 모른다. 그 복합체의 구성성분은 단백질이라고 하는 고분자 유기물이며 그것이 메탄, 암모니아와 이산화탄소 같은 단순한 화학 물로 합성되었다. 그렇게 생명이 시작되어 '인간'이 될 때까지 수많은 세월을 거쳐 진화했다. 고분자 유기물은 몇 십억 년이 되었지만 인간은 우주(약 10만 년 전)에서 신참일 뿐이다."[140]

어떤 특정한 진화 과정이 거대한 지구에서 일어난다. 지각이 생기고 이 우주에 우주 진화가 일어났다. 과학적인 관점에 따르면 이런 진화의 개념을 '빅뱅(Big Bang)'이론이라고 부른다. 빅뱅이론을 관찰해보면 불교의 견해와 대동소이하다. 불교 경전은 '지구가 폭발하려고 할 때 실제적으로 지구가 굉장히 뜨거워지며 일곱 개의 태양이 서로 거의 동시에 나타난다. 그런 후 그 열기가 온 세상을 태웠다'고 설명한다.[141] 과학자들은 '빅뱅'의 과정이 대략 130억 년 전에 일어난 것으로 믿는다. 오랜 기간에 걸쳐 우주 표면에 일련의 변화가 일어났다. 일련의 변화란 광범위한 진화로 화학적, 생물학적, 심리학적 진화를 포함한다. 많은 과학자들은 인류의 기원이 동시에 발생한 두 개의 과정,

즉 생물학적 진화와 심리학적 진화의 결과물이라고 믿는다. 특히 생물학적 진화는 인류와 관련될 때, 참으로 복잡한 논쟁의 여지가 다분하다.[142] 일부 종교학자들은 '신의 의지' 때문에 우주와 인류가 생성되어 이 세상에 존재한다는 견해를 여전히 집요하게 고집하고 있다. 그러나 불교학자들과 과학자들은 우주와 인류가 자연의 과정으로 생겨났다고 믿고 있으며 그 자연의 과정을 과학적 용어로 '자연도태'라고 한다.

불교학자들은 과학자들처럼 우주의 시작 이론에 대해 심각하게 언급하지 않는다. 왜냐하면 우주와 인류를 포함하여 모든 것을 창조한 그 어떤 절대적 존재도 없다고 믿기 때문이다. 불교학자들은 우주의 시작에 대한 근거를 제시하지 않음에도 불구하고 자신들의 교리에 부합하는 과학자들의 설명을 받아들인다. 이러한 맥락에서 과학자들은 우주 시작의 견해를 다음과 같이 시사한다.

"우리는 일련의 사건들이 전에 일어난 사건에 의해 발생하고 차례로 그보다 더 전에 일어난 사건에 의해 발생한다는 생각에 익숙하다. 과거로 거슬러 올라가는 인과관계의 사슬이 있다. 그러나 이 사슬에 시작이 있다고 가정해보라. 첫 사건이 있었다고 가정해보라. 무엇이 원인이었을까? 이것은 많은 과학자들이 발표하고 싶은 질문이 아니다. 과학자들은 러시아 사람들처럼 우주는 시작이 없다고 주장하거나 우주의 기원은 과학의 영역 안에 있는 것이 아니라 형이상학이나 종교에 속한다고 주장하면서 그 질문을 피하려고 했다. 내 의견으로 이것은 어떤 진정한 과학자도 받아들일 입장이 아니다. 만약 과학의 법칙들이 우주의 시작에 적용되지 않는다면 다른 때에도 또 실패하지 않을까? 법칙이라는 것을 필요할 때만 적용해야 한다면 그것은 법칙이 아니다. 우리는 우주의 시작에 대해 과학을 근거로 이해하려고 해야 한다. 그것은 우리의 역량을 넘어선 과제일지도 모른다. 그러나 우리는 최소한 시도라도 해야 한다. 펜로즈(Penrose)와 내가 증명했던 정리가 우주는 시작이 있어야만 했다고 제시했지만 그 시작의 본질에 대해 많은 정보를 주지 못했다. 그 정리는 전 우주가 시작한 한 점이며 그곳에 모든 것이 있는 빅뱅에서 시작된 우주가 무한한 밀도의 작은 한 점으로 뭉쳐졌다고 지적했다. 이 시점에서 아인슈타인의 일반 상대성이론이 무너져 우주의 기원은 과학 영역 밖에 존재하는 것으로 보인다."[143]

아직 우주의 시작에 대한 가설들과 관련하여 해답을 내놓은 과학자는 없는 것 같다. 그래서 우주의 근원 문제에 대한 집요한 호기심은 내려놓는 것이 좋을 것 같다. 그러나 진화는 인류와 우주가 '자연도태'에 의해 어떻게 변화했는지를 설명하기 위한 하나의 이론으로 제시된다.[144]

고통스러운 세상

보이는 중생들과 보이지 않는 중생들이 다시 태어나는 영역을 사악처(apāya), 둑가띠 부미(duggati bhūmi, 고통스러운 세상) 또는 '비참한 영역'이라고 한다. 사악처에는 지옥(niraya), 아귀(peta), 아수라(asura)와 축생(tiracchāna)이 속한다. 불교 우주론에 따르면 악처(비참한 영역)는 불교도들이 태어나고 싶지 않은 세상이다. 사악처를 의미하는 '아빠야(apāya)'는 '아빠(apa, 결여된)'와 '아야(aya, 행복)'를 합친 용어이다. 따라서 아빠야는 문자 그대로 '행복이 없는'을 의미한다. 이것은 항상 고통과 비참함이 존재하는 영역을 통칭하는 이름이다. 따라서 사악처에 태어나는 중생들에게 행복이란 없다. 만약 누군가 세상의 괴로움을 여실히 보게 된다면 해탈을 얻으려고 안간힘을 쏟을 것이다. 그것이 열반으로 향하게 한다.[145]

불교에서 사악처 중에 지옥은 가장 태어나고 싶지 않은 영역이다. 지옥(산스크리트어로는 naraka)은 문자 그대로 행복이 전혀 없는 곳, 내리막길을 의미한다. 주主 지옥은 8가지 대지옥이 있으며 부副 지옥은 40가지가 있다. *Abhidhammaṭṭha saṅgaha bhāsāṭīkā*(아비담맛타상가하 바사띠까)와 『맛지마니까야(Majjhima nikāya, 중부)』의 「데와두따숫따(Devadūta sutta, 천사경)」에 따르면 각각의 주 지옥에 5개의 부지옥이 있다. 지옥은 우주 어디인가 인간계 아래에 있다. 극심한 고통에 시달리는 중생들은 고통에 신음하며 한 순간도 쉼 없이 지옥에서 끝없는 고통을 당한다. 극심한 고통에 시달리며 휴식이란 없다. 지옥 중생들은 과거 생에 저지른 악한 행위 때문에 고통 받아야 한다. 이러한 사실을 알기 때문에 불교도들은 고통스러운 세상에 다시 태어나는 것을 끔찍하게 두려워한다. 그래서 불교도들은 보시(dāna), 계(sīla), 지혜(paññā)를 닦아서 정신적으로 자유로워지는 것을 목표로 삼는다. 그러나 다른 종교와 다르게 불교에서는 아무것도 영원한 것이 없기 때문에 지옥에서 신음하는 중생들도 영원히 고통스럽지 않을 것이라고 말한다. 하지만 많은 지옥 중 한 곳에서 고통 받고 있는 중생들은 지옥에서 죽을 수도 없기 때문에 극도의 공포에 시달리며 수많은 고통을 참아내야만 한다.[146]

지옥은 얼마나 고통스러운 곳일까? 『맛지마니까야』의 「데와두따 숫따」에 다음과 같은 기록이 있다.

> "불에 달군 쇠막대기로 한손을 찌르고 … 다른 손을 찌르고 … 발을 찌르고 … 다른 발을 찌르고 … 결국 쇠막대기로 배를 찌른다. 그곳에서 지옥 중생들은 뼈를 깎는 고통과 살갗을 벗기는 고통을 겪는다. 그러나 그들은 악행에 대한 과보가 다 없어질 때까지 죽지도 못한다."[147]

「데와두따 숫따」는 지옥의 고통에 대해 좀 더 자세히 설명하고 있다. 이처럼 지옥에 떨어진다는 것이 얼마나 고통스러운 것인지 공부하면 더 많은 것을 이해할 수 있다. 지옥은 우리를 공포에 떨게 하며 두렵게 만드는 곳이다. 불교도들은 지옥 중생들이 지옥에 태어나 참아내야 할 끔찍한 고통에 대해 생각한다면 열반을 체득하고 싶어 할 것이다. 지옥 중생들도 악업의 과보가 소진된다면 처참한 고통의 세상에서 탈출할 기회가 있을 것이다.

8대 지옥 중에 '무간지옥(Avīci)'은 최하위에 있는 지옥으로 가장 끔찍한 곳이다. 불교에 따르면 '무거운 업(garuka kamma)'이라는 심각한 악행을 저지른 사람들은 무간지옥에서 고통을 받는다. '무거운 업'은 그 어떤 다른 업으로도 대체할 수 없다. 좀 더 나은 영역에 다시 태어나기 위해 상황을 완화시키기는 어렵다. 어떤 선한 행위도 고의적으로 '다섯 가지 극악무도한 죄(무간업)'를 저지른 사람들을 무간지옥에서 탈출시킬 수 없다. 다섯 가지 극악무도한 죄는 '아버지를 죽인 죄', '어머니를 죽인 죄', '아라한이나 성인을 죽인 죄', '붓다에게 상처를 입힌 죄'와 '승가를 분열시킨 죄'이다. 예를 들면, 붓다의 사촌인 데와닷따의 경우를 주목해 보자. 데와닷따는 붓다에게 상처를 입히고 승가를 분열시킨 두 가지 극악 죄를 저질렀기 때문에 신통력을 잃고 무간지옥에 다시 태어났다.[148]

'축생계(tiracchāna)'는 악처 중에 한 곳이며 '아귀'와 '아수라계'도 악처에 속한다. 이 영역은 악업 때문에 끝없는 고통에 울부짖는 끔찍한 세상이다. 축생을 의미하는 '띠랏차나'의 사전적 의미는 '옆으로 가는 존재'라는 뜻이다. 동물들은 땅에도 물에도 심지어 하늘과 같이 어디서나 살 수 있다. 악행을 저지른 인간들은 사후에 그들이 지은 사악한 업력 때문에 축생계에 태어날 수 있다고 믿는다. 어떤 사람이 축생계에 다시 태어나면 그 영역을 탈출하기가 매우 어렵다. 왜냐하면 동물로서 공덕을 지을 기회가 많지 않기 때문이다. 또한 동물들은 서로 자비를 베풀지 않는다. 동물들은 약육강식의 세계에 살고 있기 때문이다. 인간과 비교했을 때 동물들이 살면서 공덕을 지을만한 기회는 거의 없다. 불교에 의하면 오직 선한 행위만이 중생들을 고통스러운 세상에서 탈출시킬 수 있다.[149]

'빼따(peta, 산스크리트어로 preta)'의 사전적 뜻은 '귀신' 또는 '유령'이다. 또 '죽은 자, 죽은 영혼'이라는 의미도 있다. 또 '굶주린 귀신(아귀)'이라는 뜻도 있다. 굶주린 귀신이란 과거의 업으로 극심한 배고픔과 목마름에 고통 받는 중생들이다. 아귀들은 산 사람들이 공덕을 보내 도와줄 때까지 업으로 인한 고통에서 빠져나올 수 없다. 아귀들은 머무를 수 있는 특정한 영역이 없다. 그들은 인간과 같은 세상에서 살지만 사람들은 아귀를 볼 수 없다. 아귀는 숲이나 땅 위, 공동묘지나 바다에 산다. 아귀들은 굉장히 다양한 모습을 가지고 있으며 남은 음식이나 배설물, 콧물 같은 분비물, 고름 등 갖가지 음식물을 먹고 산다. 몇몇 아귀들은 많은 양의 음식을 먹는다. 그러나 그들의 배고픔은 결코 채워지지 않는다. 그래서 그런 중생들을 '굶주린 귀신(아귀)'이라고 한다. 사람들은 아귀 스스로가 자기 모습을 보여주려 하지 않는 한 볼 수 없다. 그러나 한 가지 예외가 있는데, 천안天眼이나 천안통天眼通을 가진 사람들은 언제든 아귀를 볼 수 있다.[150] 『맛지마니까야』의 「데와두따 숫따」에 의하면 '죽음의 왕'으로 알려진 '야마(Yāma)'는 아귀계에 살고 있다. 야마는 굶주린 귀신들의 세상에서 왕이다.[151]

불교에 따르면 '아수라'도 낮은 세상에 살고 있는 무섭고 사악하며 무시무시한 존재들이다. 아수라계는 사악처에 속한다. 아수라는 흔히 악마, 악령, 사악한 귀신으로 번역된다. 일부 아수라들은 사악한 의도로 그들의 힘을 사용한다. 이들 아수라들은 사악처를 삼악처로 분류할 때 아귀의 범주에 넣는다. 빠알리 문헌에서는 아수라를 아귀 분류에 넣음으로써 삼악처로 설명한다. 아수라에도 많은 종류가 있다. 일부 아수라는 강, 일부는 바다, 그리고 일부는 산에서 산다. 그러나 수미(Sumeru)산 밑에서 사는 아수라들은 불교에서 가장 잘 알려진 아수라이다. 왜냐하면 이들 아수라들은 도리천의 신들과 전투를 벌였기 때문이다. 상좌부불교 경전에 따르면 한때 도리천 신들이 아수라들을 도리천 밖, 수미산 바다 밑으로 내쫓기 전까지 도리천은 아수라의 영역이었다. 도리천에 살다 쫓겨난 아수라들은 신과 같은 존재였지만 이제 더 이상 신이 아니다. 이것이 위에 언급한 모든 존재들〔띠랏차나, 뻬따, 아수라〕을 고통스러운 세상(apāya)으로 분류한 이유이다.[152] 사람들은 지옥에서 그토록 극심한 고통을 받고 있는 중생들이 있다는 것을 붓다의 가르침을 통해 알게 되면서, 먼저 천상에 태어나 안락함을 즐기기 원하고, 그런 후에 열반의 길로 들어서기를 바란다.

행복한 세상

인간(manussa)과 천신(deva)은 '수가띠부미(sugati bhūmi, 행복한 세상, 善處)'의 존재들로 간주한다. 여기서 '수가띠'는 '행복한 과정의 존재'를 의미하며 '부미'는 '영역' 또는 '세상'이라는 뜻이다. 인간계는 일곱 개의 욕계 선처 세상 중 하나이다. 인간들은 낮은 영역의 존재들과 비교했을 때 굉장한 쾌락과 즐거움을 누린다. 사실 인간계는 아픔과 쾌락이 섞여 있는 곳이다. 불교도들은 세상에서의 그들의 위치와 아픔을 피하는 방법 그리고 쾌락과 행복을 얻는 방법도 알고 있다. 더욱이 불교도들은 세간의 행복과 출세간의 행복(열반 경지에서의 행복)을 성취할 기회도 갖는다. 더 나아가 정신적 수행(bhāvanā)과 확고한 결의(paṇihita)와 결단력(adhiṭṭhāna)을 통해 붓다도 될 수 있다. 인간계는 선행과 보시를 할 기회가 많기 때문에 원하는 세상이 어떤 곳이든 갈 수 있는 관문 역할을 한다. 불교적 관점에서 천상은 행복한 세상으로

간주한다.[153]

천상의 존재들은 바다 위와 인간계 위에 있는 수미산의 일부인 특별한 하늘에서 거주하고 있다. 수미산은 일곱 개의 산맥으로 둘러싸여 있다. 욕계 천상과 더 높은 천신들의 거주처인 사대왕천을 포함하는 욕계 육천이 있다. 천상의 존재들이나 천신들은 인간의 수명보다 더 오래 살며 인간보다 더 감각적인 쾌락을 누린다. 그러나 이 천신들이 갖고 있는 모든 것들은 결코 영원하지 않다. 욕계 천상 중에서 최하위 세계가 사대왕천으로 알려진 사대왕의 영역이다. 이곳은 네 명의 위대한 천신의 왕들이 시중드는 천신들과 함께 거주하는 세상이다. 상좌부불교 전통에 따르면 사대왕들의 수명은 500천상년이다(CY).[154]

『위방가(Vibhanga, 분별론)』에서 주석가는 사대왕천에서의 하루는 인간 세상의 50년과 같다고 한다. 도리천(Tāvatiṁsa, 욕계 육천 가운데 두 번째 하늘)에서 하루는 인간 세상의 100년과 같다. 야마천(Yāma, 욕계 육천 가운데 세 번째 하늘)에서의 하루는 인간 세상의 200년, 도솔천(Tusita, 욕계 육천 가운데 네 번째 하늘)에서의 하루는 인간 세상의 400년과 같다. 불교도들은 앞으로 붓다가 될 보살이 도솔천에서 살고 있다고 믿는다. 이러한 방식으로 육천의 수명은 다르게 계산된다. 예를 들면, 사대왕천의 수명은 500천상년이다. 따라서 네 명의 대왕들의 수명은 인간 세상의 900만 년과 같다(사대왕천의 하루 = 인간의 50년, 1년 = 360일, 사대왕천 500년 = 900만 년).[155]

천상의 존재들과 관련하여, 천신들은 자연발생적으로 태어나는 중생(opapātika satta, 化生)으로 알려진 신비한 존재들이다. '오빠빠띠까'의 사전적 의미는 '우연히 또는 자연적으로 태어난'의 뜻이며, '삿따'

는 '살아있는 존재(衆生)'라는 뜻이다. 이러한 천상의 존재들은 부모의 도움 없이 태어난다는 의미이다. 즉 이들 영역에서는 임신이 없다. 불교 문헌에 기록되어 있는 것처럼,[33] 이러한 종류의 출생은 모든 천상의 존재들에게 일반적이다. 보통 태어나는 과정을 네 가지로 구분한다. 이들은 자궁에서 태어나는 '태생(jalābuja)', 알로 태어나는 '난생(aṇḍaja)', 습기로 인해 태어나는 '습생(saṁsedaja)'과 스스로 태어나는 '화생(opapātika)'이다.[156] 천상의 존재들은 자연적으로 출생하는 화생으로 하늘에서 태어나기 때문에 태어날 때부터 남성 천신들은 20세, 여성 천신들은 16세이다. 이러한 특성은 모든 욕계 천상의 존재들에게 해당된다. 게다가 천상의 존재들은 안락한 상황에서 살고 있다. 그들은 과거의 선행 덕으로 모든 것이 특별하다. 천상의 존재들은 하늘의 거주처에서 천상의 음식을 먹고, 성적 즐거움 그리고 기쁨이 가득한 아름다운 정원에서 살기 때문에 결코 싫증을 느끼지 않으며 거의 모든 것에 만족한다.[157]

다른 종교처럼 불교도 종교적인 관점에서 천상의 거주자들을 가장 멋지고 경이로운 존재로 묘사한다. 그럼에도 불구하고, 이들 천신들은 대부분 사람의 눈에는 보이지 않는다. 그러나 괴로운 중생들은 다른 중생들과 똑같이 삶의 조건에 영향을 받는다. 만약 삶의 시작이 태어남으로 시작한다면, 삶의 끝은 죽음에서 끝난다. 죽음의 본질은 모든 중생들에게 호의적인 상황이 아니라는 것이 분명하다. 흐느낌, 통곡, 슬픔, 이별은 죽음의 결과이다. 열반불교도(Nibbānic Buddhists, 열반을

33 참고) SN, I. pp.39~41.

추구하는 불교도)들은 죽음의 고통과 윤회의 불확실성에 묶인 천상의 불리한 점을 보면서 열반을 성취하고자 노력한다. 이들은 천상이라는 존재 영역에 관심이 없다. 왜냐하면 천상의 존재들도 늙음과 병듦과 죽음으로부터 벗어날 수 없다는 것을 잘 알기 때문이다.

그러나 불교도들이 우주의 구조와 우주론에 대해 논의한다는 것은 의심의 여지가 없다. 불교 문헌에 따르면 신비하고 신령스러운 존재들이 지구, 지옥, 천상에 살고 있다고 기록되어 있다. 더욱이 불교는 힌두교처럼 범천계의 존재들을 인정한다. 물론 범천계의 존재들은 다른 관점으로 다루고 있다. 미세한 물질로 이루어진 세계(rūpa bhūmi)라고 알려진 '색계'와 물질이 없는 세계(arūpa bhūmi)인 '무색계'는 선정(jhāna, 산스크리트어로 dhyāna) 수행자들의 영역이다. 선정을 닦은 사람들은 선정의 단계에 따라 색계나 무색계에 다시 태어날 것이다. 부파불교의 견해에 따르면, 이곳에 머무는 존재들은 여전히 욕망의 영역인 '욕계'에 포함되어 있다. 그러나 그들은 욕계로서 색계를 말하지 않는다. 왜냐하면 이러한 영역에 머무는 존재들은 선정 수행의 힘으로 오랜 기간 동안 감각적 쾌락의 욕망으로부터 자유로워졌기 때문이다. 색계는 선정 단계에 따라 네 가지 선천禪天으로 나뉘는데 그것은 첫 번째 선천(初禪天)에서부터 네 번째 선천(四禪天)이다. 각각의 선정에는 세 개의 영역이 있고, 네 번째 사선천四禪天에는 다섯 개의 영역이 있다. 불교에 따르면, 범천들은 그들의 선정 단계에 따라 거주처(禪天)에 머무는데 첫 번째 선정부터 여덟 번째 선정까지 있다.[158]

천상에 머무는 몇몇 존재들은 우리의 상상을 초월한다. 사람들은 대부분의 살아있는 존재들이 다양한 크기와 모양을 가진 형태이기 때문에, 모든 존재들도 형태와 모양이 있을 것이라 생각한다. 하지만 이들 무색계 범천이라고 알려진 신들은 형태(물질)가 없다. 형태가 없는 무색계는 네 가지가 있다. 그것은 공무변처천空無邊處天, 식무변처천識無邊處天, 무소유처천無所有處天과 비상비비상처천非想非非想處天이다. 이러한 세상에 다시 태어나기 위해서는 무색계 선정을 성취해야 한다. 각각의 무색계 선정을 성취하면 그에 상응하는 영역에 다시 태어난다. 무색계에 태어난 존재들은 물질의 형태가 없으며 단지 생명을 지속하는 의식만 있다. 이것은 마음만 존재한다는 의미다. 가장 높은 선정의 상태인 비상비비상처정의 경지에 이른 천신의 수명은 84,000겁이다.[159]

범천계와 관련하여 브라흐만(바라문)들은 범천이 원래 힌두교의 바라문 신이라고 믿는다. 그들은 대범천이 우주에서 가장 높은 존재라고 생각한다. 왜냐하면 대범천이 이 세상의 생물과 무생물 등, 모든 것을 창조했기 때문이다. 힌두교의 범천(Brahma)과 불교의 범천 개념은 서로 밀접하게 얽혀 있다. 힌두교인들은 범천을 우주의 창조주로 믿는다. 반면에 불교도들은 범천을 우주를 창조할 힘이 없는 단지 천상의 신으로 믿는다. 힌두교에서 범천이나 절대 영혼의 생명은 영원하다. 그러나 불교에서는 범천 세상에서 영원히 사는 범천은 없다. 힌두교에서 종교적인 해탈은 절대 영혼과 합일을 이룰 때까지 개인의 영혼을 청정하게 하는 것이다. 반면에 불교에서의 종교적인 해탈은 최상의 평화인 열반을 증득하는 것이다.[160] 범천의 세상에 도달하는 것이 힌두교인들의 최종 목표인 것 같다. 반면에 불교도들의 최종 목표는 열반이다. 그러나 이 시점에서 또 다른 논제가 있다.

열반을 실현한 사람들의 사후에 무슨 일이 일어날까? 이러한 쟁점은 4장에서 좀 더 자세히 논의하겠다.

생과 죽음의 결과

경전은 '삶과 죽음', '죽음과 윤회', '업력(의도적 행위의 힘)과 결과' 사이에 연관성이 있다고 분명하게 묘사하고 있다. *Abhidhamma*(아비담마)에 따르면 '재생연결심(paṭisandhi citta, 금생과 내생을 연결하는 마음)', '존재지속심(bhavanga citta)'과 '죽음의 마음(cuti citta)'은 특정한 생에서 서로 연결되어 있다.[161]

> "한 생의 특정한 태어남(다음 생에 태어남)에서 재생연결심과 존재지속심과 죽음의 마음은 비슷하며 동일한 대상을 갖는다."[162]

그러나 이번 생에서의 '재생연결심'은 그 업의 역할이 다르기 때문에 다음 생에서의 '재생연결심'과 같지 않다. 그러나 업력이 다음 생의 재생연결심을 관리한다. 이것은 업의 효력을 관장하는 어떤 인격체가 있는 것이 아니라 단지 그것 자체의 작용력이다. 이것을 '업의 법칙(kamma niyāma)'이라고 한다. 업의 법칙과 관련하여 다음 생에 재생연결로 이어지는 업보業報의 순서를 정하는 네 가지 업의 종류가 있다.[163]

업력의 관점에서 이들 네 가지 종류의 업은 이미 저지른 행위의 힘에 의존하여 일어난다. 이들 행위의 결과는 다음 생에 재생연결심의 생성을 관리하는 업의 법칙을 실행하는 역할을 한다. 네 가지 업은

①무거운 업(garuka kamma), ②임종에 임박하여 지은 업(āsannaka kamma), ③습관적인 업(āciṇṇaka kamma), ④이미 지은 업(kaṭattā kamma)이다. 이들 네 가지 업 중에 첫 번째인 무거운 업은 가장 강력하고 업의 법칙을 실행하는 역할에서 최우선 순위이다. 업의 법칙은 다음 생에서 재생연결심이 일어나는 것을 감시 관찰한다. 그러나 만약 무거운 업이 약하다면 두 번째 업이 재생연결심의 과정에 작용한다. 이러한 과정에서 무거운 업은 다른 업이 재탄생에 결정적인 요인으로서 무거운 업을 대체할 수 없도록 강력한 도덕적 기준을 유지한다. 무거운 업은 선업(kusala kamma, 善業)과 불선업(akusala kamma, 不善業)으로 나눌 수 있다. 업의 무게에 따라, 선한 측면은 선정을 성취하는 것이고, 불선한 측면은 오역죄(五逆罪, 무간업)나 도덕적 기준을 부정하는 삿된 견해를 말한다. 이미 언급한 데와닷따의 악행이 이러한 무간업의 표본이다.[164]

만약 무거운 업의 힘이 영향력을 행사하지 않는다면, 임종에 임박하여 지은 업은 다음 생의 재생연결심을 일으키는 기능을 한다. 그렇다면 어떻게 임종에 임박하여 지은 업이 그 효력을 발휘할까? 죽음 바로 직전에 지은 행위는 다음 생의 재생의 마음으로 연결되기 위한 마지막 마음이나 죽음의 마음(cuti citta)에 영향력을 행사한다. 따라서 두 번째 우선순위의 기능을 발휘한다. 예를 들어, 이번 생에서 대부분 나쁜 행위를 저지른 어떤 사람이 죽음이 임박한 바로 그 순간에 자기가 저지른 선한 행위를 기억해내어 깊이 사유했다고 해보자. 그 선한 행위는 그 사람에게 선처에 다시 태어날 수 있는 더 좋은 기회를 갖도록 할 수 있다. 이러한 이유로 불교에서는 죽어가는 사람(임사인)이

자기의 선행을 떠올릴 수 있도록 도와주는 것이 관례이다. 아니면 죽어가는 사람이 좋은 생각을 떠올리게 하기 위해 불경을 암송하면서 빠릿따[Paritta, 외부의 위험으로부터 보호하기 위한 보호 게송]를 들려준다. 만약 죽어가는 사람이 일상생활에서 명상을 하고 있었다면 삶의 마지막 순간에 평화로운 마음을 낼 수 있도록 죽어가는 사람에게 명상을 권유한다.[165]

실제로 종교인들은 그들의 종교적 삶 속에서 습관적 업을 키워나가는 것을 선호한다. 왜냐하면 종교인들은 습관적 업이, 일반사람이 좀 더 나은 윤회를 위해 영적 성장을 하는 데 유용하다고 믿기 때문이다. 습관적 업은 일종의 행위로 어떤 사람이 습관적으로 실천하거나 행하는 것이다. 만약 무거운 업이나 임종에 임박하여 지은 업이 없다면 습관적 업이 효력을 행사한다.

마지막으로 이미 지은 업은 앞에서 언급한 세 가지 업에 포함되지 않은 다른 어떤 행위를 포함하는 업이다. 이것은 앞에서 언급한 세 가지 업에서 설명하지 않은 어떤 행위를 의미하지만 그것은 재생연결심을 일으키는 역할에서 업의 효력을 발생할 가능성이 충분하다는 뜻이다. 이미 지은 업은 앞에 언급한 세 가지 업이 없을 때 기능을 발휘한다.[166]

불교는 죽어가는 사람의 경험과 죽어가는 과정을 강조하면서 사후생을 이해하고자 한다. 아비담마에 따르면 죽음이 임박한 사람은 죽음의 순간에 눈·귀·코·혀·몸과 마음, 즉 여섯 개의 감각의 문을 통해 다음 상황 중에 한 가지를 경험한다. 가능한 상황은 다음과 같다.

(1) 죽어가는 사람이 직면하는 상황에 따라 다음 생에 재생연결을 일으키는 업.
(2) 업의 표상: 예전에 업을 지을 때 취한 형상이나 업을 지을 때의 도구 등, 중요한 어떤 것.
(3) 태어날 곳의 표상: 바로 다음 생에 태어날 곳을 보고 경험하는 표상.[167]

위의 설명과 관련하여 업의 표상은 죽어가는 사람이 죄를 지을 때 사용했던 칼이나 총이나 어떤 종류의 무기와 같은 일종의 대상을 포함한다. 이와 비슷하게 유익한 표상은 어떤 사람이 공덕을 지을 만한 행위를 했을 때의 어떤 대상이다. 그것은 죽음 직전에 죽어가는 사람의 마음에 나타날 수 있는 음식, 옷(가사), 약과 같은 것이다. 태어날 곳의 표상은 여러 가지 환영으로 나타날 수 있다. 그러한 환영은 끔찍한 지옥의 불과 지옥의 수문장들과 무서운 검은 개들과 악처를 지칭할 수 있는 것들과 같은 악의 표상으로 나타날 수도 있다. 그 반대의 표상이 나타나기도 한다. 아름다운 요정이나 천상의 정원과 아름다운 음악과 천상에 태어날 것을 알리는 모든 성스러운 존재들과 같은 천상의 환영이 보이기도 한다.[168] 이들 나쁜 표상과 좋은 표상들은 한 생에서 죽음의 마음에 아주 가까이 접근한 사람들이 경험할 수 있다. 그럼에도 불구하고 마지막 의식 바로 직전에 죽어가는 사람의 마음과정은 죽음의 마음이라고 생각하지 않는다. 실제로 죽음의 마음은 어떤 사람의 삶의 마지막 순간에 일어나며 그때 재생연결심이 새로운 생에서 일어난다.

죽어가는 사람이 아직도 범부의 상태라면 그 사람의 죽음의 마음은 새로운 생에 집착할 가능성이 있다. 그 죽음의 마음과 업이 금생의 삶이 막 끝나려고 할 때 재생연결심이 일어나는 쪽으로 향한다. 죽음의 마음이 없어지자마자 재생 의식이 동시에 새로운 생에서 일어난다. 이것은 죽음의 마음이 일어나는 과정과 재생연결심이 어떻게 일어나는지를 이해하는 데 기본적인 토대이다. 다음 과정은 죽음의 인식과정(Maraṇāsanna vīthi)에서의 마음과정을 자세히 설명하는 아비담맛타상가하에 따른 죽음과 재생연결심의 과정이다.[169]

표3 죽음과 재생의 과정(죽음의 인식과정)

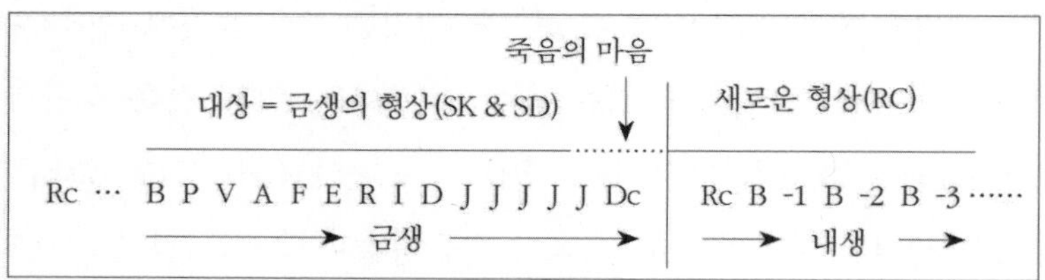

주요 단어

SK=업의 표상; SD=태어날 곳의 표상; RC=재생연결심; B=바왕가(bhavanga, 존재지속심)의 흐름; P=지나간 바왕가; V=바왕가의 동요; A=바왕가의 끊어짐; F=오문 전향; E=안식; R=받아들이는 마음; I 조사하는 마음; D=결정하는 마음; J=자와나(javana, 업을 짓는 기능; 빠르게 일어나는 인식과정); DC=죽음의 마음; RC=윤회의 재생연결심

아비담마에 따르면 죽음의 마음과 재생연결심은 서로 아주 밀접하게 연관되어 있지만 하나의 현상으로 보지 않는다. 두 마음은 서로 영원히

연결될 수 없지만, 하나의 인식과정에서 서로 연결될 수 있다. 인과로서 그 인식과정은 죽음의 마음이 다음 생으로 한 생의 업과 함께 새로운 생에서 재생연결심으로 흘러가도록 업력을 일으킨다. 이러한 이유로 불교도들은 좀 더 나은 곳에 태어나기 위해 선행善行을 하려고 노력한다. 동시에 사악처에 다시 떨어지지 않기 위해 스스로를 보호하면서 악행惡行을 저지르지 않으려고 한다. 이러한 개념을 바탕으로 불교도들은 죽어가는 사람이 자신이 지은 선행을 떠올리게 해주거나, 죽어가는 사람이 생전에 명상을 하던 사람이라면 생을 마감하기 전 마지막 순간에 평화로운 마음을 가질 수 있도록 명상을 권장하는 것이 중요하다. 사실상 생生과 죽음(死)의 과정은 사람들의 삶에서 신비한 그 어떤 것이 아니다. 그것은 사람들이 존재를 인정하고 싶지 않은 하나의 현상이다. 불교의 관점에서 죽음은 현재 생의 끝이지만 열반(죽음이 없는 경지의 체득)을 성취하지 않은 사람에게는 새로운 생의 시작이다.

존엄한 죽음 맞이하기

태어남, 늙음 그리고 죽음은 자연적인 과정이며 살아있는 모든 중생들은 누구나 피할 수 없다. 그러나 불환자(anāgāmi, 아나함)와 아라한을 제외한 모든 중생들은 죽음을 맞이하기가 두렵고, 죽음을 '악한 것'으로 상상한다. 왜냐하면 깨달음을 얻은 사람들을 제외한 대부분의 사람들이 죽음의 본질을 정확하게 이해하지 못하기 때문이다. 그럼에도 불구하고 성스러운 죽음이나 영적인 죽음을 준비해온 사람들은 죽음을 두려워하지 않는다. 불교와 다른 대부분의 종교는 죽어가는 과정과 자아의 변형으로 죽음을 설명하려 한다. 이러한 영적 죽음이 자아의 변형과 관련이 있는지 없는지에 대해 특별히 말하기는 어렵다. 영적 죽음은 하나의 과정으로 이해해야 할 것이다. 영적인 길을 닦아온 사람들에게는 죽음을 맞이하는 것이 크게 이상한 일이 아니다. 그러나 아직도 어떤 사람들은 죽음을 자아의 변형으로 설명한다.

> "영적인 죽음은 어떤 사람이 구원(서양)이나 자기 각성(동양)을 경험하는 과정이며, 죽음의 두려움이 활성화된 과정이다. 이번 생의 자아(불교에서 識)가 죽고 다음 생의 자아가 생겨나기 때문에 영적인 죽음은 삶으로 향하는 태도와 죽음을 맞이하는 태도를 완전히 바꿔놓는다. 요점은 영적인 죽음은 재탄생에 대한 자각을 촉발시킨다는 것이다."[170]

그럼에도 불구하고 종교적 관점에서 영적인 죽음의 의미에 대해 전반적으로 동의하는 분위기는 아니다. 그것은 다양한 종교에서 그들 자체의 종교적 기준으로 죽음의 속성에 대한 의미를 해석하려 하기 때문이다. 그리고 각 종교는 삶과 죽음의 중요성에 대해 자신들의 관점을 제시한다.

죽음의 관점에 대해 티베트불교의 '바르도(bardo, 중유)'의 개념은 어떻게 죽음이 일어나는지 알려준다. '바르도'는 두 개의 단어인 '바르(bar)'와 '도(do)'의 합성이다. 바르(bar)는 '사이에'를 의미하고 도(do)는 '섬 또는 경계 표시'를 뜻한다. 바르도는 죽음과 탄생〔환생〕 사이의 체험이라는 의미이다. 그것은 다음과 같은 방식으로 설명된다.

"과거 상황은 일어나 막 지나가버렸고 미래의 상황은 아직 나타나지 않았다. 그래서 이들 두 상황 사이에 간격이 있다. 이것이 기본적인 바르도의 체험이다. … 바르도 상태에서 전개되는 환영과 그 환영과 함께 나타나는 찬란한 색깔과 소리들은 인지하는 사람의 관점에서 유지할 필요가 있는 어떤 물질로 만들어진 것이 아니지만 그것들은 침묵처럼 그리고 비어 있는 것처럼 그냥 일어난다."[171]

이 설명을 기반으로 바르도는 꿈의 상태와 같은 어떤 것으로 이해된다. 바르도 상태는 환영과 이미지가 보이고, 죽어가는 사람에게 자각이나 다시 태어날 곳의 환영이 나타난다.

티베트불교의 관점과는 다르게, 힌두교도들은 다양한 방법으로 죽음의 본질을 설명한다. 죽음은 실제가 아니다. 죽음은 환상이다. 죽음은 일종의 자연적인 과정이다. 몸은 죽는다 하더라도 아트만(Atman, 진아)은 죽지 않는다. 아트만은 실제이고 영원하며 그 어떤 환경에서도 아트만을 소멸할 수 있는 것은 없다.

"죽음의 비밀은 마음속 깊이 숨겨진 최고의 자아를 인식하는 것이다. 그것은 설법으로 자각되는 것도 아니고 희생해서 되는 것도 아니며 명상과 은총을 통해서 가능하다. 결국 그 자아가 선택한 사람들만이 얻을 수 있다. 죽음의 신 야마가 말했다. '자아를 아는 사람은 죽음을 죽인다.' 모크샤(moksha, 자유)라고 하는 이 깨달음은 예측 불허한 업(행위)으로부터 또 출생과 죽음과 재탄생의 끝없는 윤회로부터 우리를 해방시켜준다. 자아를 자각하지 못하고 죽은 사람들은 다시 태어나거나 그들이 이번 생에 지은 업에 의해 더 낮은 영역으로 돌아간다. 자아를 깨닫고 죽은 사람들은 탄생과 죽음의 윤회에서 벗어나 마침내 영원한 평화가 그들의 것이 된다. 따라서 자아를 깨닫는 것은 불멸하는 것이다."[172]

힌두교도들은 진정한 자아를 깨닫고 죽은 사람들은 탄생과 죽음의 윤회에서 벗어날 수 있다고 믿는 것이 분명하다. 그들의 최종 목표는 모크샤를 성취하는 것이다. 모크샤는 탄생과 죽음으로부터의 자유를 의미하며, 브라흐마라는 최고 자아와의 최종합일을 통해 얻는다. 실제로 브라흐마와 최종합일은 죽음 전에 일어난다.

기독교인들의 관점에서 죽음은 죄의 결과이며 영생으로부터의 일시적 해방이다. 사람은 영생의 시작으로 들어가기 위해 죽어야 한다. 죽은 사람은 결국 들려올라갈 것이다. 부활(죽음에서 부활한 예수그리스도)의 개념이 죽음의 신비와 관련 있는 것은 의심의 여지가 없다. 기독교인들은 일반적으로 어느 날 최후 심판의 날이 올 것이라고 믿는다.[173] 이런 이유로 기독교인들은 최후 심판의 날을 기다린다. 기독교에서 죽음에 대한 근본적인 개념은 죽음이 죄의 결과라는 것이다. 죽음은 육신과 영혼의 일시적인 분리이며 죄의 죽음은 영생으로 가는 탄생이다. 죽은 사람은 들려올라가 그리스도 재림에 심판을 받게 될 것이다. 따라서 죽은 사람은 최후 심판의 날을 기다린다. 심판에는 두 가지 종류가 있다.

"첫 번째는 죽은 사람의 영혼을 천국이나 지옥이나 연옥으로 바로 보낼 것인지를 결정하기 위해 각 개인에 대한 특별 심판이고, 두 번째는 죽은 사람의 몸이 흙 속에 잠들어 있다가 몸에 혼을 다시 불어넣을 때 하는 마지막 날의 최후 심판이다."[174]

죽음과 재탄생 체험에 대한 기독교의 믿음은 다소 영적인 죽음의 이해를 위한 일종의 자각이다. 기독교인들은 성령의 은혜로 영혼과 육신이 썩지 않을 영생의 부활로 들어갈 기회를 기다리고 있다. 그들에게 죽음이란 신과의 합일 이외에 아무것도 아니다.

기독교처럼 이슬람교도 죽은 사람이 심판의 날 무덤에서 부활한다고 믿는다. 그들은 자신의 선행과 악행에 따라 심판받게 될 것이다. 자신의 선행과 악행 전체가 기록된 천국의 책이 있는 것으로 믿는다. 이슬람교의 가르침에 따르면 무슬림들은 시체를 깨끗하게 씻기고 향수를 뿌린 다음 가족들이 시체를 하얀 면으로 싼다. 시체를 관에 넣고 묘지에 매장한다. "기도문은 슬퍼하는 사람들에게 죽은 사람은 먼지로 와서 먼지로 돌아간다는 것을 상기시켜 준다. 죽음을 통해 우리는 우리의 운명을 기다리기 위해 돌아간다. 우리는 최후 심판의 날 승천할 것이다."[175] 무슬림들은 죽음을 이번 생에서 영생으로 가는 일종의 전환과정이라고 추정한다. 삶의 중요한 의미는 영생을 위해 준비하는 것이다. 죽은 사람은 지구로 다시 돌아오지 않지만 영혼은 부활과 심판의 날을 기다릴 것이다.[176]

본 연구는 삶과 죽음의 개념과 종교의 믿음 체계를 탐구해왔다. 그리고 철학적 관점에서 죽음을 설명하고자 했던 그리스 철학자들의 견해를 배제할 수 없다. 죽음의 문제와 관련하여 그리스의 철학자인 소크라테스는 죽음의 본질에 대한 그의 견해를 제자들과 공유했다. 소크라테스는 죽음의 본질이 무엇인지 그리고 사후 다음 생은 어떤지 이해하려고 했다. 그에게 죽음은 변화의 과정에 지나지 않으며 이곳에서 다른 곳으로 영혼이 재배치되는 것에 불과하다. 소크라테스는 독미나리로 만든 독약을 마시기 전에 제자들에게 죽음의 두려움이 없음을 보여주었다. 그는 죽음의 과정에 대해 다음과 같이 자신 있게 설명했다.

> "이런 식으로 깊이 생각해보자. 죽음은 축복이라는 좋은 희망이 있다. 왜냐하면 죽음은 둘 중에 하나이기 때문이다. 죽음은 아무것도 아니며 어떤 것도 자각하지 못하거나 이미 언급했듯이 죽음은 변화이며 이곳에서 다른 곳으로 영혼이 재배치되는 것이다. 만약 꿈을 꾸지 않는 잠처럼 완벽하게 자각하지 못한다면 죽음은 굉장한 이익일 것이다."[177]

소크라테스의 철학적인 이 진술은 굉장히 인상적이다. 그는 철학적인 관점에서 죽음의 본질을 정확하게 알고 있는 것 같다. 소크라테스는 죽음은 일종의 축복이라고 지적한다. 두려워할 것이 아무것도 없으며 죽음은 경이로운 경험이다. 죽음은 '꿈을 꾸지 않는 잠'과 같다.

불교도들은 죽음의 마음이 일어나기 바로 직전에, 다음 생의 존재와 관련된 운명적 표상을 볼 수 있다고 생각한다. 과거의 의사들은 죽음의 본질을 알기 위해 운명적 표상 같은 것들을 조사할 기회가 거의 없었다.

그러나 죽음에 대한 그러한 설명이 태어날 곳의 표상과 업의 표상 같은 개념을 뒷받침할 수 있는지를 알아보기 위해 죽어가는 사람들의 진술을 조사할 기회는 있었다. 과거에는 태어날 곳의 표상이 단지 종교적인 믿음이라고 생각했다. 더욱이 많은 사람들은 죽음에 대해 말하는 것이 몹시 불쾌하고 심리적으로 해롭다고 느낀다. 또한 인간 사회에서 죽음을 언급한다는 것은 나쁜 것이라고 생각한다. 그러나 불교 승려들은 죽음의 진정한 실제를 자각함으로써 죽음의 두려움을 극복하기 위해 붓다가 설한 죽음의 본질에 대해 깊이 사유하라고 조언한다. 이러한 수행을 죽음명상(maraṇānussati, 사수념)이라고 한다. 다행히 레이먼드 A. 무디 주니어(Raymond A. Moody, Jr.)라는 한 의사가 죽음 전에 태어날 곳의 표상을 본다는 견해를 연구하기 위해 죽어가는 환자들의 생의 여정을 탐구하는 실험에 착수했다. 그는 죽어가는 환자들과 그의 실험을 공유하기 위해 두 권의 책을 썼다.

무디 박사는 그의 저서 『다시 산다는 것(Life after Life)』과 *Reflections on Life after Life*(삶 이후의 삶에 대한 성찰)에서 태어날 곳의 표상과 관련이 있는 임사체험에 대해 자세히 설명하고 있다. 이러한 표상들은 죽어가는 환자들이 묘사한 것이거나 그 자신과 관련이 있다. 무디 박사는 임사체험의 정체를 파악할 목적으로 많은 환자들을 인터뷰했다. 그는 사후의 삶이 있다고 추정했다. 무디 박사는 죽어가는 환자들이 많은 경우에 여러 가지 특이한 청각을 느끼며, 때로는 유쾌하거나 불쾌한 환영이나 무서워하는 목소리를 듣는다고 기록했다. 다음 진술은 그가 죽어가는 환자들에게 들은 것을 반영한다.

"병원에 도착하자마자 사망선고를 받은 한 남자가 죽음 체험을 이야기한다. '나는 멀리 떨어진 곳에서 들려오는 종소리를 들었어요. 그 소리는 마치 바람 타고 떠다니는 것 같았어요. 그것은 일본의 풍경風磬소리처럼 들렸어요. … 그때 제가 들었던 소리는 단지 그것뿐이었어요."

"혈액 응고 장애와 관련된 내출혈로 거의 죽은 한 젊은 여자는 쓰러지는 그 순간에 '저는 어떤 음악소리를 듣기 시작했는데 장엄하지만 정말로 아름다운 소리를 들었어요.'라고 말한다."[178]

몇 명의 죽어가는 사람들은 자신의 몸을 알아차리기도 한다. 무디 박사는 그것을 죽어가는 상태에 있는 '영적 몸(영체)'이라고 명명했다. 죽어가는 사람들은 자신들이 몸에서 빠져나왔다는 것을 알았을 때 다른 사람들에게 그들의 경험을 말하려고 한다. 그러나 아무도 그들의 말을 들을 수 없다. 다음 구절은 죽어가는 환자들의 진술이다.

"전체 체험 중에 가장 충격적인 점은 제 존재가 제 머리 위에 떠 있던 바로 그 순간이었어요. 그것은 마치 떠나야 하는지 아니면 머물러야 하는지를 결정하려고 하는 것 같았어요. 그 순간 시간이 정지하고 있는 것처럼 느껴졌어요. … 제 존재에 육체는 없지만 저는 그것을 물리적인 용어로 묘사할 수 있어요. 저는 여러 가지 방법으로 여러 가지 단어로 그것을 설명할 수 있지만 그 어떤 것도 정확하게 설명할 수 없을 거예요. 그 모습을 묘사하기가 정말 어려워요. … 임사체험 동안에 다른 것은 아무 것도 보지 못했어요. 제가 본 이미지 외에 어둠만 있었어요. 그렇지만 죽음을 체험하는 동안 내내 굉장히 강력하고 사랑 가득한 존재가 저와 함께 있음을 분명하게 느꼈어요. … 그 존재는 분명히 거기 있었지만 육체적인 몸이 없었어요. 마치 투명한 몸 같았어요. 저는 그 모든 부분을 감지할 수 있었어요.- 양팔, 양다리 등등- 그러나 육체적으로 그것을 보고 있는 것이 아니었어요."[179]

무디 박사는 『다시 산다는 것』이 출판된 후 임사체험을 했던 많은 사람들을 인터뷰했다. 그리고 그 사람들 중에 몇몇 사람들은 실제로 사망진단을 선고한 사람들이라고 진술했다. 그러나 다른 사람들은 단지 죽음에 가까이 갔을 뿐이라고 말했다. 무디 박사는 환자들과 인터뷰한 후 죽음에 대한 그의 느낌을 실토했다.

"『다시 산다는 것』에서 나는 죽음에 '천국'(최소한 그곳에 대한 어떤 전통적인 설명)이라고 묘사된 그 어떤 사례도 발견하지 못했다고 기술했다. 그러나 나는 '천국'이라고 말할 수 있는 다른 존재 영역을 짧은 순간 계속 경험한 수많은 사람들과 대화를 나누었다. 많은 설명 중에서 '빛의 도시'가 존재한다는 한 구절이 나를 사로잡는다."[180]

『다시 산다는 것』에는 믿을 만한 출처가 많이 있다. 죽음에 대해 의문을 품고 있는 사람들에게 이 책은 확실한 근거를 제공할 수 있다. 그러나 불교에는 삶과 죽음, 혹은 삶 이후[死後]의 삶에 대한 딜레마는 없다. 이러한 이유로, 본 연구는 삶 이후의 삶에 대한 추가적인 연구에 주의를 기울이지 않는다. 이제 본 연구는 깨달음을 얻은 사람들의 사후 '존재(existence)'의 문제를 계속 탐구할 것이다. 이 세상 사람들은 대부분 이번 생 이후에 어떤 존재가 있다고 믿는다. 사람들은 소멸되어 사후 남는 것이 아무것도 없는 것으로 묘사된 열반의 존재에 대해 의심을 갖는다. 이 연구의 목적 중에 하나가 어떻게 불교도들이 열반의 본질을 이해하는지, 열반의 중요성은 무엇인지, 죽음과 죽음이 없는 경지 사이의 영적인 전환은 무엇인지, 그리고 어떻게 삶이 열반의 경지로 완전히 바뀌는지에 관한 것이다. 열반에 대한 이러한 연구는 열반이 단지 마음속에 존재하는지, 단지 생각 속에만 존재하는지 아니면 실제實際에 대한 진실한 설명이 있는지를 알아내는 것이다. 다음 장은 상좌부불교에서 열반의 존재가 무엇을 의미하는지에 대해 연구하면서 빠알리 문헌과 버마 문헌에서 많은 내용을 인용할 것이다. 어떤 사람은 "열반이 무엇일까?" "열반은 어디에 존재할까?"라는 질문을 제기할 수 있다.

4장 열반의 존재에 대한 분석

열반은 존재하는가?

2장에서 다양한 많은 학자들이 제시한 열반에 대한 해석과 개념에 대해 논의했다. 본 장은 열반의 존재에 대한 분석에 대해 좀 더 심도 있는 논의를 할 것이다. 불교의 관점에서 열반의 존재는 아주 중요한 문제이며, 열반이 정말 존재하는지 존재하지 않는지 밝혀내기가 어렵다. 정말로 존재한다면 어떻게 열반이 존재하는지 이해하기도 어렵다. 불교 경전과 사상에서 열반의 존재를 확실히 묘사하고 있음에도 불구하고 열반이 마음속에 존재하는지 아니면 어떤 다른 곳에 존재하는지 여전히 불확실하다. 불교도들은 열반이 존재한다고 주장한다. 그러나 불교를 믿지 않는 사람들에게 실증적 증거를 가지고 열반의 존재를 증명하기는 어렵다. 대신에 불교도들은 명상에서 성취한 것을 인용했을 뿐이다. 그들은 붓다들이나 깨달음을 얻은 성인들 이외에 열반이 무엇이고 열반이 어떻게 존재하는지 아무도 확실하게 알지 못한다는 의견이다. 많은 사람들은 열반이 신체적인 접촉이나 정신적인 접촉을 통해 알 수 있는지, 정신적·신체적인 조건에 영향을 받는지 아니면 조건과 무관한지 궁금해 한다.

문헌적 맥락에서 불교 개념은 다른 종교의 개념과 다소 다르다. 불교는 열반을 증득하는 과정에서 결코 절대자나 신을 언급한 적이 없다. 불교도들은 이론과 수행의 차이를 구별하지 못하면 아무도 열반의 경지를 깨달을 수 없다고 강조한다. 본 연구의 목적 중에 하나는 존재와 비존재의 이원성의 개념을 제거하는 것이다. 우선 존재와 비존재의 개념이 무엇인지 이해할 필요가 있다. 3장에서 중생들이 계속해서 태어나고 죽는 곳으로서 '존재 영역'의 개념을 논의했다. 또한 불교학자들은 존재 영역의 유형은 원인과 결과의 과정뿐만 아니라 인과관계로서 서로 의존하는 조건적인 상황과 관련되어 있다고 의견을 제시했다. 불교는 존재 영역에 있는 중생으로서 어떤 것을 인정한다. 거기에는 분명히 원인, 조건 그리고 결과와의 인과관계에서 어떤 것에 의존하고 있음이 틀림없다. 중생은 태어나서 늙고 다시 태어나고 죽는 과정을 겪으면서 존재한다. 이 기준은 상대적·관습적 진리를 가진 모든 살아있는 중생들에게 적용된다. 그러나 절대적·궁극적 진리에는 적용되지 않는다.

불교에서 절대적·궁극적 실제는 열반의 경지를 지칭한다. 앞에서 이미 언급한 조건이나 존재 영역의 상태와 관련하여 열반은 예외이다. 열반은 조건적인 경지가 아니기 때문이다. 사실 열반은 '조건 지어지지 않은' 경지이다. 이것은 열반이 조건적인 현상 너머에 있다는 의미이다. 열반은 흔히 '조건 지어지지 않은' 경지로 설명된다. 물론 사후에 열반에 든 사람들은 '비존재'의 경지에 도달한 것으로 추정한다. 몇몇 불교도들은 열반의 경지가 아직 존재한다고 말하면서 '비존재'의 경지로서 열반의 개념을 받아들이지 않는다. 그러나 중생들이 태어나고(jāti) 죽는(maraṇa), 조건 지어진 존재의 31 영역과는 아무런 관련이 없다. 일어나고(uppāda) 머물고(ṭhiti) 사라지는(bhaṅga) 세 가지 모든 찰나의 순간을 거치지 않더라도 깨달은 사람들에게 열반은 분명히 존재한다. 원인과 결과가 없는 과정임에도 불구하고 열반은 존재하는 것이다.

이 문제와 관련하여 미얀마 쉐진(Shwe Kyin〔Gyin〕) 종파의 창시자이며 빠알리 학자인 쉐진 사야도는 열반의 존재를 '법의 초월적 경지(Dhamma visesa)'로 설명했다.[34] 쉐진 사야도에게 열반은 진실로 존재하는 절대적 실제이다.[181] 미얀마에서 두타행(dhutaṅga, 고행수행)의 스승이며 숲속에서 수행하는 전통의 창시자로 잘 알려진 따웅뿌루 까바예 사야도도 열반은 조건 지어지지 않은 궁극적 실제(paramattha dhamma)를 자각한 깨달은 사람들에게 존재한다고 선언했다. 두타행의 사전적 의미는 '오염원〔번뇌〕을 흔듦', 즉 청정이나 정화의 수단이다. 두타행은 13가지 수행법이 있는데 흔히 고행수행 또는 금욕수행으로 번역한다.

34 쉐진 사야도(1822~1893)는 미얀마 내에서 수담마 종파 다음으로 많은 승가를 가진 쉐진 종파의 창시자이다. 본래 수담마 종파에서 분리한 것으로 쉐진은 그가 상주했던 마을의 이름이다. 쉐진파는 경전과 율장을 철저히 지키며 근본주의를 추구했다. 다만, 그의 교리 해석은 미얀마 내 다른 종파와 차이점이 나타나기도 한다.

두 사야도는 마음챙김 명상을 하지 않는다면 세속의 범부들은 궁극적 실제를 깨달을 수 없으며 초월적인 경지의 단계에 도달할 수도 없다고 느꼈다. 완전한 깨달음은 현상을 하나의 법(eko dhammo, 한 가지 법)으로 보는 것이라 생각된다.[182]

레디 사야도는 학승學僧이자 위대한 영적 스승이었다. 그는 성공적인 명상 실천을 위한 저서 *Ledi Dīpanī*(레디 해설서)로 잘 알려져 있다. 그는 붓다의 가르침을 배운 사람들은 분명히 열반의 경지 안에 일종의 '법의 요소(Dhamma dhātu, 초월적인 요소)'가 있다는 것을 알게 된다고 설명한다. 그러나 이 단계에 도달하기는 어렵다. 오직 명상을 한 사람들과 오랫동안 바라밀(pāramī)을 수습한 사람들만이 그 경지에 도달할 수 있다. 레디 사야도는 열반은 굉장히 심오하며 이해하기 매우 어렵다고 강조했다. 무상(anicca)의 성질과 오온의 진정한 괴로움(dukkha)과 시시각각 일어나는 모든 현상에 고정된 실체가 없음(anatta)을 이해하지 못하는 사람들이 열반의 절대적인 평화로움을 얻기는 쉽지 않다.[183]

열반의 체험은 붓다와 아라한들(깨달음을 얻은 성인들)에게 주로 나타나는 현상이기 때문에 불교도들은 열반을 해탈을 위한 마지막 목표로 삼고 있으며, 열반은 인간의 지식을 뛰어넘는 것이라고 받아들인다. 이것은 아무도 열반을 성취할 수 없다는 의미가 아니라, 실제로 깨달음이라는 영적인 성취 없이 평화로움의 경지를 안다는 것은 불가능하다는 의미이다. 또한 지식만으로 열반을 알아차릴 수도 없다. 그러나 열반을 철학적으로 공空, 비존재(無), 그침 등으로 묘사한다. 이러한 맥락에서 공의 개념은 대승불교의 핵심 교리인 반면에 그침이나 소멸의 개념은 상좌부불교의 핵심 교리이다. 그럼에도 불구하고 대승불교는 진정한 본질로 공의 개념을 확신하며 진정한 깨달음의 경지를 얻는 것으로써 비존재의 속성을 기술하고 있다. 마야〔Māyā, 경험하는 실체와 물리적 실체를 혼동할 때 일어나는 착각 또는 세상에 대한 잘못된 환영〕의 환영에서 깨어나는 것을 '실체의 베일을 벗음(공개)'이라고 한다.[184] 에반스 웬츠(Evans Wentz)가 번역한 『티벳 해탈의 서(Tibetan Book of the Great Liberation)』에 따르면 진정한 본질의 개념을 다음과 같이 묘사하고 있다.

> "나가르주나(용수)와 연관된 화엄경(Avatamsaka sutra)에서와 같이 윤회하는 모든 존재들의 이면에 있는 본질이나 진정한 속성은 먼지가 끼지 않은 깨끗한 거울에 비유된다. 그것은 모든 현상의 기본이며 그것 자체는 영원한 것이고 일시적이지 않지만 일체 현상은 영원하지 않으며 실제가 아니다. 상을 비추는 거울처럼 진정한 본질은 일체를 받아들인다. 삼라만상은 그것 안에 존재하고 그것으로 존재한다. 그것이 붓다들이 성취한 진정한 본질이며, 그것은 본질에서 발현된 우주 곳곳에 어디에든 현존하고 있다. 그것은 무한한 공간 속에 영원히 현존한다. 불성佛性이 현존하지 않은 곳은 전 우주를 통해 아무 곳에도 없다. 전 우주 공간을 통틀어 불성이 현현하고 있으며 영원히 발현된다."[185]

진정한 본질로서 열반을 분석하기 위해 대승불교는 진정한 본질의 관점을 고수한다. 그것은 이미 열반의 절대적인 경지에 들어간 모든 붓다의 존재를 나타내는 말이다. 이미 언급했듯이 붓다의 본질은 삼신(三身, Tri kāya)으로 상징화된 세 가지 몸으로 발현된다. 삼신은 ①법신(Dharma kāya, 불변의 불성 또는 형체 없이 영원히 존재하는 진리의 몸; 깨달음의 본질), ②보신(報身, Sambhoga kāya, 극락이나 불국토에 존재하는 공덕의 몸), ③화신(化身, Nirmāṇa kāya, 중생 제도를 위해 인간 세상에 출현한 석가모니불)이다. 삼신불의 개념을 바탕으로 대승불교 신도들, 더 정확하게 정토 신도들은 불변하는 불성이 불국토佛國土에 영원히 존재한다고 하는 것에 의심의 여지가 없다. 불성은 붓다의 영역에 존재한다. 불성에 대해 강하고 온전한 믿음을 가진 불교도들만이 붓다의 존재를 볼 수 있다.

대승불교도들과 다르게 상좌부불교도들은 불국토에 존재하는 불성을 강조하지 않는다. 그들은 붓다가 열반의 경지에 들었기 때문에 정신적·육체적인 현현顯顯은 남아 있지 않으나 초월적인 본질은 여전히 남아 있다고 믿는다. 초월적인 본질은 모습이나 형태가 없다. 초월적인 상태에서 사후에 붓다들이나 아라한들에게 남아 있는 실질적이거나 실증적인 요소는 없다. 그 안에는 평화로운 고요와 실증적 느낌이 없는 지고의 행복이 함께하는 아주 미묘한 무엇이 있다. 이것은 붓다들과 아라한들을 포함하여 깨달은 존재들의 본질은 육체적·정신적 실체가 없으며 오직 법의 핵심(택법)이나 법의 요소(Dhamma dhātu)만 있다는 의미이다. 따라서 열반의 요소(Nibbāna dhātu)는 실증적인 현상이나 열반의 경지에 거주하는 실체가 없는 것으로 이해된다. 뿐만 아니라 열반의 경지는 존재의 31영역 밖에 있다. 사실 절대적 열반의 경지와 비슷한 것은 무색계(형체가 없는 영역)에서 멸진정

(Nirodhasamāpatti, 소멸 또는 그침의 성취)의 경지에 들어간 깨달은 사람이다.[186]

멸진정滅盡定은 계속되는 소멸로 인해 식識과 심리작용(마음부수)들이 일어나지 않은 영적 성취 상태이다. 멸진정 상태에서는 인식(想)도 없고 느낌(受)도 없으며 육체적·정신적 현상의 과정이 일어나지 않는다. 수행자는 최대한 7일 동안 멸진정에 들 수 있다. 『청정도론』에 따르면 영적 능력 부족으로 모든 사람이 멸진정 상태에 들어갈 수 없다. 팔선정(aṭṭha samāpatti)으로 알려진 여덟 가지 선정의 경지에 들어갈 수 있는 깨달은 사람들만이 멸진정에 들어 갈 수 있다. 여기서 사마빳띠(samāpatti)는 선정의 증득, 즉 팔선정이며, 이는 네 가지 색계 선정(rūpa jhāna)과 네 가지 무색계 선정(arūpa jhāna)이다.[187] 이러한 사실과 관련하여 『청정도론』은 다음과 같이 설명한다.

> "일체의 범부와 예류자나 일래자는 이것(멸진정)을 증득하지 못하고, 사마타 수행을 하지 않고 바로 위빠사나 수행을 한 불환자와 아라한도 이것을 증득하지 못한다. 그러나 여덟 가지를 성취한 불환자(anāgāmi)와 번뇌를 제거한 사람(arahant)은 이것을 증득한다. 이렇게 설했기 때문이다. '두 가지 힘을 가졌기 때문에, 세 가지 상카라들이 고요해졌기 때문에, 열여섯 가지 지혜가 일어났기 때문에, 아홉 가지 삼매가 일어났기 때문에 자유자재한 숙달의 지혜가 멸진정의 지혜이다(Ps.i, 97).' 이러한 증득은 여덟 가지를 성취한 불환자와 번뇌가 다 제거된 사람 이외의 어느 누구에게도 발견되지 않는다. 오직 그들만이 이것을

증득하며 다른 사람들은 증득하지 못한다."[188]

위 설명에서 붓다고사는 멸진정에 도달하는 자는 오직 두 종류의 성인뿐이라고 분명하게 지적한다. 그 두 종류의 성인은 불환자(세 번째 도와 과를 성취한 성인; 불환도와 불환과를 성취한 성인)와 아라한(가장 높은 단계의 도와 과의 지혜를 얻어 깨달은 자; 가장 수승한 아라한도와 아라한과를 얻은 성인)이다. 그들은 여덟 가지 선정 단계를 완전히 성취한 영적 능력으로 멸진정(인식과 느낌의 소멸; 상수멸정)의 경지에 들어갈 수 있다. 이런 점에서 멸진정에 들어간 사람은 죽은 사람과 별로 다르지 않다. 멸진정을 증득한 사람과 죽은 사람과의 차이는 무엇인가? 『청정도론』에 기록된 다음과 같은 설명이 있다.

"도반이여, 비구가 죽어서 수명이 다하면 몸의 상카라들이 소멸하여 조용히 가라앉고, 말의 상카라들이 소멸하여 조용히 가라앉고, 마음의 상카라들도 소멸하여 조용히 가라앉는다. 그의 목숨이 다하고 몸의 온기가 식어버렸고 감각기능들이 완전히 파괴되었다. 상수멸에 든 비구도 그의 몸의 상카라들이 소멸하여 조용히 가라앉고, 말의 상카라들이 소멸하여 조용히 가라앉고, 마음의 상카라들도 소멸하여 조용히 가라앉는다. 그러나 그의 목숨은 다하지 않았고 온기도 식지 않았고 감각기관의 기능도 완전하다."[189]

불교도들은 열반의 본질이 멸진정의 경지와 비슷하기 때문에 열반의 절대적인 경지가 굉장히 감지하기 힘들고 심오해서 비불교도들을 철학적으로 더 혼란스럽게 한다고 생각한다. 이것이 분석적인 관점에서 매우 중요한 논제이다.

열반은 무엇인가?

열반의 개념과 관련하여 상좌부불교와 대승불교 사이에 약간의 차이가 있다 하더라도 두 불교 모두 열반은 정말 존재한다는 입장을 고수한다. 두 불교 전통의 견해를 더 확실히 하기 위해 열반이 무엇인지를 분석할 필요가 있다. 우선 이 연구는 이미 제시한 '열반은 무엇인가?'라는 질문에 대답해야 한다. 하지만 간단한 질문에 비해 답변을 하기 위해서 누군가는 많은 책을 써야 할지도 모른다. 열반의 개념이 철학적으로 아주 민감하고 이론적으로 논쟁의 소지가 많기 때문에 그 간단한 질문에 아무도 적절한 답을 쉽게 내리기 어렵다. 아마도 자세히 설명하면 할수록 사람들은 더 혼란에 빠질 것이다. 월폴라 라훌라(Walpola Rahula)는 이 문제에 대한 그의 견해를 밝힌다. "그 질문에 줄 수 있는 유일하게 적절한 답변은 어떤 말로도 결코 완벽하게 또 만족스럽게 답할 수 없다는 것이다. 인간의 언어는 너무도 빈약해서 열반이 갖는 절대적인 진리나 궁극적인 실제의 진정한 본질을 표현할 수 없다."[190] 그러므로 열반이 무엇인지를 분석하기 전에 열반의 경지를 좀 더 분명하게 이해하기 위해 먼저 열반의 특성(lakkhana)이 무엇인지, 열반의 기능(rasa)이 무엇인지, 그리고 열반의 나타남(paccupaṭṭhāna)이 무엇인지를 알아야 한다.

『삼모하위노다니(Sammohavinodanī)』 주석서는 '고요한 평화로움(*santi lakkhaṇaṁ Nibbānaṁ*)이 열반의 특성이다'라고 설명한다.[191] 여기서 산띠(고요, 평온)는 열 가지 번뇌(kilesā, 오염원)[192]와 열한 가지 불(aggi)[193]로부터 자유로운 궁극의 평온을 의미한다. 다시 말해서 세상 사람들(puthujjana, 범부)은 욕구를 가지고 내외 감각기관(눈·귀 등을 통해 감지된 것)을 통해 그것을 좋아하며 집착한다. 그 결과 번뇌의 물결이 그 사람들을 휩쓸어버린다. 결국 사람들은 태어남, 죽음, 아픔과 절망의 노예로 완전히 전락해버린다. 반면에 고귀한 사람(ariya, 성인)들은 내외부의 여섯 가지 감각기관에 크게 기뻐하지 않으며 고집하지도 않으며 집착하지 않는다. 따라서 성인들은 욕망과 어리석음, 세속적인 쾌락과 집착으로부터 자유롭고 평온하다. 욕망의 소멸과 관련하여 인도의 승려인 나가세나(Nāgasena) 비구는 그 주제에 대해 다음과 같은 방식으로 설했다.

> "성인들은 내외부의 여섯 가지 감각기관을 즐거워하지 않고 그런 것에 집착하지 않음으로 갈애가 끊어집니다. 갈애가 끊어짐으로 집착이 끊어지고, 집착이 끊어짐으로 유[有: 오취온을 말하며 번뇌로 인해 윤회를 피할 수 없는 상태]가 끊어지고, 유가 끊어짐으로 태어남이 없고, 태어남이 없음으로 늙음과 죽음과 슬픔과 비통함과 아픔과 쓰라림과 절망이 없어집니다. 이렇게 하여 모든 괴로움의 덩어리가 소멸합니다. 대왕이시여, 이리하여 열반은 소멸입니다."[194]

위의 서술에 관해서 소멸은 모든 것의 절대적인 끊어짐을 의미하는 것이 아니다. 그것은 다시 태어나고 죽는 윤회를 일으키는 번뇌의 끊어짐을 말한다. 번뇌가 소멸되면 더 이상의 태어남이 없기 때문에 죽음도 없다. 따라서 열반을 궁극적 평온 또는 평화로움(santi lakkhaṇā)으로 묘사한다. 이론상으로 이러한 묘사는 열반의 본래 메시지가 비존재(無)나 절대적 소멸과는 관련이 없다는 것을 분명히 한다. 절대적 평온〔평화로움〕과 궁극적 진리는 모든 번뇌의 불이 소멸하고 모든 괴로움이 끊어짐으로써 생긴다. 이러한 이유로 열반의 의미는 단멸이 아니다.

『위방가(Vibhanga)』의 주석서에서 열반의 기능을 불사不死의 경지(accutirasaṁ) 또는 영원한 평온 또는 평화로움으로 설명한다. 이것은 깨달은 사람들은 절대적 평온〔평화로움〕의 상태에 들었기 때문에 윤회의 세계로 결코 돌아오지 않음을 의미한다. 또한 절대적 평온〔평화로움〕의 상태라고 공언하는 것은 일어나고, 멈추고, 사라지는 세 가지의 찰나 과정이 없다는 것이다. 열반의 상태, 절대적 평온〔평화로움〕의 속성에는 사라짐이 없다. 그러므로 절대적 평화로움(열반)과 상주론을 구별할 필요가 있다. 상주론의 개념은 영혼이론의 개념과 직접 연관되어 있다. 그 이론에 따르면 영혼은 영원하며 끊임없이 계속되며 그 영혼은 신이나 브라흐만과 합치로 연결된다. 사실상 영혼이론은 온 우주를 다스리는 보편적인 신이나 브라흐만을 다룬다. 그러나 불교도들은 열반이 영원한 영혼이나 영원한 신과 브라흐만의 개념과는 아무런 관련성이 없다고 단언한다.

열반의 나타남은 표상이 없는 나타남이다. 이것은 깨달음의 순간에 어떤 흔적도, 어떤 표시도, 어떤 모양도 형태도 없다는 의미이다. 열반의 본질은 상카라(의도적 행위, 심리현상 등)와 상카따(saṅkhata, 형성된 것; 조작된 것)로 일어난다. 그러나 절대적 열반의 경지에는 표상도 없고 크기도 없고 모양도 없다.[195] 더욱이 열반의 속성과 비교할 수 있는 것은 그 어떤 것도 비슷한 것조차 없다. "열반의 모양이나 형상, 시기나 크기를 언급하기 위한 비유나 논쟁이나 원인이나 방법도 가능하지 않다."[196] 이런 열반에 관해서 붓다는 그것이 무엇인지 제자들에게 알려주기 위해 신중하게 법문을 설했다. 그 법문은 다음과 같다.

> "식識이 표상 없고 무한하며 〔번뇌가 제거되어〕 완전히 빛나고
> 지수화풍의 흔적을 찾을 수 없는 곳,
> 길거나 짧거나, 작거나 거대하거나, 정당하거나 반칙이든,
> 명名과 색色이 완전히 파괴된다.
> 식의 소멸과 함께 이것이 모두 파괴된다."[197] [198] [35]

사실 열반의 본질은 너무 심오하고 깊기 때문에, 일반 범부가 그것을 이해하고 깨닫기는 거의 불가능하다. 이것은 명상을 통해 도·과의 지혜를 성취하지 못하기 때문이지 열반이 존재하지 않기 때문이 아니다. 예를 들어보자. 우리는 장님이 해와 달을 보는 것이 불가능하다는 것을 안다. 이와 관련하여 해와 달이 정말로 존재하지 않기 때문에 장님이 그것들을 볼 수 없다고 말할 수 없다. 사실은 해와 달은 존재하지

35 DN, I. p.223.

만 불행하게도 그 사람은 해와 달을 볼 수 있는 시력이 없다. 마찬가지로 범부들은 출세간적인 지혜가 없기 때문에 열반의 궁극적 진리를 보지 못한다. 이러한 이유로 *Abhidhammaṭṭha saṅgaha*(아비담맛타상가하)에서 정확하게 명시하고 있다. "열반은 출세간이며 네 가지 도의 지혜로 성취되는 것이다."[199]

열반은 어디에 존재하는가?

상좌부불교에 따르면 열반의 초월적 경지는 어디에나 있을 수 있다. 그러나 이 경지는 존재의 31영역에서 벗어나 있다. 열반은 깨달은 개인들에게 그들의 사후에 어느 방향에든 존재한다고 말한다.[200] 이것이 열반의 경지에 대한 중요한 요점이다. 왜냐하면 열반은 깨달은 사람 각자에게 이미 실존하는 성질로 존재하지 않고, 깨달은 사람들이 사후에 열반의 경지에 들어간 후에 존재하기 때문이다.[36] 또한 열반의 경지는 우리가 존재하기 전에 이미 존재하고 있는 31영역과는 다르다. 사실 열반은 미리 존재하지 않는다. 이것은 열반이란 깨달은 사람들이 깨달음을 얻기 전에 일어나지 않는다는 의미이다. 열반은 실증적 경지로서 존재하는 것이 아니라, 초월적 경지로 존재한다.[201] 그러므로 상좌부불교 관점에 의하면 열반의 특정한 장소를 여기 또는 저기라고

---

36 이 부분에서 저자의 특별한 견해를 볼 수 있다. 그는 죽음 이전(死前)과 죽음 이후(死後)에 달라지는 열반을 설명하는 것으로 보인다. 하지만 적어도 초기불교를 기준으로 사전 사후에 열반의 차이를 논의하는 것은 어렵다. 특히, 붓다는 사후의 열반을 논하지 않는다.

가리키는 것은 어렵다. 다만 깨달은 사람이 사후에 어딘가에 있을 것 같다는 가능성을 말할 뿐이다.

이 논제와 관련하여 밀린다(Milinda) 왕이 나가세나 비구에게 물었다. "열반이 저장된 곳이 동쪽, 남쪽, 서쪽, 북쪽, 위, 아래, 건너에 있습니까?" 나가세나 비구가 왕에게 답변했다. "그런 장소는 없습니다. 동쪽에도 남쪽에도 서쪽, 북쪽, 위, 아래, 건너에도 열반이 저장된 곳은 없습니다."[202] 밀린다 왕은 만약 열반이 저장된 곳이 없다면 열반은 없는 것인지, 열반을 경험한 사람들의 깨달음은 거짓인지 반박했다. 밀린다 왕은 덧붙여서 곡식을 생산하는 밭이 있고 과일을 맺는 나무가 있고 보석을 캐내는 광산이 있듯이 분명 무엇인가를 생산하는 장소가 있어야 한다고 주장했다. "이와 같이 만약 열반이 있다면 반드시 열반을 생산해낼 장소가 있어야 합니다. 열반을 생산해낼 장소가 없다면 그렇다면 깨달아야 할 열반은 없습니다."[203] 밀린다 왕의 논박에 나가세나 비구는 다음과 같이 대답했다.

> "대왕이시여, 열반을 저장할 곳은 없습니다. 그러나 이 열반은 있습니다. 바른 주의를 기울여 바르게 수행한 사람은 열반을 깨닫습니다. 어떤 사람이 두 개의 막대기를 한데 문질러 불을 만들어냅니다. 그렇게 불이 있듯이 열반을 저장하는 장소는 없습니다. 그렇다 하더라도 열반은 있습니다. 열반을 저장하고 있는 공간은 없지만 바른 주의를 기울여 바르게 수행하면 열반을 깨닫습니다."[204]

상좌부불교의 시선에서 열반은 시간과 공간의 개념과는 무관하다고 말한다. 이것은 시간은 궁극적 진리 속에 존재하지 않으며 단지 개념에 불과하기 때문이다. 열반은 본질적으로 시작도 끝도 없는 지속기간으로 간주한다. 그러나 조건 지어진 세상에서는 일상생활 속에 과거, 현재와 미래라는 시간이 있다. 이 문제에 대해 상좌부불교 학자들은 이런 것들은 소통하기 위해 관념적인 용법이나 관습적 진리를 이용해서 말한 것뿐이라고 주장할지도 모른다. 그러나 열반은 시간과 아무 관계가 없다. 열반은 항상 현재이다. 전에도 언급했듯이 열반을 구성하는 공간도 없고 존재하는 곳도 없다는 주장이 제기되고 있다. 이것과 관련하여 불교도들이 믿는 것은 시간과 공간의 개념을 마음으로 보여줄 수 없다는 것이다. 마음은 시간을 지속기간으로 간주하고 공간을 존재하는 곳으로 생각하기 때문이다. 이것들은 단지 마음과 관련될 뿐이다. *Dhammasangaṇī*(담마상가니, 법집론)의 주석서 『앗타살리니(Atthsālini)』에 따르면 시간의 개념은 시간과 의식 사이에 밀접한 연관성을 암시한다. 그런데도 시간과 의식의 개념을 상호관계로 설명한다. 다음 서술은 담마상가니의 주석서에 기록되어 있다.[205]

> "현자는 시간으로 마음을 설명하고,
> 마음으로 시간을 설명한다.
> 그러한 의미를 보여주기 위해
> 마음의 차원에 따라 그 현상이 나타난다."[206]

열반의 상태에는 마음이 없기 때문에 시간에 대해 말할 것이 없다.

깨달은 사람들의 사후에 마음이 없고 몸도 없다면 그렇다면 시간과 공간을 염두에 둘 필요가 없다. *Gambhīrāgambhīra Mahānibbuta-dīpanī*(소멸인 열반에 대한 해설서)에 열반은 과거도 없고 미래도 없고 항상 현재에 존재한다고 한다.

열반의 의미는 *Parivāra Pāḷi*(빠리와라 빠알리 Vi-P Vol. V.)에 '*Nibbānaṁ arahato gati*(아라한은 열반으로 간다)'라고 서술하고 있다.[207] 가띠(gati)라는 단어는 사전적으로 '가는 곳', '가는 과정' 또는 '안전한 장소'라는 의미이다. 그러나 여기에서 가띠는 깨달은 사람들이 사후에 머무는 초월적인 장소이다.

위에 언급된 빠알리어 설명을 명확하게 하기 위해, *Parivāra aṭṭhakathā*(빠리와라 주석서)는 다음과 같이 기술하고 있다: *Sucirampi ṭhatvā pana nibbānaṁ arahato gati khīṇāsavassa arahato anupādisesa-nibbānadhātu ekaṁsena gatīti attho.*(열반은 초월적인 상태로 영원히 존재하기 때문에 초월적인 곳 또는 이미 깨달음을 얻은 사람들에게는 죽음이 없는 곳이 확실하며, 열반은 모든 것이 완전하게 소멸〔무여열반〕된 초월적 요소로 간주한다.)[208] 여기서 초월적인 곳이란 위험과 죽음이 더 이상 존재하지 않으며 모든 존재들이 형성된 것들에 지배받지 않는 곳이다.

쉐진 사야도의 견해에 따르면 이미 깨달은 사람들은 열반의 경지에 존재하기 때문에 열반의 요소는 인간과 천상의 존재들과 범천들의 범주 너머에 있다. 이것은 깨달은 사람들이 더 이상 관습적인 인간과 천상의 존재들과 범천들의 범주 하에 있지 않기 때문이다. 그들은 더 이상 존재로 간주하지 않는다. 깨달은 사람들은 더 이상 표상이나 실증적 존재의 범주로 생각하지 않기 때문이다. 그러나 그들의 육체적·

정신적 현상이 완전하게 그쳤음에도 불구하고 열반의 존재는 공허(tuccha)하고 아무것도 없는 비존재(abhāva)로 생각하지 않는다.[209] 이러한 맥락에서 상좌부불교는 붓다나 깨달은 사람들이 항상 살고 있는 '불국토'의 관점을 언급하지 않는다.

그러나 밀린다 왕은 붓다가 완전한 열반(Mahāparinibbāna)에 든 후 어디에 거주하는지 간절히 알고 싶었다. 그래서 나가세나 비구에게 물었다. "부처님은 계십니까?" "네, 대왕이여, 부처님은 계십니다." 나가세나 비구가 대답했다. "만약 그렇다면 부처님을 지목할 수 있습니까? 또 부처님이 여기나 저기에 계신다고 말씀하실 수 있습니까?"[210] 밀린다 왕의 질문에 나가세나 비구는 다음과 같이 답변했다.

> "대왕이여, 세존(부처님)께서는 미래의 태어남을 위해 남아 있는 번뇌가 없는 열반의 경지에서 완전한 열반에 드셨습니다. 세존이 여기에 계신다든가 저기에 계신다고 지목할 수 없습니다. 이것에 대해 어떻게 생각합니까, 대왕이여? 큰 불덩이가 타다가 그 불꽃이 사라졌을 때 불꽃이 여기 있다거나 저기 있다고 말할 수 있습니까? 완전한 열반에 드신 세존인 부처님을 여기에 계신다든가 저기 계신다고 지목할 수 없습니다. 그러나 대왕이여, 법(Dhamma, 진리)을 몸으로 삼고 있는 것(법신)[211]에 의해 세존을 지목할 수 있습니다. 왜냐하면 법은 세존인 부처님께서 가르쳤기 때문입니다."[212]

불교에서 완전한 열반에 든 붓다에 관한 논제는 아주 중요하다.

붓다는 사후에 어디에 있는가? 실제적으로 붓다는 한 인간으로 아니면 한 개인으로 그 어디에도 없다고 하지만 철학적으로 붓다는 절대적 평화로움으로써 어딘가에 있다고 한다. 그러나 상좌부불교 학자들은 완전한 열반에 든 붓다가 불성이나 법신法身으로써 불국토에 거주한다고 생각하지 않는다. 다른 방식으로 붓다의 존재를 강조한다. 게다가 열반을 사방 어디에나 존재할 수 있는 법의 요소로 설명한다. 그러나 상좌부불교 학자들은 법신이 존재의 31영역에 있다는 것을 거부한다.[213]

열반의 종류

Abhidhammaṭṭha saṅgaha(아비담맛타상가하)나 *Nibbāna dīpanī*(열반 해설서) 같은 불교 문헌에 열반은 다른 범주에서 설명되었다. 다른 유형의 열반을 연구하는 것은 열반의 개념을 좀 더 잘 이해할 수 있게 한다. 열반이 무엇인지, 열반의 본질은 어떤 것인지, 열반이 얼마나 큰 행복인지 등을 이해할 수 있다. 본인의 의견으로 열반의 개념에 대한 추측은 일종의 철학적 논제이며 열반에 대한 분류는 일종의 문헌적 관점이다. 「이띠웃따까(Itivuttaka, 여시어경)」에서는 열반의 요소(界)를 두 가지로 나눈다. 하나는 잔여물이 남아 있는 열반이며 다른 하나는 남아 있는 것이 없는 열반이다. 전자는 유여열반계(완전한 번뇌의 소멸)이고 후자는 무여열반 계(존재까지 완전히 소멸)이다. 경전의 설명은 다음과 같다.

"비구들이여, 두 가지 열반 계(Nibbāna dhātu)가 있다. 그 두 가지는 무엇인가? 남아 있는 것이 있는 유여열반 계와 남아 있는 것이 없는 무여열반 계이다."

"비구들이여, 남아 있는 것이 있는 열반 계는 무엇인가? 여기 아라한인 비구가 있다. 그는 번뇌(āsava)를 파괴하고 청정한 삶을 충족했고, 해야 할 일을 마무리했고, 짐을 내려놓았으며, 목표를 성취했으며, 존재의 족쇄를 끊었고 궁극의 마지막 지혜로 완전히 해탈했다. 그러나 그 아라한에게는 다섯 가지 감각기관이 아직 남아 있어 사라지지 않았기 때문에 아직 기분 좋거나 기분 나쁜 것을 경험하며 즐거움과 괴로움을 느낀다. 그에게 탐욕과 성냄과 어리석음이 소멸되었다. 이것을 유여열반 계라고 한다."

"비구들이여, 그렇다면 남아 있는 것이 없는 열반 계는 무엇인가? 여기에 아라한인 비구가 있다. … 궁극의 마지막 지혜로 완전히 해탈했다. 여기 바로 이번 생에서 그가 경험했던 모든 것들, 즐겁지 않았던 모든 것들이 소멸될 것이다. 비구들이여, 이것을 아무것도 남아 있는 것이 없는 무여열반 계라고 한다."[214] [37]

---

37 "비구들이여, 무엇이 유여열반 요소(有餘涅槃, saupādisesā nibbānadhātu)인가?" "비구들이여, 여기에(idha) 아라한인 비구는 번뇌를 제거하고, 완전함을 이루고, 해야 할 일을 했으며, 짐을 내려놓고, 최상의 목표를 성취하였고, 존재의 속박을 부수고, 완전한 지혜를 통하여 해탈을 얻었다. 그에게 다섯 가지 감각들은 여전히 남아 있으며, 이들이 사라지지 않은 것처럼 그는 즐거운 것과 즐겁지 않은 것들을 경험하고 즐거움과 괴로움을 느낀다. 그에게 탐욕, 성냄, 어리석음

이것과 관련하여 아라한은 가장 높은 도道와 과果의 지혜, 즉 완전한 깨달음을 얻었기 때문에 그 깨달음의 지혜의 힘으로 모든 번뇌를 제거할 수 있는 것으로 이해된다. 그런 사람에게는 더 이상 남아 있는 번뇌가 없다. 이러한 종류의 열반을 번뇌 소멸 열반(kilesā parinibbāna)이라고도 한다. 사후에 열반의 경지에 들어간 후, 깨달은 사람들은 더 이상 존재하지 않지만 비존재로써 알려진 경지에 머문다고 한다. 사실 깨달은 사람들은 여전히 절대적 평화로움의 경지에 머물지만 더 이상 다시 태어남과 죽음을 경험하지 않으며 삶과 죽음의 윤회에 더 이상 존재하지 않으며, 오온(khandha) 또한 갖지 않는다. 따라서 이러한 열반을 오온의 소멸 열반(khandha nibbāna)이라고 한다.[215] [38]

은 제거되었다. 비구들이여, 이것을 유여열반 요소라고 부른다." "비구들이여, 무엇이 무여열반 요소(無餘涅槃, anupādisesā nibbānadhātu)인가?" "비구들이여, 여기에 아라한인 비구는 번뇌를 제거하고, 완전함을 이루고, 해야 할 일을 했으며, 짐을 내려놓고, 최상의 목표를 성취하였고, 존재의 속박을 부수고, 완전한 지혜를 통하여 해탈을 얻었다. 비구들이여, 바로 여기에서(idheva) 그가 느꼈던 모든 것들은, 기쁘지 않은 것들은 식게 될 것이다. 비구들이여, 이것을 무여열반 요소라고 부른다."

38 『이띠웃따까(It. 38)』의 설명에 따르면 유여이든 무여이든 열반은 같은 아라한에 의해 성취된다. 즉, 유여열반의 아라한이 무여열반의 아라한과 다르지 않다는 것이다. 유여열반의 아라한에게 있어서 구별되는 특징은, 다섯 가지 감각기능들이 파괴되지 않았고 이들에 의해 여러 가지를 경험하며 〔육체적〕 즐거움과 괴로움을 느낀다는 것이고, 무여열반의 아라한에게 있어서 특징은 느꼈던 모든 것들, 기쁘지 않았던 〔혐오스러운〕 것들이 '바로 여기에서(idha eva)' 〔차갑게〕 식어 가라앉는다는 것이다. 일반적으로 불교 안에서 무여열반은 오온(五蘊)이 사라진, 죽은 아라한의 열반상태로 이해한다. 하지만 초기경전에서 설명되는

두 가지 견해는 깨달은 사람들의 상황이 어떻게 될 것인지, 죽기 전 상황과 죽은 후의 상황이 어떻게 될 것인지에 대해 우리에게 분명한 그림을 제시한다. 그러나 아누룻다(Anuruddhā) 비구는 이들 두 가지 견해가 열반의 경지에 대해 충분한 정보를 제공하지 않았다고 생각했다. 그는 열반의 경지가 무엇인지 증명하기 위해 다른 방법으로 접근했다. 하지만 특별하게 새로운 방법은 아니다. 그것은 빠알리 문헌에서 설명하는 열반의 경지에 대한 징후를 모아놓은 것이다. 아누룻다 비구는 열반의 경지에 세 가지 형태의 징후가 있다고 설명한다. 그것은 공空함과 표상 없음(無相)과 원함 없음(無願)이다. 다음 인용문은

무여열반의 아라한은 모든 존재의 형태가 소멸된 자로 보기에 어려움이 있다. 왜냐하면 유여열반과 무여열반의 차이는 죽음이 아닌 경험에 의해 나타나기 때문이다. 유여열반 상태의 아라한은 〔현재〕 '여기에서' 그의 감각을 통하여 즐거움과 괴로움을 느낀다. 그리고 무여열반 상태의 아라한 역시 〔현재〕 '바로 여기에서' 감각기능이 중지하고 이로 인해 〔그의 느낌들은〕 차가움(냉정함)을 유지한다. 즉, 유여열반도 '여기(idha)', 무여열반도 '바로 여기(idheva)'를 통하여 모두가 현재 살아있는 아라한의 상태라는 해석이 가능하다. 따라서 본경에서 무여열반을 '바로 여기에서'라고 설명한 것은 초기불교에서 설명하는 무여열반의 특징이라고 볼 수 있다. 물론 '식게 될 것이다(sītibhavissanti)'라는 경구의 의미를 죽은 후 아라한의 상태라고 이해할 수도 있으나 '식게 될 것이다'라는 동사가 미래시제라고 해서 꼭 죽은 후로 이해해야 할 필요는 없다. 초기경전에서 죽은 후의 열반은 대부분 무기(avyākata, 無記)로 설명되었다. 이와 관련된 국내외 연구로는 「상수멸정의 성취에 관한 일고찰」, 불교학연구 제9호, 2004가 있으며, Peter Dennis Masefield, 'The Nibbana-Parinibbana Controversy', *Religion* vol. 9, issue 2, 1979. 그리고 Oliver Abeynayake, 'The Element Theory of Nibbāna'. *Exchange of Buddhist Thought and Culture Between Sri Lanka & Korea*. University of Kelaniya and Dongguk Univ. 2003도 참고할 만하다.

Abhidhammaṭṭha saṅgaha(아비담맛타상가하)에 기록된 그의 명쾌한 진술이다.

> "열반은 탐욕과 성냄과 어리석음이 완전히 사라지고 형성된 모든 것들이 사라졌기 때문에 공空이라고 한다. 열반은 탐욕·성냄·어리석음의 표상으로부터 자유로우며 형성된 모든 것들의 표상이 없기 때문에 표상 없음이라고 한다. 열반은 탐욕·성냄·어리석음에 대한 갈망으로부터 자유롭고 간절히 원하는 것이 없기 때문에 원함 없음(appaṇihita)이라고 한다."[216]

그의 견해는 더 폭넓은 지혜와 열반의 개념에 대한 깊은 이해를 얻기 위해 탐구하는 사람들에게 다소 도움이 될지도 모른다. 그러나 그가 제시한 정보는 열반의 단계를 알아보려는 사람들에게 명확하지 않아서 아직도 이론적인 열반과 수행적인 열반 사이의 차이점을 혼동하게 한다. 이것을 이해하기 위한 두 가지 측면이 있다. 첫 번째 것은 '설명 원리'로서 열반이고 두 번째 것은 '체험적 깨달음'으로서 열반이다. 레디 사야도는 열반의 단계를 분석하기 위해 그의 견해를 표명했다. 그는 열반의 경지가 너무 심오해서 진정한 본질을 이해하기(duddasa)가 어렵다고 한다. 따라서 열반의 개념이 누군가를 잘못된 길로 이끌고, 다른 견해들과 혼합함으로써 잘못 해석하는 방향으로 인도할지도 모른다고 강조했다. 레디 사야도는 그의 책 *Nibbāna dīpanī*(열반 해설서)에서 삼장(Ti Piṭaka)을 참조하여 열반을 일곱 가지 유형으로 나누었다. 그 일곱 가지 열반은 다음과 같다. (1) 사견을 가진 사람들이 말하는 열반(micchādiṭṭhi nibbāna), (2) 현재생에서의 열반(sammuti nibbāna), (3) 순간적인 열반(tadaṅga nibbāna), (4) 선정을 통한 일시적 열반(vikkhambhana nibbāna), (5) 파괴하여 번뇌를 소멸한 열반(samuccheda nibbāna), (6) 고요함으로 번뇌를 소멸한 열반(paṭipassaddhi nibbāna), (7) 완전한 번뇌의 소멸로 인한 열반(nissaraṇa nibbāna)이다.[217]

일곱 가지 열반 중에 (1) 사견을 가진 사람들이 말하는 열반은 밋차딧티(micchādiṭṭhi)와 닙바나(Nibbāna)의 두 단어를 합성한 것이다. 여기에서 밋차딧티는 잘못되거나 모순된 견해이다. *Nibbāna dīpanī*(열반 해설서)에 따르면 이것은 어떤 사람이 현생에서 바로 열반을 실현하는 것으로써 다섯 가지 감각적 즐거움(kāma sukha)과 관련된 행복으로 잘못 해석하는 것을 의미한다. 『디가니까야』의 「브라흐마잘라 숫따(Brahmajāla sutta, 범망경)」에서 붓다는 열반에 대한 잘못된 견해로서 이러한 종류의 사견을 설했다. "여기 어떤 사문沙門이나 브라만은 이와 같이 말하며 이와 같은 견해를 가지고 있다; 이 자아가 다섯 가지 감각적 즐거움에 빠져 그것을 즐긴다. 이런 연유로 그 자아는 지금 여기에서 최고로 높은 열반(paramaḍiṭṭhadhamma Nibbāna)을 실현한 것이다."[218]

현대 사회에서 어떤 사람들은 감각적 즐거움이 최고의 행복이라고 믿는다. 이러한 견해를 쾌락주의라고 한다. 쾌락주의는 괴로움이 없는 즐거움은 삶에서 유일하고 본질적인 선善이라는 서양철학 사상이다. 이 사상은 단순함과 대부분의 사람들이 이미 믿고 있는 것을 확신하는 방법으로 사람들을 매료시켰다. 쾌락주의자들은 쾌락과 행복이 모든 사람들이 바라는 것이라는 견해를 관철하고 있다.[219] 이러한 속세적인 견해를 취하면서 몇몇 사문들이 그러한 종류의 행복을 세속의 열반으로 잘못 해석하고 있는 것이다. 그러나 붓다의 관점에 따르면 그들이 생각하고 있는 것은 열반의 경지와 관련이 없다.

(2) 현재생에서의 열반(sammuti nibbāna)의 관점은 이 세상에는 '불과 관련된 위험', '폭풍의 위험', '전쟁의 위험', '기아의 위험'과 치명적인 '질병의 위험'과 '적들로부터의 위험'이 많다는 것이다. 이러한 경우에 사문은 모든 종류의 위험을 소멸할 수 있다. 사문은 위험에서 벗어났기 때문에 관습적인 설명에 의하면 그는 평화롭고 행복한 상태에 들어갈 수 있다. 현재생에서 이러한 종류의 경지를 현재생에서의 열반이라고 한다. 삼무띠는 현재를 의미한다. 이것은 세속적인 사람들이 그러한 평화로움과 고요한 상태를 현재생에서의 열반으로 생각하기 때문이며, 이러한 조건〔평화로움과 고요〕이 정신적이며 육체적인 행복과 평화로움을 만들어 낼 수 있기 때문이다. 그러나 이러한 조건은 진정한 열반의 경지와 비교할 수 없다. 그러한 조건은 위험에서 벗어난 사람들에게 일시적인 평화로움이며 행복일 뿐이다. 그래서 이것 또한 진정한 열반의 경지가 아니다.[220]

(3) 순간적인 열반(tadaṅga nibbāna)은 만약 어떤 사람이 매 순간 번뇌(kilesā)를 제거할 수 있다면 또 살생, 물건을 훔치는 일과 잘못된 생계 수단과 같은 유익하지 않은(불선) 행위를 일시적으로 자제할 수 있다면 평화로움과 행복이 생길 수 있다. 이것을 순간적인 열반이라고 한다. 그 이유는 어떤 사람이 유익하지 않은 행위를 하고 다른 사람들을 괴롭힐 때 그 사람은 그의 행동에 대해 걱정해야 하고 그런 행동 때문에 불안과 슬픔으로 괴롭다는 것이다. 어떤 사람이 다른

사람들을 괴롭히고 방해하는 것과 같은 유익하지 않은 행동을 멈추었기 때문에, 마음이 평온과 행복을 찾은 것이다. 그 순간 유익하지 않은 행위가 그의 마음속에 더 이상 없기 때문에 그러한 상태를 순간적인 열반이라고 한다. 이것 또한 일종의 열반으로 간주한다. 그러나 이것을 진정한 최상의 열반 경지로 보지 않는다.[221]

(4) 선정을 통한 일시적 열반(vikkhambhana nibbāna)은 몰입이나 선정 상태를 말한다. 여기에서 선정을 통한 일시적 열반이란 고요함으로 인한 번뇌의 억제 또는 어떤 기간 동안 장애의 영향을 멈추는 것을 의미한다. 사람은 번뇌를 억제하고 다섯 가지 장애(nīvaraṇa)를 극복함으로 인해 선정 상태에 몰입할 수 있다. 다섯 가지 성질을 갖는 장애는 마음의 장애물이며 사람의 정신적인 시야를 방해한다. 수행적인 관점에서 다섯 가지 장애가 나타나면 근접삼매(upacāra samādhi)와 본삼매(appanā samādhi)에 도달할 수 없다. 진리를 정확하게 식별할 수도 없다. 다섯 가지 장애는 ①감각적 욕망의 장애(kāmacchanda), ②악의의 장애(vyāpāda), ③나태함과 졸음의 장애(thīna middha), ④들뜸과 후회의 장애(uddhacca kukkucca), ⑤의심의 장애(vicikicchā)이다. 해로운 성질인 이들 다섯 가지 장애가 나타나면 선정의 상태에 들 수 없다. 따라서 이러한 상태는 이론적인 의미에서 선정을 통한 일시적 열반의 범주로 분류한다.[222]

금생에서 실현하는 열반(diṭṭhadhamma nibbāna, 현법열반: 지금 여기에서 실현하는 열반)과 관련된 선정을 통한 일시적 열반에 대해 좀 더 명확한 정보를 얻기 위해 『앙굿따라니까야(Aṅguttara nikāya)』의 「딧타담마닙바나 숫따(Diṭṭhadhammanibbāna sutta)」에 기록된 것을 연구해볼 필요가 있다. 다음 내용은 경전에 수록된 설명이다.

> "아난다 존자는 이와 같이 들었다. '딧타담마닙바나(現法涅槃), 딧타담마닙바나.' 붓다가 설한 딧타담마닙바나는 무엇입니까? 여기에서, 감각적 욕망을 버리고 불선不善한 법에서 벗어난 비구들은 일으킨 생각(尋)과 지속적인 고찰(伺)이 아직 남아 있는 초선初禪의 경지에 들어 감각적 욕망과 불선법으로부터 벗어남에서 생긴 희열에 머뭅니다. 그래서, 하나의 특별한 딧타담마닙바나는 붓다께서 설하신 것입니다."223 [39]

위 설명을 근간으로 수행자는 열반에 들어가기 전에 선정의 평온함과 희열을 경험한다고 한다. 그것은 현재생에서 바로 볼 수 있는 열반(sandiṭṭhika nibbāna)이나 선정을 통한 일시적 열반(vikkhambhana nibbāna)으로 생각된다. 이것은 수행자가 일시적으로 장애가 사라진 것을 알 수 있기 때문이다. 이러한 경험은 열반의 경험과 유사하다. 그러나 여기에서 선정을 통한 일시적 열반은 진정한 열반의 절대적인 실현을 의미하는 것이 아니다. 하지만 이론적인 의미에서 선정을 통한 일시적 열반의 범주로 분류된다.

(5) 파괴하여 번뇌를 소멸한 열반(samuccheda nibbāna)은 아라한 도道의 힘으로 오염원(번뇌)들을 뿌리째 뽑을 수 있다는 것을 의미한다. 수행자는 파괴하여 번뇌를 소멸한 열반의 경지에 들어갈 수 있다.

---

39 AN, IV. p.454 ; 경전은 첫 번째 선정에서부터 상수멸정까지를 설명하며 특정한 관점에서의 열반이라고 설명한다.

여기서 파괴하여 번뇌를 소멸한 열반이란 '파괴함으로써 번뇌를 소멸함'을 의미한다. 도의 지혜의 힘을 통한 오염원의 파괴는 빠알리어로 삼웃체다 낏짜(samuccheda kicca)라고 하는 근절(samuccheda)의 기능이다. 완전한 오염원의 근절로 인한 평온의 경지를 얻는 것을 삼웃체다 닙바나(파괴하여 번뇌를 소멸한 열반)라고 한다. 이것은 번뇌를 버림으로서의 열반(kilesā nibbāna)과 '유여열반(받은 것이 남아 있는 열반)'과 동의어이다. 즉 이 열반은 오염원들을 완벽하게 소멸한 열반이다.[224]

(6) 고요함으로 번뇌를 소멸한 열반(paṭipassaddhi nibbāna)은 직접적으로 아라한과의 마음(arahatta phala citta, 출세간 마음)을 말한다. 여기에서 '빠띠빳삿디 닙바나'는 번뇌를 남김없이 소멸한 적정寂靜의 상태이다. 수행자는 이러한 종류의 열반을 빠띠빳삿디 닙바나의 경지로 체득할 수 있다. 즉 이것은 바로 이번 생에서 경험하는 열반의 경지를 의미한다. 『쿳다까니까야』의 「망갈라 숫따(Maṅgala sutta, 행복경)」에서 붓다는 "바로 이번 생에서의 열반의 실현을 강조했다." 바로 금생에서 적정 열반을 체득할 수 있기 때문에 이러한 열반의 경지를 빠띠빳삿디 닙바나라고 한다.[225]

(7) 끝으로 마지막 열반은 완전한 번뇌의 소멸로 인한 열반(nissaraṇa nibbāna)이다. 이것은 완전한 번뇌의 소멸(saupādisesa nibbāna, 유여열반)과 모든 존재들의 완전한 소멸(anupādisesa nibbāna, 무여열반)인 열반의 두 가지 필요조건을 모두 충족한다.[40] 본 연구는 닛사라나

---

40 저자는 '유여열반'은 '완전한 번뇌의 소멸'로 '무여열반'은 '모든 존재들의 완전한 소멸'로 표현한다. 이는 다시 열반한 존재(아라한)의 사전 사후 문제를 다루게 된다. 유여열반은 '*sa-upādi- sesa-nibbāna*'로 '우빠디(upādi)'가 남아 있는 열반

닙바나〔완전한 번뇌의 소멸로 인한 열반〕 또는 아비담마에서 궁극적 실제라고 하는 것을 학자들이 이해할 수 있도록 돕기 위해 많은 정보를 제시한다. 이렇게 많은 열반을 분류한 목적은 불교도들이 그들의 목표와 관련하여 어떤 종류의 열반을 강조하고, 왜 그들이 최종 목표로서 열반을 겨냥하는지를 분명하게 하기 위함이다. 불교도들이 왜

을 나타낸다. 여기서 '우빠디'에 대한 해석은 경전 내에서 다양하게 나타난다. 먼저 '우빠디'는 '우빠다나'(*upādāna*)와 유사한 의미로 '집착', '잡음', '연료', '생명' 등의 뜻을 지니고 있다. 따라서 '유여'는 '오온五蘊이 남아 있는(*sesa*)', '존재의 모임들이 남아 있는', '생명의 연료가 남은', '받은 것이 남아 있는' 등으로 번역되고 있다. 그리고 주석서들도 이 '우빠디'가 생명을 지속시켜 주는 것이라고 설명하여 오온과 같다고 보고 있다. 하지만 빠알리 경전에서 '우빠디(upādi)'의 사용 용례는 보다 다양하게 나타난다. 경전의 내용을 살펴보면, 도의 계발에서부터 두 가지 결과들 중에 한 가지가 기대되는데, 한 가지는 아라한이고 만약에 '우빠디세사'가 있다면 이생에서 불환과를 얻는다고 한다(MN, I. p.481 ; SN, V. p.181 ; AN. III. p.82). 이러한 문맥을 보면 '우빠디세사'는 불환과가 제거해야 할 것으로 무언가 남아 있는 번뇌를 나타낸다. 「마할리경」에 따르면 불환과에 의해 제거 되어야하는 번뇌는 다섯 가지 높은 속박들(*uddhambhāgiya-samyojana*)이다(DN. I. p.156f, AN. IV. p.67.). 따라서 '수행 중인 성인(*sekha*)'인 예류과, 일래과, 그리고 불환과들은 모두 번뇌(오염)들을 남기고 있기 때문에 '*saupādisesa*(有餘)' 안에 포함되고(AN. IV. p.377f) 누군가 아라한에 도달한 자는 '*anupādisesa*(無餘)' 안에 포함되는 것이다. 「숫따니빠따」 역시 '*saupādisesa*(有餘)'를 가진 자는 아직 열반(제거, 소멸)을 얻지 못한 것과 같이 설명한다(Sn, v. 354, Th, v. 1274). 이러한 내용은 주석을 통해 더욱 선명해지는데 「빠라맛따조띠까(PJ, II. p.350)」를 살펴보면 무여는 아라한(無學)의 것으로 유여는 수행중인 성인(有學)의 것으로 설명된다. 따라서 '열반'과 '*saupādisesa*(有餘)'의 관계에 대해서는 몇 가지 모순된 설명이 나타난다.

이렇게〔최종목표를 열반으로 하는 것〕 하는지에 대한 간단한 해답이 있다. 그것은 불교도들이 윤회(재탄생과 끊임없는 고통의 굴레)와 연관되어 있는 괴로움으로부터 자유로워지고 싶기 때문이다. 사실상 닛사라나 닙바나는 완전한 해탈을 의미하며 최후 열반의 절대적인 평화로움으로 분류된다.[226]

열반의 분류와 관련하여 앞에서 이미 언급한 열반의 유형보다 더 많은 열반이 있을 수 있다. 사성제 중에 하나인 멸성제를 생각해볼 수 있는데, 멸성제는 갈애로 인한 번뇌와 절대적인 괴로움의 소멸을 의미한다. 멸성제가 열반이며 열반을 또한 멸성제라고 하기 때문에 열반을 '갈애의 소멸(그침)'로 설명할 수 있다. 따라서 이론적인 면에서 열반의 종류는 더 많아질 수 있다. 예를 들면 눈의 감각장소(cakkhāyatana)에 대한 집착의 소멸을 하나의 열반으로 간주할 수도 있다. 이와 비슷하게 귀의 감각장소, 코의 감각장소, 혀의 감각장소, 몸의 감각장소와 마음의 감각장소에 대한 집착의 소멸이 있다. 이들 여섯 가지 감각장소를 근간으로 모두 여섯 유형의 열반이 있을 수 있다.[227]

마찬가지로 보이는 대상(rūpārammaṇa)과 듣는 대상(saddārammaṇa) 등과 같이 여섯 유형의 대상(ārammaṇa)이 있다. 육식〔viññāṇa, 안식, 이식, 비식, 설식, 신식, 의식〕과 육촉〔samphassa, 안촉, 이촉, 비촉, 설촉, 신촉, 의촉〕과 접촉으로 생기는 여섯 가지 느낌〔samphassa vedanā, 시각, 청각, 후각, 미각, 촉각, 마음의 접촉에서 생기는 느낌〕과 여섯 가지 인식(saññā), 여섯 가지 의도(sañcetanā), 여섯 가지 갈애(taṇhā), 여섯 가지 생각〔vitakka, 집중의 대상으로 향하는 생각〕과 여섯 가지 머무는 생각〔vicāra, 집중 대상에 지속적인 고찰〕이 있다. 따라서 소멸하는 60가지 기능의 상태에 따라 모두 60가지 유형의 열반이 있다.[228] 이러한 이유로 불교도들은 단지 한 명의 깨달은 자가 다양한 소멸의 기능에 의존하여 다양한 형태의 소멸을 깨달았다 할지라도 수천 가지 열반이 있다고 말할 수도 있다. 그러나 열반의 본질은 오직 한 가지, 즉 고요한 행복(santi sukha)이다.

"열반 이외에 평화로움(평온)은 없다,
열반은 평화롭지 않을 수 없다,
확실하게 평화로운 이것,
그것을 여기서 진리라고 한다." (Vi-M. Tran 502)

열반은 지고한 행복인가?

『쿳다까니까야』의 「밀린다팡하(Milindapañhā, 밀린다왕문경)」에 지고한 행복의 경지인 열반에 대한 밀린다 왕의 철학적 논의가 있다. 열반에 대한 주요한 쟁점 중에 하나는 열반이 완전하게 지고한 행복의 경지인지 아니면 괴로움이 수반되는 행복인지이다. 밀린다 왕은 열반은 완전하게 행복할 수 없으며 괴로움이 가미된 것이라는 입장이다. 밀린다 왕이 이러한 입장을 고수하는 이유는 열반을 추구하는 사람들에게 약간의 괴로움의 증거가 있다는 사실 때문이다. 수행자들이 열반의 경지를 성취하려고 할 때 감각기관을 다스리고 평정하는 데 괴로움을 겪는 것은 분명하다. 수행자들은 감각적 행복을 없애려고 애쓰며, 범부들도 다섯 가지 감각적 즐거움에 대한 집착을 제거하려고 한다. 열반을 성취하기 위해 수행자들은 스스로 너무도 많은 괴로움을 감내해야 한다. 그들의 몸과 마음은 많은 괴로움과 마주하며 극심한 아픔을 겪는다. 그래서 열반은 틀림없이 괴로움을 수반한다. 완벽하고 더없는 지고의 감각적 행복이 아니라는 것이다.

밀린다 왕의 대론對論과 관련하여 나가세나 비구는 열반은 완전하며 더없는 행복이며 괴로움과 한데 섞이지 않는다고 확언한다. 그의 주장은 열반을 성취하고자 노력하는 과정에서 경험하는 괴로움일 뿐이라는 것이다. 왜냐하면 수행자에게 내재된 기분 좋은 형상이나 유쾌한 소리와 좋은 냄새, 좋은 맛과 즐거운 촉감과 같은 모든 종류의 감각적 욕망을 제거해야 하기 때문이다. 그러나 이러한 괴로움을 열반이라고 부르지 않는다고 반박한다. 이것은 단지 열반의 실현을 위한 과정의 한 단계일 뿐, 열반 자체는 완벽하고 지고한 행복이다. 열반이라는 지고한 행복의 경지는 욕망과 연관된 괴로움이 남아 있지 않기 때문이다.[229]

더욱이 열반의 경지에 관하여 논란의 여지가 있는 또 한 가지 쟁점이 있다. 만약 열반의 경지가 여섯 가지 감각과 아무런 관련이 없다면 열반은 어떤 종류의 행복과도 연관이 없다는 것이다. 이 세상에 살고 있는 사람들은 행복의 상태가 보이는 대상과 연결된 행복이나 아름다운 소리 등과 같은 감각기관이나 그 감각기관의 욕구와 직접적으로 관련되어 있다고 생각한다. 감각적인 대상에 대한 느낌이나 욕구가 없다면 어떤 상황에서도 행복이 있다고 말하기 어렵다. 이러한 이유로 열반의 경지가 행복을 다루는 것이라고 생각할 수 없다. 왜냐하면 느낌이나 인식은 열반의 경지에 더 이상 존재하지 않기 때문이다.

이러한 쟁점을 좀 더 탐색하기 위해 깊은 잠에 빠진 한 왕을 예로 들어보자. 피곤한 장거리 여행에서 돌아온 후 거의 온종일 깊은 잠에 빠진 어떤 왕이 있었다. 왕이 깊은 잠에 빠져 있을 동안 그의 신하들이 저녁 식사를 위해 최고로 맛있는 음식과 호화로운 자리와 테이블을 준비했다. 신하들은 저녁 만찬 준비가 끝나자 왕을 깨웠다. 신하들이 왕을 깨웠기 때문에 왕은 마지못해 일어나야만 했다. 왕은 그들의 행위를 칭찬하기는커녕 깨운 것에 대해 꾸짖었다. 그래서 신하들이 왕에게 물었다. "폐하, 왜 저희들에게 화를 내십니까? 사실 저희들은 최고의 음식으로 이 훌륭한 저녁식사를 대접하기 위해 폐하를 깨운 것입니다. 참으로 폐하의 숙면은 멋진 저녁식사의 즐거움과는 견줄 수 없습니다. 깊은 잠은 아무런 느낌이 없기 때문에 즐거움이 있을 수 없습니다." 그러나 왕은 이렇게 대답했다. "그래, 너희들 말처럼 내 숙면에는 즐거움이 없고 느낌도 없다. 그러나 나는 깊은 숙면에 아무 맛이 없다 할지라도 너희들이 요리한 맛있는 음식을 먹는 것보다도 수면을 취하고 싶구나. 앞으로는 내가 잠자고 있을 때 나를 방해하지 마라." 이 경우에 수면은 느낌과 아무 관련이 없다. 그러나 수면은 정말로 좋은 것이다. 이 이야기에서 누군가는 열반의 평화로운 경지를 평온한 수면의 상태와 비유해본다면 이해할 수 있을 것이다. 물론 그 무엇도 열반의 절대적인 평화로움과 비교할 수 없다. 열반의 경지는 언어나 설명이나 글로써 형용할 수 없기 때문이다.[230]

어떻게 열반의 경지가 쾌락적인 감각 대상과 연관된 느낌이 없는지 알 수 있는 방법이 하나 있다. 열반이 감각적 욕망의 대상이 없는 지고한 행복일 수 있다는 주장을 지지하는 이유는 상수멸(nirodha samāpatti, 멸진정)의 증득이다. 7일 동안 계속되는 상수멸을 성취한 상태에서 수행자는 음식이나 어떤 음료도 먹지 않고 계속 명상에 전념한다. 수행자는 이 초월적인 상태에서 매우 평화로우며 그 상황에 만족한다. 진정한 열반의 경지는 너무 깊고 심오해서 열반에서 느끼는 평화로움이 어떤 것인지 설명하기 어렵다. 왜냐하면 절대적 열반의 경지는 인간의 언어와 글로 표현할 수 있는 단계를 초월한 경지이기 때문이다.[231]

더욱이 만약 누군가 감각에서 유래한 행복〔즐거움〕(vedayita sukha)과 감각에서 유래하지 않은 고요한 행복(santi sukha) 사이의 다른 점을 구별할 수 있다면 그 사람은 두 가지 사이의 차이점을 비교 설명할 수 있으며, 어떤 것이 다른 것에 비해 더 훌륭한 행복인지 이해할 것이다. 두 종류의 행복 중에 감각에서 유래한 행복은 부, 성공, 권력, 굉장한 쾌락과 행복감을 안겨주는 것과 같은 행복이다. 특히, 이런 행복은 세속적인 소유물이 주는 만족감으로 인한 느낌으로 묘사된다. 이러한 종류의 느낌은 직접적으로는 바람직하다. 그러나 이것은 만약 느낌이 없다면 행복도 전혀 없다는 것을 의미한다. 사실 감각에서 유래한 행복은 쾌락적인 느낌과 연관된 일종의 세속적인 행복이다. 이것은 조건적인 상황의 지배를 받는다.[232]

결론적으로 감각에서 유래하지 않는 고요한 행복은 모든 느낌의 소멸과 직접 관련된 행복의 일종으로 설명된다. 현실적 관점에서 보면 열반의 경지에서는 느낌이 존재하지 않지만 절대적인 평화로움이 있다고 한다. 이 열반의 경지를 산띠 수카(느낌이 없는 행복)라고 한다. 이 경지를 위뭇띠 수카(vimutti sukha, 해탈의 행복)라고도 한다. 불교

경전에서 흔히 열반의 경지를 열반계라고 하는데 이것은 열반의 요소라는 뜻이며 출세간적 행복과 조건 지어지지 않은(절대적인) 평화로움으로 분류된다. 이러한 열반의 경지에 내재된 절대적인 평화로움은 해탈로 인하여 생긴다. 즉 이 해탈은 먼저 정신적, 육체적 장애물로부터의 해탈이며 늙음과 질병과 죽음으로부터의 해탈이다. 산띠 수카는 일종의 출세간적 행복이며, 쾌락적인 느낌이나 감각적 느낌과 무관하지만 초월적인 평화로움과 행복의 경지인 것 같다. 사실상 깨달은 성인들만이 그들의 깨달음의 지혜로 초월적인 평화로움과 행복의 상태를 이해할 수 있을 뿐이다.[233]

윤회 속에 열반은 존재하는가?

열반은 쉐진 사야도, 레디 사야도, 마하시 사야도와 같은 출가 수행자이자 불교학의 권위자들은 물론 스티븐 콜린스와 가이 리차드 웰본(Guy Richard Welbon) 등과 같은 불교 연구자들에게도 매력적인 주제이다. 불교에서 교리와 그 교리에 대한 해석은 전문적이고 논리적인 기반에 근거한다. 또한 이론적이고 수행적인 측면과 연계되어 있다. 열반의 이해를 위한 비존재(nothingness)의 개념이나 절대적인 소멸 같은 몇몇 해석은 서구적 사고방식에 논란을 일으킬 여지가 있다. 이와 관련하여 프리드리히 막스 뮐러(Friedrich Max Muller)와 같은 서양 학자들은 열반의 개념을 '완전한 단멸'로 정의한다.[234] 이러한 이유로 불교에서는 열반을 어떻게 해석하는지, 이론적으로 열반이 무엇인지 분명히 하기 위해 열반에 대한 여러 가지 관점들을 아주 자세하게 논의해 왔다. 그러나 여전히 수행적인 측면에서 열반을 어떻게 실현할 것인지에 대해 논의가 필요하다. 이것에 대해서는 5장에서 더 논의할 것이다.

사실 불교 문헌에 수록된 정보는 매우 체계적이고 일관적이며 논리적이다. 예를 들면, 열반은 '법의 요소(dhamma dhātu)'에 포함된다. 여기서 요소를 '다뚜'라고 하는데 그것은 자체의 본질적인 특성을 품고 있기 때문이다. 이것이 전문적이라 할지라도 심지어 다른 언어를 사용하더라도 이러한 용어는 불교도들은 물론 비불교도들에게 그 의미가 명확하게 이해된다. 그러나 어떤 설명은 같은 불교 전통 내에서도 논쟁의 소지가 있다. 예를 들면 아비담맛타상가하에서 열반은 오온(khandha vimutta 오온을 해탈한 자 또는 khandha saṅgaha nissaṭa 오온에서 자유로운 자)의 범주에서 제외된다. 이것은 열반이 식온(識蘊: 마음, 의식)과 정신적인 요인[마음작용]에 포함되지 않으며 색온(色蘊: 육체, 물질)에도 포함되지 않는다는 의미이다.[235] 그러나 *Yamaka*(야마까, Abhidhamma Piṭaka aṭṭhakathā Vol. III) 주석서에서 열반은 '나마(nāma, 名, 정신)'의 범주에 속하지만 마음이나 마음작용(마음과 함께 일어나는 심리현상들)의 범주에 포함되지 않는다. 그러나 열반은 '나마'의 한 유형으로 간주하기 때문에 나마의 범주에 속한다. 왜냐하면 열반은 열반을 실현하기 위해 출세간의 마음과 마음작용을 일으키며 그 마음과 마음작용은 열반을 대상으로 하기 때문이다.[236] 따라서 야마카 주석서에서는 열반을 나마로 설명하고 있다 : "나마 담마는 정신 또는 심리를 의미한다. 나마 담마는 느낌(vedanā, 受蘊), 지각(saññā, 想蘊), 정신작용(saṅkhāra, 行蘊)과 의식(viññāṇa, 識蘊)을 포함하는 네 가지 비물질 무더기(arūpa khandha)와 열반이다."[237] 실제로 이러한 설명은 빠알리 주석서에 대해 상호보완적이다. 다음 내용은 아비담맛타상가하의 설명이다 : "거기에 물질적 현상은 색온이고, 마음과 마음작용(마음부수)과 조건 지어진 네 가지 비물질의 무더기 그리고 열반 이것들을 합하여 다섯 가지 비물질의 나마(정신)라고 한다."[238]

이 설명의 입장 또한 *Abhidhamma piṭaka*(논장)의 *Kathāvatthu*(논사)에 수록된 설명과 일치한다. 그 설명은 "무더기(蘊)와 깨달은 자의 개인적 특성인 열반이 서로 완전하게 다르다고 말해서는 안 된다."[239] 이것은 열반이 〔오〕온을 의존해서 일어나기 때문이다. 따라서 열반과 온蘊을 서로 다르게 이해해서는 안 된다.[240] 그러나 오온이 곧 열반도 아니다. 이 말은 열반에 들자마자 열반의 절대적인 경지가 완전한 열반에 든 사람(Pari nibbuta)에게서 일어나거나, 좀 더 정확하게 말해서 열반 그 자체의 요소에서 일어난다는 것이다. 깨달은 사람의 경지는 열반 자체의 요소로서 초월적인 상태에 머무는 것으로 볼 수 있다. 그러나 완전한 열반의 경지에 들어갔기 때문에 아라한의 신분일 때 있었던 개념적인 이름은 더 이상 없다.

완전한 열반의 경지에 들어가기 전에 깨달은 사람들의 개인적 특성을 가진 상황에서 열반으로 넘어가는 것과 완전한 열반의 경지에 들어간 후 깨달은 사람의 특성이 사라진 상황에서 열반으로 이어지는 과정은 이론적으로 매우 혼란스럽다. 그러나 아비담마를 조금이라도 알고 있는 사람들은 열반의 경지에서 어떻게 인식과정이 일어나는지를 이해할지도 모른다. 열반의 경지를 논의해 온 두 명의 주목할 만한 빠알리 연구자들이 있다. 먼저 쉐진 사야도는 다음 설명과 더불어 그의 입장을 강력하게 고수하고 있다: "무더기(온)와 열반과 깨달은 자의 개인적 특성이 서로 완전하게 다르다고 말해서는 안 된다." 사실 깨달은 사람들은 죽자마자 거의 동시에 열반을 실현한다. 그는 어떻게 열반이 일어나는지 그 과정을 묘사한다.[241]

표4 열반과 절대적 평화로움의 과정(열반 인식과정)

마지막 마음 ↓ 대상 = 열반으로 향하는 마음	AP/N의 경지
B B B B B V A M J J J J J Dc ——→ 금생 ——→	열반 (더 이상 다시 태어남이 없음)

주요 단어:

AP/N=열반의 절대적 평화로움; B=바왕가(생명 연속의 마음)의 흐름; V=바왕가의 동요; A=바왕가의 끊어짐; M=의문전향; J=속행(인식과정); Dc=죽음의 마음; N=절대적 소멸의 경지(Nibbāna, 열반에서는 재생연결심이 더 이상 일어나지 않는다)[242]

쉐진 사야도는 지금까지 전통적인 불교 문헌에는 열반의 인식과정(Nibbāna vīthi, 열반의 절대적 평화로움의 인식과정)이 없었다고 지적한다. 열반의 경지는 오온의 과정을 직접적으로 포함하지 않기 때문에 선대의 스승들이 열반의 인식과정에 대해 거론하지 않았던 것이다. 그러나 열반의 과정이 깨달은 사람들의 사후에 바로 일어나기 때문에 위에 언급한 가능성 하에서 열반의 과정을 설명하는 것이 가능하다.[41]

41 저자는 깨달은 사람이 다시 열반을 성취해야 하는 것처럼 설명하고 있다.

그의 설명은 경전의 설명을 기초로 한다고 부연한다. 열반의 과정은 오온의 소멸과 연관되어(*Nibbānampi khandhapatibaddhameva*) 있으며[243] 오온의 소멸을 열반이라고 한다(*pañcannaṁ khandhānaṁ nirodho Nibbānaṁ*).[244]

열반은 어디에 존재하는가에 관련하여 쉐진 사야도는 열반은 오온 안에 존재하지만 그 오온이 열반은 아니라고 믿는다. 쉐진 사야도가 이렇게 강조하는 이유는 열반은 세상의 소멸(loka nirodha)로 간주하며 아무것도 일어나지 않지만, 열반은 오온으로부터 일어나기 때문이다. 이것은 깨달은 사람이 아직 살아있지만 세상 소멸의 경지가 그 사람의 오온 안에서 일어난다는 것을 의미한다. 열반은 다른 어떤 곳으로부터 와서 깨달은 사람에게 들어가 존재하는 것이 아니다.[245]

또 한 명의 불교연구 권위자인 붓다다사(Buddhadāsa) 비구는 다른 관점에서 열반의 경지를 설명한다. 붓다다사 비구는 열반은 윤회 속에 존재한다고 지적한다.[246] 그의 입장은 열반이 윤회 속에 존재하고 있지만, 열반이 윤회이고 윤회가 열반이라는 견해를 반박한다. 이러한 방식으로 열반을 설명하는 이유는 깨닫지 못한 사람들이 열반을 실현할 때까지 계속해서 윤회에서 방황하기 때문이라는 것이다. 그는 "나는 열반이 윤회 속에 존재하며 어리석은 범부는 결코 열반을 실현하지 못하며, 지혜로운 범부는 바깥 세상에 관심을 끄고 열반을 실현한다

이러한 설명은 열반의 진행과정이 마치 사후에 일어나는 것처럼 이해될 수 있다. 기존의 초기불교나 상좌부전통의 설명과는 차이점을 보이는 부분으로 이해된다. 이러한 과정에서 저자가 원문을 일부 의역(미주 237~239)하는 부분은 재고의 여지가 있다.

고 생각한다."[247] 저명한 두 학승들은 『상윳따니까야』의 「로히땃사숫따(Rohitassa sutta)」에 수록된 동일한 빠알리 경전을 통해 다른 견해를 주장한다. 그 원전은 다음과 같다.[248]

> "그러나 도반이여, 세상(오온)의 끝에 도달하지 않고서는 괴로움의 끝에 이를 수 없다고 나는 말하네. 도반이여, 인식하고 사유하는 한 길 이 육신 안에 세상의 발생과 세상의 소멸(열반)과 세상의 소멸로 이끄는 길이 있음을 설하네."[249]

위의 서술에서 세상의 소멸(dukkha nirodha)은 갈애의 소멸을 의미한다. 이론적으로 갈애가 있다는 것은 열반의 반대 개념이 존재한다는 것이다. 『쿳다까니까야』의 「넷띠 빠알리(Netti Pāḷi)」에 기록된 설명이 있다. 그 설명을 읽어보자: "갈애의 소멸로 괴로움의 소멸이, 괴로움의 소멸로 열반이 일어난다."[250] 이와 관련하여 쉐진 사야도는 괴로움(dukkha)의 소멸 때문에 열반이 일어난다고 강조한다. 그러나 괴로움이 소멸한 것은 열반 때문이 아니라고 부연한다. 괴로움은 이미 사라진 것이라고 설명한다.

위 설명에 대해서 붓다다사 비구는 그의 기존 주장을 바꾸어 설명을 시도한다.

> "열반과 윤회는 이 한 길 우리 육신 안에 함께 존재한다. 만약 우리가 완벽한 열반을 아직 실현하지 못했다면 우리는 계속적으로 가끔은 열반에서 가끔은 윤회를 번갈아가면서 넘나든다.

> 감각적 인식을 취하고 나와 나의 것이라는 분별을 지어낼 때마다 우리는 윤회 속에 있는 것이다. 무지(avijjā)의 중독을 극복할 때 우리는 무한(nicca)하고 변함이 없으며 영원(sassata)한 열반을 경험할 것이다."[251]

그의 '열반은 무한하며 영원하다'는 설명은 모든 오염원들을 뿌리째 뽑은 후에야 비로소 열반에 도달할 수 있다는 의미이다. 이러한 열반의 절대적 평화로움(평온)은 윤회로 결코 되돌아갈 수 없다. 그러므로 열반은 영원하며 불멸하며 절대적으로 평화로운 경지다.

열반에 대한 중요한 논제

이제 '완전한 단멸'로서의 열반에 대한 중요한 문제를 고민해보자. 불교 문헌은 열반에 대해 무엇을 말하고 있으며, 해석가들은 열반에 대해 어떻게 주장하는지 사이의 관계를 성찰해볼 필요가 있다. 불교는 불교 교리를 이념적 담론으로써 적용하려 하지 않지만, 수행의 유용성을 위해 그 교리를 적절하게 조정하기도 한다. 열반에 대한 중요한 쟁점인 단멸에 관하여, 누군가 만약 '단멸'이라는 단어를 열반에 사용한다면 전문적인 측면에서 재해석할 필요가 있다. 만약 어떤 사람이 열반은 단멸론에 지나지 않는다고 주장한다면 이런 종류의 주장은 분석해야만 한다. 결론부터 말하자면 열반을 고려할 때 단멸론의 개념은 적절하지 않다. 열반은 인간의 언어로는 설명할 수 없는 그 어떤 것이다.

이미 설명했듯이 열반의 본질과 열반의 나타남에 대해 자세히 서술하는 방법은 많다. 대부분의 빠알리 학자들은 열반의 경지가 실제로 존재한다고 추정한다. 그러나 이미 언급한 몇몇의 서구 해석가들이나 힌두교도들 그리고 기독교도들은 열반이 단멸론이라는 입장을 고수한다. 그래서 불교학자들은 열반의 진정한 의미가 무엇인지를 이해하기 위해 더욱 노력한다. 열반이 단멸론이라는 오류를 확인하기 위해 열반의 의미를 재조정할 필요가 있다. 만약 서구 해석가들이 깨달은 사람은 사후에 더 이상 존재하지 않는다는 입장을 주장한다고 가정해 보자. 그렇다면 그들의 견해는 단지 단멸론일 뿐이다. 하지만 그들은 깨달은 자들이 더 이상 존재의 31영역에 머무르지 않는다고 믿기 때문에, 이러한 맥락에서 그들의 견해는 틀리지 않을 수 있다. 그러나 열반의 최후 경지는 절대적 소멸이 아니라 절대적 평화로움이다. 사실 열반의 개념은 단멸의 관점과 아무 연관성이 없다. 왜냐하면 열반은 조건 지어지지 않은 궁극적 실제로서 존재하기 때문이다. 누군가는 수행을 함으로써 열반의 경지에 이를 수 있다. 왜냐하면 열반은 초월적인 경지에서 절대적으로 실제實際하기 때문이다.

쉐진 사야도는 단멸이나 열반의 비존재와 관련하여 만약 열반을 단멸로 믿는다면, 단견(ucchedadiṭṭhi, 단멸론에 대한 잘못된 견해)에 빠지게 될 것이라고 주장한다. 이것이 그가 열반은 존재한다는 입장을 강력히 고수하는 이유이다. 그는 이들 궁극적인 것들은 열반영역의 요소(Nibbānayatana dhātu, 절대적 평화로움의 요소)와 조건 지어지지 않은 요소(asaṅkhata dhātu)로서 존재한다고 설명한다. 또한 열반의 경지에는 일종의 보이지 않는 초월적인 빛이 존재한다고 한다. 그러나 세상 범부들은 그 미세한 초월적인 빛을 볼 수 없다. 그 초월적인 빛은 굉장히 보기 드물고 밝게 빛나며 아주 선명한데 보통 사람의 눈으로는 볼 수 없다. 예를 들면, 보통 사람들은 천상의 존재들에게서 빛나는 성스러운 빛조차 볼 수 없다. 초월적인 빛은 눈에 보이는 빛과 보이지 않는 빛을 포함하여 인간 세상에 존재하는 빛들보다 훨씬 더 감지하기 힘들다. 쉐진 사야도는 열반이 존재한다고 강력하게 주장한다.[252]

레디 사야도는 열반의 존재에 대하여 다른 방식으로 설명한다. 오래전에 실제로 존재했던 하나의 열반이 있었을 뿐만 아니라, 열반은 각각의 개인에게 존재하고 있으며, 깨달은 성인들 각자의 사후 그들만의 열반을 갖는다고 한다. 또한 그는 열반은 '조건 지어지지 않은 요소(asaṅkhata dhātu)'인 궁극적인 실제로서 존재하며 논리적이고 실증적인 설명 너머에 있는 굉장히 미세하고 미묘한 초월적 경지라고 주장한다. 열반은 깨달은 사람 각자에게 일어난 것으로 영원히 존재한다. 절대적 평화로움의 경지가 깨달은 사람에게 영원함, 무한함과 불멸과 같은 '조건 지어지지 않은 요소'의 특성으로 자연스럽게 드러난다. 동시에 그는 앞선 스승의 설명에 만족하지 않는다는 의견을 추가한다. 왜냐하면 앞선 스승은 깨달은 자는 열반(즉 그들의 죽음)에 든 후에 조건 지어지지 않은 요소의 절대적 평화로움으로 존재할 것이라고 주장하기 때문이다. 레디 사야도는 깨달은 사람들이 죽은 후가 아닌, 살아있는 동안에 조건 지어지지 않은 열반의 경지가 존재한다는 것이다. 그리고 열반에 든 후에도 조건 지어지지 않은 요소의 절대적 평화로움을 계속 유지한다. 따라서 레디 사야도는 깨달은 사람들의

열반 체험이나 현생에서 열반의 실현을 바로 이번 생에서 성취할 수 있다고 분명히 강조한다.[253]

또 다른 빠알리 학승인 마하간다용(Mahāgandāyone) 사야도는 열반의 존재를 그의 방식대로 해석하는 것을 선호하는 것 같다. 비록 열반의 경지에 더 이상 마음(citta)과 마음작용(마음부수)과 육체(rūpa, 물질)가 존재하지 않는다고 할지라도, 열반의 경지가 어떤 특정한 마음(nāma visesa)이나 물질(rūpa visesa)의 특징과 특별한 차별이 있다고 생각해서는 안 된다는 것이다. 마하간다용 사야도는 열반의 요소를 비존재(abhāva, 無)의 경지로 여긴다는 것에 동의하지 않는다. 하지만 사실상 열반의 요소는 고요한 행복의 상태이다. 그는 열반은 보통 사람들은 볼 수 없는 자체의 빛이 있다는 견해를 지지하는 것 같다. 이 상태는 자연적으로 매우 밝으며, 이 상태가 오염원들로부터 깨끗해졌을 때 반짝반짝 빛나는 본래 의식의 상태와 같다는 것이다. 여기서 오염원들은 자신의 마음을 더럽힐 수 있어서 마음이 어두워지고 암울해지는 정신적인 상태를 말한다. 마하간다용 사야도에게 열반의 상태는 특별하고 뚜렷한 빛으로 존재하기 때문에, 열반이 존재한다는 견해에 이의가 있을 수 없다.[254]

미얀마의 빠알리 학자들 사이에서도 열반과 관련하여 논란이 없는 것은 아니다. 저명한 빠알리 학승인 마하시 사야도는 빠알리 관용구인 '완전한 빛'에 대해 앞서 언급한 주장들과 다른 견해를 가지고 있다. 마하시 사야도는 열반에 빛이 있다는 견해를 부정한다. 그의 설명에 따르면 열반의 경지에만 존재하는 특별한 빛은 없다. 그러나 열반은 고요한 행복(asaṅkhata dhātu, 조건 지어지지 않은 요소)의 경지이며 궁극적 실제의 존재가 있다는 것에 동의한다.[255] 사실 그는 열반이 빛의 요소로 존재한다는 견해를 강력하게 부정한다. 그는 다음 설명을 통해 그의 입장을 확고히 한다.

"열반은 대저택이나 궁전이 아니다. 열반은 도시도 아니다. 빛도 아니다. 열반에는 빛이 없다. 광명과 서늘함의 요소도 없다. 저택, 궁전, 도시, 빛, 발광, 광명과 서늘함은 조건 지어지지 않은 아상카라가 아니며 궁극적 실제인 빠라맛타도 아니다."[256]

위의 설명을 살펴보면 마하시 사야도는 열반은 표상이 없으며 색깔도 빛도 없지만 궁극적 실제로서 절대적 평화로움이라고 해석한다. 사실상 사야도는 열반은 오염원(kilesā, 번뇌)의 영향에서 자유롭고, 과거 업이 효력을 발생하지 못하여 새로운 탄생을 초래할 수 없다고 해석한다. 따라서 열반은 깨달은 자들을 위한 것이며, 그들은 모든 오염원을 소멸함으로써 열반에 도달할 수 있다는 것이다.

앞에서 언급한 학자들의 설명을 바탕으로 열반의 경지는 존재하지만 열반은 단멸이 아니라는 것을 확인할 수 있다. 열반을 단멸로 아는 것은 단지 문자의 해석에 불과하다. 하지만 열반을 절대적 평화로움으로 아는 것은 진정한 열반의 실현이다. 열반이 이론적으로 많은 이름을 가졌다 할지라도 열반의 특성은 오직 하나이다. 그것은 절대적으로 평화로운 초월적 경지이다. 또한 열반의 가장 주목할 만한 중요성은 해탈, 즉 다음 세 가지 세상으로부터의 해탈이다. '형성된 세상(saṅkhāra loka)', '중생들의 세상(satta loka)', 그리고 '공간의 세상(okāsa loka)'이다. 세 가지 세상 중에 '형성된 세상'은 조건에 휘둘리는 '오온'을 말한다. '중생들의 세상'은 보이는 존재들뿐만 아니라 이 우주에 머무는 보이지 않는 존재들까지 포함한다. '공간의 세상'은 모든 존재들이 태어나는 31영역을 말한다. 깨달음을 얻은 자들은 절대적 평화로움의 경지인 열반에 든 후 고통스러운 세상으로부터 벗어나 완전한 자유를 경험할 것이다.[257]

열반은 깨달은 자에게 존재한다

마지막으로, 본 연구는 열반이 초월적 독립체나 '담마 다투(Dhamma dhātu, 법계; 법의 진리)'라는 초월적 요소와 연계된 실제라는 결론을 내리려고 한다. 상좌부불교 전통에 따르면, 열반은 절대적 평화로움을 넘어서지 않는 궁극적 실제일 뿐이다. 절대적 평화로움(Nibbāna)은 흔히 궁극적 평화나 조건 지어지지 않은 행복이라고 한다. 이러한 종류의 평화와 행복은 개념적 의미로 가늠하기 어렵다. 왜냐하면 그것은 객관적 실증의 성질이 아니기 때문이다. 이 세상에서 어떤 종류의 행복과 평화는 경험의 지배를 받는다. 물론 천상에 사는 존재들의 행복은 인간의 실증적 경험 너머에 있다. 오직 천상의 존재들만이 천상의 행복을 얻을 수 있는 것이다. 이와 비슷하게 깨달은 자들만이 출세간적인 행복이 무엇인지 알 수 있다. 이 상황은 태어날 때부터 장님인 사람의 경우와 비슷하다. 장님은 보통 사람들이 볼 수 있는 색깔이나 빛의 존재를 받아들이기 어렵다. 이런 점에서 장님은 범부와 비슷하다. 범부들은 깨달은 사람들에게 분명히 존재하는 열반의 존재를 받아들이기 어렵다.

불교에서 열반의 개념은 철학적으로 매우 복잡하다. 그러나 현실적으로 열반은 이해할 수 있고 깨달을 수 있다. 물론 불교의 오랜 전통들 사이에서도 열반의 개념에 대한 보편적 합의는 이루어지지 않았다. 하지만 상좌부불교의 시선은 열반에 대한 의견을 분명히 하기 위해 빠알리 원전과 빠알리 문헌을 높이 인정하고 있다. 그리고 이러한 오랜 연구 작업은 무시하기 어렵다.

현재 상좌부불교 국가는 스리랑카, 미얀마, 태국, 캄보디아와 라오스이다. 다섯 개 주요 국가 중, 미얀마는 빠알리 경전을 잘 유지해 온 전통적인 상좌부불교 국가 중 하나이다. 마찬가지로 스리랑카와 태국도 빠알리 경전과 빠알리 문헌의 전통을 유지하고 있다. 미얀마는 소중한 불교의 문화와 가치를 수천 년 동안 지켜오고 있다. 상좌부불교 전통은 가능한 모든 방법을 동원하여 비구, 틸라신[thilashin, 미얀마의 여성출가자; 계를 지키는 여성], 그리고 신도들에게 끊임없이 교육의 장을 마련하려 한다. 이 교육과정은 붓다의 가르침(Buddha sāsana)을 바탕으로 이론과 실천을 포함한다. 상좌부불교 국가의 승려들은 두 개의 극단적인 견해, 즉 단멸론과 상주론에 빠지는 것을 피하기 위해 열반의 존재를 해석하는 데 신중을 기한다.

미얀마 불교를 수행하는 불교 학승 중에 쉐진 사야도는 빠알리 연구자로도 잘 알려져 있으며, 특히 그는 저서 *Gambhīrāgambhīra Mahānibbūtadīpanī Kyam*(소멸인 열반에 대한 해설서)을 통해 열반에 대한 그의 해석을 강조한다. 쉐진 사야도의 견해는 열반은 절대적인 소멸도 아니고 단멸론도 아니라는 것이다. 왜냐하면 열반은 절대적인 소멸과 관계가 먼 절대적 평화로움과 행복에 있기 때문이다. 열반은 완전한 현재에 존재하고 있다. 동시에 열반의 상태에서 오온의 존재는 멈추게 된다. 이러한 맥락에서 열반은 비존재와 같다고 말하기도 한다. 여기에 절대적 평화로움과 죽음이 없는(불멸) 열반의 요소는 계속 남아 있다. 실제로 깨달은 사람에게 열반은 존재하는 것이다.

이론적 관점에서, 지금까지 설명한 열반에 대한 견해들을 살펴보면, 열반은 너무 심오해서 어떤 방법으로도 충분히 설명하기 어렵다. 다시 말해, 열반의 모든 측면을 다룰 수 있는 방법은 없는 것 같다. 이제부터 본 연구는 열반이 무엇인지에 대한 구체적 논의를 멈추고, 체험적 측면에 초점을 맞춰보고자 한다. 불교에서 이론과 실제는 담마(法)의 핵심을 이해하는 데 모두 중요하다. 많은 불교도들은 이론을 공부하는 것보다 명상(paṭipatti, 수행, 실천)을 더 중요하게 생각한다. 이론(pariyatti)은 지식을 위한 것이지만, 실천은 지혜(paṭiveda)를 통해 해탈로 이끌어 준다.

정신적 지혜는 위빠사나 지혜(vipassanā ñāṇa)를 포함하며 '깨달음'으로 알려진 '도道와 과果의 지혜(magga phala ñāṇa)'를 말한다. 여기서 위빠사나 지혜는 영원하지 않은 '무상(anicca, 無常)'과 '괴로움이나 불만족(dukkha, 苦)', 그리고 존재하는 모든 물질적·정신적 현상에는 '고정된 실체가 없음(anatta, 無我)'의 진리가 직관적 이해를 통해 드러난다는 의미이다. 지혜(paññā, 慧)는 다른 두 가지 수행과 함께 개발해야 한다. 그 두 가지 수행은 윤리(sīla, 戒)와 집중(samādhi, 定)이다. 위빠사나 지혜는 단순한 지적 이해의 결과가 아니라 육체적·정신적 과정을 포함하는 자신의 현상을 직접 관찰하는 수행을 통해서 얻을 수 있다.

마음챙김 명상으로 알려진 통찰명상의 정점은 수행자를 '도와 과의 지혜' 단계로 바로 이끌 수 있다는 점이다.[258]

불교의 관점에서 보면 이론에 대한 연구는 깊은 지혜가 아니라고 생각한다. 하지만 개개인은 명상과 함께 이론의 연구를 통해 지혜로 발전시킬 수 있다. 불교도들은 누구도 실천이라는 수행 없이는 열반의 평화로움도 얻을 수 없다고 생각한다. 따라서 명상 방법 연구에 대한 실천적 접근은 이 책의 목적을 충족시키기 위해 필요하다. 다음 장에서는 수행적 측면에서의 열반 개념을 이해하기 위해 주로 불교명상과 그 방법에 대해 논할 것이다.

5장 해탈을 향한 불교명상

해탈에 대한 불교적 개념

이 장은 상좌부 불교명상과 다양한 명상 방법, 그리고 그것들을 다른 단계의 지혜 수준에 적용하는 방법을 다룰 것이다. 몇 가지의 명상 체험은 본 연구자의 명상적 실천과도 연결되어 있다. 본 장의 목적은 어떻게 불교명상이 정신적 해탈로 이끌 수 있고, 어떻게 명상 체험이 열반의 의미를 이해하는 데 도움이 될 것인지를 탐구하는 것이다. 불교 교리의 핵심은 이론이나 지적인 이해보다 수행의 실천과 체험이 더 중요하다는 것이다. 결국 수행을 하지 않고는 아무도 열반을 실현할 수 없다는 것을 의미한다. 본 연구의 목적을 충족시키기 위해, 수행의 실천적 측면을 다루는 것은 매우 중요하다. 이 장에서는 주로 다음의 내용을 조사하고자 한다. 첫째, 본 연구는 정신적 해탈의 개념과 명상의 주요 목적에 대해 논의할 것이다. 둘째, 상좌부 불교명상 방법을 탐구할 것이다. 셋째, 주요한 불교명상 유형과 통찰의 과정을 설명할 것이다. 그리고 마지막으로 어떻게 명상이 열반의 절대적 평화로움을 실현하도록 수행자를 이끄는지를 분석할 것이다.

대부분의 불교도들은 열반이 정말로 무엇을 의미하는지 이해하려 하기보다, 열반을 성취하고 싶다고 말한다. 동시에 그들은 명상을 실천하여 열반을 실현할 수 있다고 믿고 표현한다. 불멸不滅의 핵심이자 괴로움의 끝이며 속박으로부터의 자유를 뜻하는 열반의 경지는 불교도들에게 최고의 목표이다. 몇몇 불교도들은 열반이 도달할 수 있는 곳에 있다고 생각한다. 하지만 이들에게 열반의 핵심을 철학적으로 설명하기도 쉬운 일이 아니다. 열반에 대한 철학적 설명은 오히려 비불교수행자들 사이에서 더 자주 거론되는 것 같다. 만약 열반이 절대적 소멸을 의미하지 않는다면 열반은 어떤 종류의 해탈을 의미하는가?

대부분의 불교도들은 열반은 '궁극적 실제'라고 설명할 것이다. 하지만 열반의 경지를 아직 실현하지 못한 사람들이 열반의 핵심을 묘사하기는 어려울 수밖에 없다. *Abhidhamma*(아비담마)에서는 열반의 경지는 '단어나 언어나 추론을 뛰어넘는(atakkāvacara) 경지여서 깨달은 사람들을 제외하고 아무도 세속적 개념으로 열반의 진정한 핵심을 이해할 수 없다고 설명한다. 깨달은 사람들은 자신의 통찰지혜를 통해 열반이 무엇인지 이해할 수 있다. 불교도들은 각자 개인의 통찰지혜로 생긴 명상의 이익을 알고 있기 때문에 명상을 지속하는 쪽으로 노력을 기울인다. 이것이 불교도들이 정신적 성장의 여정에 접근하는 방법이다. 불교도들은 붓다의 가르침으로 향하는 그들의 태도를 토대로 위빠사나(vipassanā) 명상이 열반에 이르는 관문이라는 것을 확신한다.

열반의 교리와 관련하여 통찰(insight)과 열반 사이에는 깊은 연관성이 있다. 이러한 맥락에서 '닙바나(Nibbāna)' 또는 '아상카따 다뚜(asaṅkhata dhātu, 형성되지 않은 요소)'를 '자유' 또는 '해탈(vimutti)'로 번역할 수 있다. 명상(修行) 방법은 '팔정도(aṭṭha maggaṅga)'의 방법과 '사념처(satipaṭṭhāna)'의 방법으로 연결된다. 사실 붓다가 설한 담마(Dhamma)는 교리와 수행의 두 가지 측면으로 나눌 수 있다.

> "교리의 주요 원리는 사성제이며 수행의 주요 원리는 팔정도이다. 그러나 이 두 가지는 밀접하게 뒤섞여 있다. 왜냐하면, 우리가 이미 알고 있듯이 팔정도는 네 번째 성스러운 진리인 도성제에 해당한다. 반면에 팔정도의 첫 단계인 바른 견해는 사성제를 이해하는 것을 의미한다."[259]

'팔정도'에서 바른 견해(正見)는 도道의 첫 번째 요소이며 나머지 일곱 개의 모든 요소의 핵심적인 가이드 역할을 한다. 정견의 실제 상대는 몸(身), 말(口), 그리고 마음(意)으로 짓는 선업과 관련이 있는 바른 행위(定業)이다. 바른 마음챙김(正念)은 팔정도의 일곱 번째 요소이다. 즉 행동하고 말하고 생각하는 매 순간 알아차림을 하는 것이다. 마음챙김의 힘은 통찰지혜를 갖는 것이며 괴로움으로부터 해탈을 하는 것이다.

마음챙김 명상은 집중적인 수행을 할 때 통찰이 진척될 수 있도록 한다. 통찰의 과정은 다양한 해탈의 단계를 거친다. 그러나 『쿳다까니까야』의 「닙바나다투 숫따(Nibbānadhātu sutta, 열반요소경)」에 따르면 주로 두 단계의 해탈이 있다. 그것은 ①심리적 단계의 해탈(saupādisesa nibbānadhātu, 유여열반 요소)과, ②생물학적 단계의 해탈(anupādisesa nibbānadhātu, 무여열반 요소)이다. 여기에서 심리적 단계의 해탈이란 조건 지어진 현상 세계에 남아 있는 것이 있는 열반 요소를 의미하며 반면에 생물학적 단계의 해탈이란 조건 지어진 존재 영역에 남아 있는 것이 없는 열반 요소를 말한다.

심리적 해탈은 갈애(taṇhā)나 탐욕(samudaya, 원인)으로 인한 정신적 파괴로부터의 해탈을 의미하는 일종의 영적인 해탈이다. 예를 들면, 어리석음(avijjā)으로 인한 갈애나 탐욕이 제거되면 불행이나 걱정, 비애, 슬픔과 다른 정신적인 괴로움과 같은 오염원들을 제거할 수 있다.[260] 심리적 해탈은 직접적으로 마음과 연결된 정신적 해탈을 의미한다. 마음이 탐욕(rāga)과 갈애와 어리석음과 같은 오염원으로부터 자유로워졌을 때 우리는 불행과 우울함 등의 정신적 요소를 포함하고 있는 심적 괴로움으로부터 벗어날 수 있다.

Abhidhamma(아비담마)에 따르면, 평화와 행복은 내면적으로 마음이 평화로운 상태와 연관되어 있다. 깨달음을 얻은 사람들은 바로 이번 생에서 열반의 경지에 도달한 후 빠알리어로 사우빠디세사 닙바나(saupādisesa nibbāna, 유여열반)라고 하는 최고의 평화로움과 행복을 경험한다. 즉 정신적 괴로움으로부터의 해탈이다. 「망갈라 숫따(Maṅgala sutta, 행복경)」에 깨달은 사람들(arahants)은 어리석음으로 인한 갈애와 탐욕으로부터 벗어났기 때문에 다시는 두려움이나 불안에

물들지 않는다고 설명하고 있다. 깨달은 사람들에게 '득'과 '실', '명예'와 '불명예', '칭찬'과 '비난', '행복'과 '괴로움' 같은 세속의 여덟 가지 상황이 닥쳐와도 그들의 마음은 전혀 흔들리지 않는다. 깨달은 사람들은 슬픔이 없으며(asoka) 탐욕이 없고(virāga) 안온(khema)하다.[261] 불교에서 이러한 종류의 정신적 자유를 '심리적 해탈'이라고 할 수 있다.

'생물학적 해탈'은 깨달은 사람들이 절대적 열반의 경지에 들었을 때 일어난다. 그때 아라한이라고 하는 깨달은 사람들의 마음과 몸의 과정이 완전하게 멈추며 그 업력도 끝난다. 그런 후 깨달은 사람들에게 재탄생의 굴레도 끊어진다. 이러한 경지를 무여열반(남은 것이 없는 열반) 또는 '생물학적 열반'이라고 한다. 이것은 깨달은 사람들이 절대적 평화로움인 열반을 얻은 후에 조건 지어진 세계(有爲, 우리가 경험하는 현상 세계)에 남을 만한 요소가 없다는 것을 의미한다. 정신적·육체적 현상 과정이 더 이상 존재하지 않으며 오직 불사不死의 요소와 절대적 평화로움만이 존재한다. 이러한 경지는 태어남이 없으며, 형성되지 않고, 생겨나지 않으며, 조건 지어지지 않은 경지이다.[262]

불교 관점에서 영적 해탈을 '위뭇띠(vimutti, 해탈)'라고도 한다. 이러한 맥락에서 불교도들에게 영적 해탈이란 무슨 의미일까? 앞에서 언급했듯이 영적 해탈은 두 가지 단계를 포함하고 있다. 그것은 심리적 해탈과 생물학적 해탈이다. 다행히 명상 기술을 통해서 영적 해탈이 실제적으로 무슨 의미인지를 이해하는 데 도움을 줄 수 있다. 더욱이 영적 해탈은 해탈의 맛(vimuttirasa)으로 특징지어진다. 정말로 담마의 체험이 감각적 미각을 포함하는 것은 아니다. 그러나 담마의 상태는 은유적으로 정신적 해탈의 맛인 담마의 맛으로 구성되어 있다. 『앙굿따라니까야』의 「빠하라다 숫따(Pahārāda sutta)」에서 붓다는 그 문제에 대해 다음과 같이 설했다.[263]

> "빠하라다여, 거대한 바다가 유일하게 짠 맛을 지니고 있듯이, 이와 같이 이 담마(붓다의 가르침)와 계율(Dhamma vinaya) 또한 유일한 맛인 해탈의 맛을 가지고 있다. 이것이 이 담마와 계율의 여섯 번째 훌륭하고 놀라운 특성이다. 그것은 비구들이 즐겨야 할 맛이다."[264]

이와 관련하여 영적 해탈은 근본적으로 재탄생, 늙음, 아픔, 죽음, 슬픔, 비애와 모든 종류의 정신적·신체적 괴로움과 같은 온갖 괴로움 덩어리의 원인이 되는 갈애와 어리석음으로부터의 해탈이다. 만약 세속적인 즐거움에 대한 갈애가 없고 다시 태어남에 집착이 없고 일상생활에서 어리석음이 없다면, 인간들에게 괴로움이란 없다. 불교는 괴로움의 절대적 소멸에 대한 깨달음을 열반의 실현으로 간주한다. 따라서 불교명상의 지도자들은 "어떻게 열반을 실현합니까?"라는 질문을 자주 받는다. 이 질문에 대한 명상 지도자들의 명료한 대답은 "마음을 청정(citta visuddhi)하게 하는 것입니다."이다. 또한 "어떤 방법으로 수행해야 합니까?"에 대한 대답은 수행을 위한 "여덟 가지 요소로 구성된 팔정도를 수행하는 것입니다."이다.[265] 물론 어떤 사람은 열반에 대한 끝없는 철학적 질문이 실현의 길이라고 생각할 수도 있다. 하지만 이러한 시도는, 그리고 명상을 통해 열반으로 향하는 실천

없는 접근은 담마의 맛을 스스로 체험할 때까지 열반의 핵심이 무엇인지 이해하지 못할지도 모른다.

불교명상의 목적

일반적으로 명상은 다양한 전통적 배경이나 다른 종교적 신념을 근간으로 많은 목적을 지닌다. 어떤 전통에서 명상은 평화로운 마음을 개발하기 위한 것이다. 어떤 전통에서 명상은 마음의 힘으로 육체적 질병을 치유하기 위한 것이다. 어떤 전통에서는 신통력을 얻기 위해 명상을 하기도 하고, 또 다른 어떤 전통에서는 그밖에 다른 것을 얻기 위해 명상을 할지도 모른다. 각각의 전통들이 서로 다르기 때문에 명상에 대한 그들의 목적 또한 서로 다르다.

불교명상의 주요 목적은 마음을 청정하게 하여 열반을 증득하기 위한 것이다.[266] 게다가 불교명상은 집중과 마음의 평화로운 상태를 개발하기 위해 고요함(samatha, 止)의 실천을 통해 수행한다. 반면에 위빠사나(vipassanā, 觀)의 실천은 존재의 모든 정신적이고 육체적인 현상의 무상함, 불행과 불만족 그리고 무아에 대한 직관적 통찰을 개발하기 위해 시작한다. 여기서 존재는 다섯 가지 덩어리인 오온五蘊으로 구성되어 있다.[267]

좀 더 구체적으로, 상좌부 불교명상은 위빠사나 명상을 강조하는데 이것을 마음챙김 명상이라고도 부른다. 이 명상은 마음을 청정하게 함으로써 열반을 실현하기 위한 필수적인 방법이다.[268] 마음을 청정하게 하지 않고 열반이 무엇인지를 이해하기는 어렵다. 그렇다면 이

과정에서 발생하는 의문이 있다. 그것은 마음의 청정 상태와 열반의 깨달음 상태의 연관성을 어떻게 이해해야 하는가이다. 마음을 청정하게 하는 것은 마음과 몸을 포함하는 현상의 과정과 마음(citta), 마음작용(마음부수), 물질과 열반을 포함하는 궁극적 실제와 같은 것들을 분명하게 이해하는 데 도움을 주는 것이다. 어떤 수행자는 이러한 것들이 실제로 존재한다는 것을 안다. 불교는 '마음의 청정'으로 이끌어 주는 마음의 집중이 얼마나 중요한지 강조한다. 마음의 청정(心淸淨)은 열반의 본질을 깨달을 수 있도록 이끄는 위빠사나 지혜를 계발하기 위한 과정이다. 「사마디 숫따(Samādhi sutta, 삼매경)」에서 붓다는 이 문제에 관해 다음과 같이 설했다.[269]

"비구들이여, 삼매를 닦아라. 삼매를 닦은 비구는 있는 그대로 안다. 무엇을 있는 그대로 아는가? 물질의 일어남과 사라짐, 느낌의 일어남과 사라짐, 인식의 일어남과 사라짐, 행의 일어남과 사라짐, 의식의 일어남과 사라짐이다."[270]

이 문맥에서 붓다가 무엇을 설명하고자 하는지를 이해하기 위해 우리는 '사념처 수행'을 이용하는 마음챙김 명상을 적용해볼 필요가 있다. 수행 초기에 수행자는 두드러진 대상인 마음과 몸을 알게 될 것이다. 마음이라는 단어와 관련하여, 본 연구는 마음의 두 가지 기능인 마음의 기능과 마음작용(마음부수)의 기능을 적용하고자 한다. 사실 수행자들은 마음챙김 명상을 통해 각각의 두드러진 실상과 그것들의 독특한 기능을 알 수 있다.

Abhidhamma Piṭaka(논장, Vol. I)의 *Dhammasaṅganī*(담마상가니, 법집론)에 따르면 마음(citta)은 다음의 그룹으로 나누어진다. 간단하게 모두 89가지 종류로 분류한다. 그 그룹은 ① 선한 마음(kusala citta), ② 불선한 마음(akusala citta), ③ 선하거나 불선한 무기의 마음(abyākata citta, 과보의 마음과 작용만하는 마음)이다. 마음작용은 처음 대상으로 향하는 마음(vitakka)과 느낌(vedanā), 지각(saññā), 의도(cetanā), 마음챙김(sati), 한곳에 집중(ekaggatā)과 지혜(paññā) 등을 포함하여 52가지로 구성되어 있다. 또한 논장論藏은 네 종류의 궁극적 담마를 세 개의 그룹으로 나눈다. 그것은 '꾸살라 담마', '아꾸살라 담마' 그리고 '아브야까따 담마'이다: '선한 법(kusala dhamma)'과 '불선한 법(akusala dhamma)', 그리고 '과보(vipāka)의 법'과 '작용(kiriya)만 하는 법'으로 구성된 규정할 수 없는 '무기의 법(abyākata dhamma)'이다. 논장에 따르면 꾸살라 담마(선한 법)란 모든 선한 마음(21가지 선한 마음)과 관련된 선한 마음작용(38가지 마음부수)이다. 아꾸살라 담마(불선한 법)는 모든 불선한 마음(12가지 불선한 마음)과 관련된 불선한 마음작용(27가지 마음부수)을 말한다. 아브야까따 담마(무기의 법)는 나머지 네 가지 궁극적 실제로 구성되어 있다. 그것은 과보의 마음(36가지 과보의 마음)과 관련된 마음작용(33가지 마음부수)과 작용만 하는 마음(20가지 작용만 하는 마음)과 관련된 마음작용(35가지 마음부수)과 물질(28가지 물질)이다.[271] 초보 수행자는 명상의 힘을 통해 마음과 마음작용의 모든 기능을 알아차리지 못할 수도 있다. 그러나 수행의 진전에 따라 수행자는 탐욕과 증오와 들뜸 등과 같은 대부분의 마음의 기능을 명확하게 알아차릴 것이다.

수행을 지속하면, 수행자는 마음의 기능과 마음작용을 더 깊게 탐색하게 된다. 이 두 가지 중에 마음이 주 역할을 하고 마음작용은 부수적 역할을 맡는다. 수행 체험이 없다면 이론만으로 마음과 마음작용의 본질 사이의 차이를 식별하기 어렵다. 52가지 마음작용은 자연적으로 서로 연관되어 있으며 다양한 조합으로 마음과 어우러진다. 마음작용은 마음과 함께 일어나며 마음과 함께 사라진다.[272]

이와 관련하여, 만약 누군가 마음과 마음작용의 기능적 차이를 구별하고 싶다면 마음챙김 명상이나 고요명상과 같은 다양한 명상 방법을 적용하여 수행을 시작하는 것이 좋다. 만약 본인의 경험 속에서 가장 눈에 잘 띄는 대상을 가지고 수행을 시작한다면 그것이 가장 좋은 방법이다. 상좌부 불교명상에서 가장 흔하게 사용하는 방법은 '까야가따사띠(kāyagatāsati, 몸에서 일어남과 사라짐을 알아차리기)'와 '아나빠나사띠(ānāpānasati, 들숨과 날숨 알아차리기)'이다. 수행을 하는 동안에 명상 대상을 완전하게 알아차리기 위해 수행자는 명상 대상을 더 가까이 보아야 하며 추측, 생각, 분석 혹은 기대도 하지 말고 지속적으로 명상 대상을 관찰해야 한다. 왜냐하면 수행자의 집중력이 향상되면 그 대상을 좀 더 자세히 볼 수 있기 때문이다. 이렇게 노력하면 수행자는 매 순간 일어나는 정신적·육체적 장애들도 극복할 수 있을 것이다. 불교는 평화로운 마음과 꿰뚫어보는 마음을 삼매(samādhi, 집중)라고 한다. 이렇게 집중된 마음은 '심청정(citta visuddhi)'으로 이끈다.[273]

『앙굿따라니까야(증지부)』에 따르면 마음은 자연적으로 빛을 발한다고 한다. 이것은 수행자의 마음이 오염원과 정신적 방해물로부터 자유로워질 때 마음이 밝아져서 빛을 방사한다는 의미이다. 이러한 마음이 빛나는 상태도 '심청정(마음의 청정)'으로 알려져 있다. 그러나 마음은 자주 어둡고 더러워진다. 이와 관련하여 빠알리 경전은 마음이 왜 그러는지에 대한 근거를 제시한다. 그것에 대한 설명은 『앙굿따라니까야』의 「빠니히땃짠나왁가 숫따(Paṇihitaacchannavagga sutta, 바르게 향하지 않음 품)」에 기록되어 있다.[274]

> "오, 비구들이여, 이 마음은 빛이 난다. 그러나 우발적으로 생긴 오염원들에 의해 더러워졌다. 무지한 중생은 진정 그 자체로서의 참 마음을 이해하지 못한다. 그러므로 그런 사람에게 정신적 성장은 없다. 오, 비구들이여, 이 마음은 빛이 난다. 그 마음은 우발적인 오염원들로부터 벗어났다. 지혜로운 성인들은 있는 그대로의 마음을 이해한다. 그러므로 성인에게는 정신적 성장이 있다."[275]

붓다는 마음은 본래 맑고 빛나지만 오염원들에 가려져 빛나지 않는다는 것을 발견했다. 앞의 설명에서 이미 언급했듯이 마음은 정신적 성장을 위한 출발점이며 명상 방법을 적용하기 위한 중심점이다. 또한 마음은 열반을 실현하고자 하는 사람들의 마음을 자유롭게 하고 정화시키기 위한 최종점이다. 불교 문헌은 모든 선한 것들이 마음에서 일어나며 모든 악한 것들 또한 마음에서 일어난다고 설명한다. 선한 것이 무엇이든지 그 선한 것들은 마음과 연결될 것이다. 악한 것이 무엇이든지 그 악한 것들 또한 마음과 연결될 것이다.[276] 원래 마음의 상태를 알아차리고 마음의 본질과 물질의 본질을 포함하는 모든 실체를 인식하기 위해 정신적 오염원들로부터 마음이 청정해져야 한다. 다시 말해서 우리는 마음을 청정하게 하기 위하여 정신적 방해요인으로 인해 더러워진 진정한 마음을 알아야 한다. 또한 속박되어 묶여 있는 마음을 자유롭게 하기 위해 갈애와 욕망과 어리석음을 제거해야 한다.

불교명상의 근본적 방법

이미 언급했듯이 명상주제(kammaṭṭhāna, 業處)에는 두 가지의 기본 유형이 있다. 그것은 (1) 사마타 명상주제(samatha kammaṭṭhāna, 고요명상)와 (2) 위빠사나 명상주제(vipassanā kammaṭṭhāna, 통찰명상)이다.[277] 명상주제로 해석한 빠알리어 깜맛타나는 '일터'라는 의미이다. '일터'란 무엇을 말하는가? 명상을 통해 정신적 성장을 계발하고자 하는 수행자에게 일터는 마음일 것이다. 특별한 명상적 성취를 계발하고자 하는 수행자에게 마음은 일터이다.[42] 불교수행은 '바와나

---

42 『청정도론淸淨道論』에서 붓다고사는 사마타와 위빠사나 수행의 관찰대상으로 40가지 수행주제(40業處)를 제시하고 있다. 특히 사마타를 위한 '수행주제'로 알려져 있는 빠알리어 '깜맛타나(kammaṭṭhāna)'는 수행의 주제뿐만 아니라 그것들을 실천하는 방법으로도 잘 알려져 있다. 하지만 '깜맛타나'라는 용어가 언제부터 40가지 수행주제라는 의미로 사용하게 되었는지에 대해서는 명확한 근거가 없다. 이와 같은 의미로 사용된 것은 『청정도론』과 주석서 전통에서부터로 파악된다. 초기경전(Pāli-Nikāya)에서 '깜맛타나'가 사마타를 위한 수행주제로 사용된 경우는 찾아보기 어렵다. 『맛지마니까야(중부)』의 「수바 경(Subha

(bhāvanā)'라는 단어를 자주 사용하고 있다. 바와나는 문자 그대로 '정신적 계발'을 의미한다. 불교적 맥락에서 '명상'이라는 단어는 빠알리어 '바와나'에서 파생되었다. '바와나'에는 두 가지 형태가 있다. 이들은 (1) 사마타 바와나(samatha bhāvanā, 고요명상)와 (2) 위빠사나 바와나(vipassanā bhāvanā, 통찰명상)이다. 두 가지 바와나는 두 가지 깜맛타나와 같다. 두 가지 중에는 위빠사나라고 부르는 통찰명상만이 차별화된 불교명상의 형태이다. 다른 형태의 명상은 비불교 전통의 명상에도 있다. 여기서 다른 형태의 명상이란 고요명상(samatha)을 말한다. 고요명상에는 모두 40가지의 명상주제가 있다.[278]

고요명상에 관해서 '사마타'라는 단어는 마음의 고요와 정신적 장애의 제거를 의미한다. '사마디(삼매)'는 사마타(고요)와 의미가 비슷하다. 엄밀히 말하면, 사마디는 불교 문헌에서 '에까가따(ekaggatā, 한 점에 마음 집중)'로 자주 정의한다. 대부분 그 단어는 선정(jhāna) 명상에 등장한다. 고도로 몰입된 선정 상태에는 여덟 가지 단계가 있다. 그것은 네 가지 색계 선정(rūpa jhāna, 色界禪定)과 네 가지 무색계 선정(arūpa jhāna, 無色界禪定)이다.

위빠사나(vipassanā)라는 단어는 흔히 '통찰'로 번역한다. 엄밀히

---

sutta)」을 통해 '깜맛타나'는 'gharāvāsa(집에서 삶)'나 'pabbajjā(출가)'와 합성되어 '직업'의 의미로 사용되었다. 즉, 'gharāvāsa kammaṭṭhāna(가장의 직업)'는 농업(kasī)이나 상인(vaṇijjā)과 같은 재가자의 직업을 의미하는 것이었다. 하지만 오늘날 '깜맛타나'는 『청정도론』을 통하여 사마타 수행의 40가지 주제로 자리잡게 되었다. 다시 말해 우리가 알고 있는 40가지 수행주제라는 범주는 부처님의 직접적인 가르침이 아닐 수 있다.

따지면 위빠사나는 빠알리어로 *aniccādivasena vividhākhārena passatīti vipassanā aniccānupassanādikā bhāvanā paññā*로 설명한다. 이 의미는 위빠사나는 '사물이나 현상의 본질을 무상無常 등과 같이 다른 방식으로 보는 것이며 여기에서 위빠사나(내적 통찰)는 명상(계발)으로 얻은 지혜'이다.[279] 위빠사나 명상은 세 가지 특성, 즉 무상, 고, 그리고 무아와 직접 연결된 현상에 바로 접근하는 명상이다. 아비담마에 따르면, 통찰지혜는 52가지 마음작용 중에 하나인 빤냐(paññā, 지혜)의 기능이다. 통찰지혜의 핵심적인 기능은 본질을 꿰뚫는 마음을 바로 현재 나타나는 현상으로 향하는 것이다.

사마타 명상과 위빠사나 명상의 차이점은 무엇인가? 사마타 명상에 대한 구체적인 정의가 다음과 같이 문헌에 기록되어 있다: *kāmacchandādayo paccanīka dhamme sameti vināsettit samatho, samādhissetaṁ nāmaṁ.* (사마타 명상의 기능은 방황하는 마음을 고요하게 하고 진정시키는 것이다.) 여기서 사마타란 삼매(samādhi, 명상으로 생긴 집중)를 말한다. 감각적 욕망, 악의, 또는 회의적 의심 등(장애들, 五蓋)과 같은 다양한 마음의 현상들이 사마타 명상을 통해 고요해진다. 이때 사마타는 사마디(삼매)와 동의어이다. 위빠사나라는 단어의 정의는 이와 같다: *aniccatādivasena vividhehi ākārehi dhamme passatīti vipassanā, paññāyetaṁ nāmaṁ.* (위빠사나의 기능은 법〔dhamma, 일체 사물이나 현상〕을 다양한 방식으로 있는 그대로 아는 것인데 그것은 일체를 무상, 고〔괴로움 또는 불만족〕와 무아로 아는 것이다). 이때 위빠사나는 빤냐(통찰지혜)와 동의어이다. 따라서 위빠사나 냐나(vipassanā ñāṇa, 통찰지혜)는 아비담마에서 빤냐로 명시된 지혜의 기능이다.[280]

집중을 계발하기 위해 가장 기본적인 명상 방법 중 하나는 들숨과 날숨을 알아차리는 것이다. 이 방법에서 호흡은 집중의 대상이다. 명상 중에 수행자는 윗입술이나 콧구멍 주위에 호흡이 닿는 가장 확실한 부분에서 지속적으로 호흡을 알아차려야 한다. 이러한 방법으로 호흡에 주의를 기울일 때, 집중을 계발할 수 있다. 만약 시작 초기에 그 대상에 마음을 집중할 수 없다면 『청정도론』에서는 호흡을 세거나 호흡을 나열해도 좋다고 제안한다. 숫자를 세는 방법은 수행자로 하여금 편안하게 집중을 계발할 수 있도록 도와준다. 명상에서 숫자를 세는 방법을 '가나나 나야(gaṇana naya, 숫자세기)'라고 한다. 수행자는 각각의 호흡이 끝난 후에 이렇게 적용해볼 수 있다: 들숨-날숨, 하나, 들숨-날숨, 둘 등으로 숫자를 붙인다. 『청정도론』에서 붓다고사는 다음과 같이 설명한다.

> "여기에, 초보자인 문중은 숫자를 셈으로써 우선 이 명상주제에 주의를 기울여야 한다. 또한 숫자를 셀 때 다섯 보다 적어서도 안 되고 열을 넘어서도 안 되며 숫자를 세는 동안 멈추어도 안 된다. 다섯보다 적게 세면 수행자의 생각은 마치 비좁은 우리에 갇힌 소 떼처럼 비좁은 공간에서 흥분하게 된다. 열을 넘게 되면 호흡보다 숫자만 매긴다. 잠시 멈추면 수행자는 만약 명상주제가 완벽해질까 아닐까 하는 의심을 갖게 된다. 그래서 수행자는 그러한 잘못을 하지 말고 숫자 세기만을 해야 한다."[281]

호흡명상을 통한 선정의 성취

빠알리어로 '자나(jhāna, 禪)', 산스크리트어로 '드야나(dhyāna)'는 깊은 단계의 집중인 '몰입' 상태를 나타내는 용어이다. '자나'는 '아빤나 사마디(appanā samādhi, 몰입삼매)'와 동의어이다. 명상을 하면서 수행자는 다섯 가지 기능의 균형을 맞추면서 마음을 계발해야 한다. 그 다섯 가지 기능(五力, 五根)은 '믿음(saddhā)', '노력(viriya)', '마음챙김(sati)', '집중(삼매)', 그리고 '지혜(paññā)'이다.[282] 이들 기능의 균형을 맞추면 수행자의 집중 단계는 근접삼매의 단계를 넘어서 몰입삼매(본삼매)까지 도달하게 될 것이다. 『청정도론』은 선정을 닦는 과정에서 일어나는 두 가지 종류의 집중을 설명한다. 사실 수행자는 여러 가지 명상 방법을 적용하면서 선정의 경지를 성취할 수 있다. 다음 설명은 불교 선정명상에 필요한 몇 가지 가이드라인을 보여준다. 그 설명은 다음과 같다.[283]

> "삼매는 근접삼매와 몰입삼매 두 가지 유형이 있다. 둘 중에 근접삼매는 다음의 것들을 수행함으로써 얻어지는 마음이 한 곳에 집중된 상태이다. 다시 말해서 그것은 여섯 가지 회상, 죽음에 대한 알아차림, 평화로움에 대한 회상, 음식물의 역겨움에 대한 인식과 네 가지 요소의 특성을 꿰뚫는 것이다. 이것은 몰입삼매 전에 선행되는 집중 상태이다. 몰입삼매는 예비단계(Ch, IV, 74) 다음에 바로 이어지는 삼매이다. 그 단어 때문에 '초선 예비단계는 초선정을 위한 근접 원인으로써 원인이다(Pṭn

> 2, 350, Siamese ed.)'. 그래서 삼매는 근접삼매와 몰입삼매로 두 가지 종류가 있다."[284]

이런 방식으로 수행자가 선(jhāna)의 경지에 도달했을 때 수행자의 마음은 방해요인 없이 선명한 닮은 표상(paṭibhāga nimitta)을 알아차릴 것이다. 니밋따(nimitta, 표상)에는 세 가지 종류가 있다. 아비담맛타상가하에서 언급한 세 종류의 니밋따는 ① 예비 표상(parikkamma nimitta)과 ② 익힌 표상(uggaha nimitta) 그리고 ③ 닮은 표상이다.[285]

> "세 가지 표상 중에서 일반적으로 처음 두 가지 표상은 적절한 방법으로 모든 대상에서 얻을 수 있다. 그러나 닮은 표상은 오직 까시나(kasiṇa), 혐오스러운 것, 몸의 일부와 호흡관찰에서만 얻을 수 있다. 근접삼매와 몰입삼매가 일어나는 것은 닮은 표상을 얻었기 때문이다. 초보 수행자가 흙 원반 등에서 특정한 표상을 알아차릴 때 그 대상을 예비 표상이라고 하며 이 명상을 예비명상이라고 한다."[286]

파욱(Pa Auk) 사야도에 따르면 선禪의 경지에서 수행자는 방해 요인 없이 닮은 표상의 상태에 이를 수 있다. "이 상태는 오랜 시간 동안, 심지어 밤새도록 아니면 하루 종일 지속될 수 있다."[287] 수행자의 마음이 닮은 표상에 계속 머무를 때, 수행자는 다섯 가지 선정요소를 한 번에 하나씩 알아차리려고 노력해야 한다. 그 다섯 가지 선정요소는 다음과 같다. ① 대상에 주의를 기울이는 일으킨 생각(vitakka, 尋),

②대상에 주의 집중을 계속 유지하는 지속적 고찰(vicāra, 伺), ③희열(pīti, 喜), ④행복(sukha, 樂)과 ⑤한 대상에 마음을 기울이는 한 점에 집중(ekaggatā, 心一境性)이다. 수행을 지속하면 수행자는 한 번에 다섯 가지 요소를 알아차리게 될 것이다. 선정 수행자는 다음과 같이 선정요소를 자세하게 파악해야 한다.

(1) 일으킨 생각 – 닮은 표상에 마음을 향하여 두는 것.
(2) 지속적 고찰 – 닮은 표상에 마음을 유지하는 것.
(3) 희열 – 닮은 표상을 좋아하는 것.
(4) 행복 – 닮은 표상을 경험하는 것에 대한 즐거운 느낌이나 행복.
(5) 한 점에 집중 – 닮은 표상에 집중된 마음.[288]

선정에서 각각의 선정요소를 '자낭가(jhānaṅga, 禪支)'라고 한다. 그리고 이 요소들의 모음을 자나(jhāna, 禪定)라고 한다. 선정에는 여덟 가지 단계가 있다. 만약 수행자가 선정에 들기 시작했다면, 선정의 상태에 오랫동안 머물러야 한다. 그러나 선정을 자유롭게 다룰 때까지 선정요소를 구분하려고 너무 많은 시간을 보내서는 안 된다. 『청정도론』에 따르면 수행자는 초선의 경지에 자유자재하는 것을 시작으로 다섯 가지 방식에 숙달해야 한다. 선정의 경지에 필요한 다섯 가지 자유자재함〔수행의 특별한 경지〕을 계발해야 한다.

(1) 전향에 자유자재함(āvajjanavasī) – 선정에서 나온 후 바로

선정의 요소들을 구분할 수 있는 능력.

(2) 입정에 자유자재함(samāpajjanavasī) – 선정에 자유자재하게 들어갈 수 있는 능력.

(3) 머묾에 자유자재함(adhiṭṭhānavasī) – 결심한 시간만큼 선정에 머물 수 있는 능력.

(4) 출정에 자유자재함(vuṭṭhānavasī) – 선정에서 나오려고 결심할 때 자유자재로 나올 수 있는 능력.

(5) 반조에 자유자재함(paccavekkhaṇāvasī) – 선정에 다시 들기 위해서 선정의 요소들을 빠르게 반조할 수 있는 능력.[289]

『앙굿따라니까야』의 「빱바떼야가위 숫따(Pabbateyyagāvī sutta)」에서 붓다는 '초선初禪을 숙달하기 전에 이선二禪에 들어가려고 한다면 초선을 얻지 못할 뿐만 아니라 이선도 얻지 못할 것이다. 그 결과 수행자는 두 가지 선禪을 모두 잃을 것'이라고 설한다. 그러므로 수행자는 더 높은 선의 경지에 들어가기 전에 앞에서 언급한 다섯 가지 자유자재함에 숙달해야 한다. 수행자가 호흡에 마음챙김 명상을 함으로써 사선四禪에 이르렀다면 다섯 가지 자유자재함을 완전히 계발한 것이다. 선정 수행 단계에서 수행자의 집중이 너무 깊고 고요해서 도·과의 지혜나 깨달음을 얻기 위해 위빠사나 수행을 계발할 수 있다. 도와 과의 지혜에서 수행자는 평화롭고 더없이 행복한 열반의 경지를 체험할 수 있다.[290] 그러나 이 시점에서 위빠사나 수행을 원하지 않는다면 더 높은 경지의 선정, 즉 색계 선정이나 무색계 선정을 계발하기 위해 사마타 수행을 계속할 수 있다.

통찰명상을 통한 지혜의 체득

이미 언급했듯이 불교명상은 두 가지 기본적인 방법이 있는데, 이것을 '야니까(yānika, 탈것)'라고 부른다. 하나는 '사마타 야니까(사마타를 탈것으로 하는 수행자)'이고 다른 하나는 '위빠사나 야니까(위빠사나를 탈것으로 하는 수행자)'이다. 사마타 선정(samatha jhāna, 몰입)의 단계를 거치지 않고 위빠사나 수행을 한 수행자를 '숙카 위빠사까 야니까(sukkha vipassaka yānika)'나 '숫다 위빠사나 야니까(suddha vipassanā yānika, 순수 위빠사나를 탈것으로 하는 수행자)'라고 한다.[291] '사마타 야니까' 수행 방법을 가르치는 스승들은 주석서의 지침에 근거하여 가르친다. 그 설명은 다음과 같다.[292]

> "그렇지 않으면, 그 여러 선정에 들어가고 선정에서 나오면서 선정과 함께 한 마음을 소멸하고 사라지는 것으로서 관찰하는 사람에게 관찰하는 순간의 특성(무상 등)에 대한 통찰에 의해 찰나의 마음집중이 생긴다."[293]

그리고 숙카 위빠사까 야니까 방법을 선호하는 스승들은 복주석서의 가르침을 근본으로 한다. 그 지침은 다음과 같다.[294]

> "찰나삼매(khaṇika samādhi)란 집중을 의미하는데 대상을 찰나 꿰뚫어보는 것이다. 그러한 종류의 집중은 장애(감각적 욕망과 악의 등, 五蓋)를 파괴해서 마음이 그 대상에 대해 흔들림이 없이

찰나찰나 머무는 것이다."[295]

통찰명상을 함으로써 수행자는 도·과道果의 지혜(ñāṇa)를 얻는다. 통찰명상을 통해 완전한 도·과의 지혜를 얻었기 때문에 그러한 수행자를 상좌부불교에서는 깨달음을 얻은 자라고 설명한다. 요즘 대부분의 미얀마 불교 수행자들은 사마타 선정을 계발하지 않고 통찰명상을 바로 하고자 한다. 그러나 몇몇 수행자들은 위빠사나 명상으로 전환하기 전에 선정을 닦는 수행을 먼저 시작하기도 한다.

대부분의 미얀마 명상 지도자들은 찰나삼매가 마음속의 정신적 방해물을 제거하고, 알아차리는 매 순간에 '니와라나(nīvaraṇa, 장애)'라고 알려진 부정적인 장애들을 뿌리째 뽑아버리는 기능을 한다고 말한다. 마음에서 일시적으로 장애를 멀리하는 종류의 마음 상태는 도·과의 지혜뿐만 아니라 통찰지혜도 얻을 수 있다. 그러나 명상 지도자로 잘 알려진 미얀마의 파욱 사야도는 선정명상을 먼저 계발하면서 지도하는 것을 선호한다.

이와 관련하여, 집중의 기능은 마음을 청정하게 하기 위해 마음에서부터 장애를 제거하는 것이다. 장애는 마음을 방해하고 마음의 눈(정신적 지혜)을 멀게 만드는 다섯 가지 요인으로 구성되어 있다. 다섯 가지 장애요인은 다음과 같다. ①감각적 욕망의 장애(kāmacchanda nīvaraṇa), ②악의의 장애(vyāpāda nīvaraṇa), ③나태와 무기력의 장애(thina middha nīvaraṇa), ④들뜸과 후회의 장애(uddhacca kukkucca nīvaraṇa), ⑤의심의 장애(vicikicchā nīvaraṇa).[296] 사마타(jhāna) 명상을 하는 사람에게 장애가 일어나면 근접삼매와 본삼매에 도달할 수 없다고 설명한다. 위빠사나 명상을 하는 수행자에게 장애가 일어나면 진리를 명확하게 식별할 수 없다고 말한다. 여기서 진리는 세 가지의 보편적 특성과 관련된 정신과 물질을 포함한다. 세 가지 보편적 특성은 무상, 고(불만족에서 오는 괴로움) 그리고 무아 또는 모든 존재의 육체적·정신적 현상에 자아自我나 고정된 실체가 없는 것이다.[297]

불교수행에서 위빠사나 명상은 '사념처 수행'과도 연관되어 있다. 상좌부불교 전통은 사념처(네 가지 마음챙김의 확립) 명상을 하는 사람들은 위빠사나 명상을 하는 것으로 간주한다.[298] 사념처 명상을 하는 사람들에게는 일곱 가지 이익이 부여될 수 있다. 일곱 가지 이익은 ①중생들을 청정하게 함, ②와 ③슬픔과 근심의 극복, ④와 ⑤육체적 고통과 정신적 괴로움이 없음, ⑥정도正道를 얻음, ⑦바른 도를 성취하여 열반을 실현한다. 슬픔과 괴로움을 극복한다는 것이 얼마나 훌륭한 일인지 생각할 때, 또 정신적 슬픔뿐만 아니라 육체적, 정신적 괴로움이 사라지는 것이 얼마나 훌륭한 일인지를 생각할 때, 이러한 명상의 이익은 해탈의 길인 열반을 찾고 있는 수행자들에게 큰 용기를 일으켜준다. 「마하사띠빳따나 숫따(대념처경)」에서 붓다는 명확하게 설명했다.[299]

> "비구들이여, 이 도는 유일한 길이니, 중생들의 청정을 위하고, 근심과 탄식을 다 건너가기 위한 것이며, 육체적 고통과 정신적 고통을 사라지게 하고, 옳은 방법을 터득하고, 열반을 실현하기 위한 것이다. 그것은 바로 '네 가지 마음챙김의 확립(사념처)'이다."[300]

불교 문헌에서 위빠사나 냐나(vipassanā ñāṇa)라는 단어는 불교명상과 관련하여 자주 등장한다. 따라서 어떤 사람은 이런 질문을 할지도 모른다. "위빠사나 냐나(통찰지혜)란 무엇일까?" 통찰지혜는 무상(aniccānupassanā ñāṇa, 무상함을 따라가며 보는 지혜)의 진리, 괴로움(dukkhānupassanā ñāṇa, 괴로움을 따라가며 보는 지혜)의 진리, 그리고 무아(anattānupassanā ñāṇa, 무아를 따라가며 보는 지혜)의 진리 또는 다른 말로 존재 영역의 물리적, 정신적 현상의 본질에 실체가 없다는 진리를 터득할 수 있는 직관이나 체험이다. 불교 관점에서 보면 통찰지혜는 단순한 지적 이해의 결과가 아니라 자신의 육체적, 정신적 과정에 대한 직접적인 통찰과 연결된 일종의 깨달음이다. 통찰지혜로 육체적, 정신적 현상을 초기에 관찰하는 것은 수행자를 열반의 실현으로 이끌 수 있다.[301] 이러한 맥락에서 불교도들은 열반의 체험이 명상의 실천과 관련이 있기 때문에, 지적 추측만으로 열반의 본질을 이해하기는 불가능하다고 지적한다. '열반의 실현'은 도와 과의 지혜 과정에 대한 깨달음을 말한다. 그 과정은 완전한 깨달음을 성취할 때 생긴 출세간 지혜를 통해 완성된다. '열반의 체험'은 발견의 기능을 가지고 있다. 열반의 진정한 본질은 절대적 평화로움의 경지를 성취함으로써 일어나기 때문에, 이때 수행자는 모든 현상이 완전히 소멸하여 절대적 평화로움만이 존재하는 과정을 보는 체험을 한다.

명상을 하지 않은 사람들이 진정한 열반의 체험을 이해하는 것은 불가능하다. 이론적 측면을 근거로 '닙바나'라는 단어는 참으로 애매모호하고 이해하기 어렵다고 주장한다. 로버트 L. 슬레이터(Robert L. Slater)처럼 명상을 진지하게 하지 않은 사람들은 '닙바나'를 다르게 해석한다. 그는 "그것(Nibbāna)은 믿음의 언어에 속한다. 사용된 부정적인 용어는 관련 내용을 좀 더 분명하게 긍정적으로 묘사한 비유만큼이 믿음에 대한 긍정의 의미이다."라고 말한다.[302] 그러나 붓다는 지적인 추측을 통해 열반의 핵심적 본질을 이해하는 것은 불가능하다고 거듭 설명했다. 깨달음을 얻음으로써만이 열반의 의미를 완전하게 이해할 수 있다.

불교는 이론적 측면뿐만 아니라 수행적 측면에서 열반의 체계적인 접근 방법을 설명하고 있다. 다음 단계는 위빠사나 지혜를 얻기 위해 필요한 예비 단계이다. 어떤 사람이 금생에서 진정으로 통찰지혜를 얻고자 한다면 명상을 하는 동안 세속적인 생각과 세속적인 행위를 포기해야 한다. 이러한 예비 단계는 행동이나 행위의 청정(sīla visuddhi, 계청정)을 위한 것이기 때문에 먼저 오계五戒나[303] 팔계八戒를[304] 수지하는 것이 중요하다. 이에 더 추가해서 지켜야 할 규칙은 명상을 하는 동안에 다른 수행자나 방문객들에게 말을 해서는 안 된다는 것이다. 이러한 불교적 행위를 '고귀한 침묵(默言)'이라고 한다. 불교도들은 수행을 하기 전, 명상의 스승뿐만 아니라 깨달음을 얻은 성인들에게 예의에 어긋나는 일을 했다면 용서를 구하는 행위도 갖춰야 한다. 게다가 정신적 계발을 위한 네 가지 보호명상도 해야 한다. 네 가지 보호명상은 ① 붓다의 아홉 가지 공덕에 대한 숙고(Buddhānussati bhāvanā), ② 모든 중생들을 위한 자애수행(mettā bhāvanā), ③ 몸의 더러움에 대한 숙고(asubha bhāvanā)와 ④ 죽음에 대한 숙고(maraṇānussati bhāvanā)이다.[305]

마하시 사야도의 가르침에 따르면 바른 방법으로 위빠사나 명상을 시작하기 위해 수행자는 편안한 자세로 좌선을 시작해야 한다. 가능한 세속적인 생각을 버리고, 현재 순간에 머물면서 복부에 마음을 두어야 한다. 즉 들숨과 날숨(ānāpāna)으로 인한 복부의 일어남과 사라짐의 감각 등에 마음을 두는 것이다. 정진하는 수행자는 얼마 되지 않아 알아차림을 통해 일어나고 사라지는 움직임을 분명하게 알게 될 것이다. 복부의 매 순간 움직임에 대한 자각이나 알아차림은 마음과 물질(nāma rūpa)의 과정을 이해하는 데 도움이 된다. 마음과 물질의 과정이란 수행을 하면서 정신적 능력을 계발하기 위해 대상에 대한 육체적 감각과 정신적 알아차림을 의미한다. 통찰명상이 완전히 발전되었을 때 수행자는 여섯 가지 감각기관에서 끊임없이 일어나는 정신적·육체적 과정을 알아차릴 수 있게 된다. 마음챙김 명상이 성숙함으로써 마음과 몸의 진실한 상태, 즉 즐겁거나 괴로운 감각 그리고 선善한 마음작용과 탐·진·치와 같은 불선不善한 마음작용 사이의 차이를 구별할 수 있다. 따라서 수행자는 위빠사나(통찰지혜) 명상의 목적을 이해할 것이다. 위빠사나 명상의 목적은 인간의 모든 악과 괴로움의 뿌리인 탐·진·치로부터 자유로워지는 것이다.[306]

이미 언급한 것처럼 명상을 하는 사람들은 각기 다른 수행 단계에서 이들 세 가지 유형의 집중을 경험한다. 예를 들면, ①근접삼매는 사마타 명상에서 나와 선정 단계로 들어가기 바로 직전에 일어나는 집중이다. 그러나 ②본삼매(몰입삼매)는 선정 상태에 머무를 때 나타나는 집중이다. ③위빠사나 명상을 하는 수행자들은 주로 위빠사나 명상에 찰나삼매(순간의 집중)를 적용한다. 찰나삼매 방식은 매순간 탐·진·치를 극복함으로써 정신적 청정(心淸淨)으로 나아가는 것이다.

열반의 실현과 증득을 위해 이러한 방법으로 수행한다.[307]

위빠사나 수행의 성장과 관련하여 불교 문헌들과 주석서는 다양한 관점을 기록하고 있다. 『청정도론』에서 주석가들은 통찰지혜의 성숙 단계를 마음과 물질을 식별하는 지혜(nāma rūpa pariccheda ñāṇa)와 마음과 물질의 원인과 결과를 식별하는 지혜(paccaya pariggaha ñāṇa)를 시작으로, 마음과 물질의 무상·고·무아의 특성을 아는 지혜(sammasana ñāṇa) 등으로 설명한다. 반면에 아비담맛타상가하에서 주석가들은 통찰지혜의 성숙 단계를 마음과 물질의 무상·고·무아의 특성을 아는 지혜부터 시작한다고 설명한다.[308]

마하시 사야도에 의하면, 이번 생에 열반을 얻고자 하는 수행자는 붓다가 가르친 「담마짝까빠왓따나 숫따(초전법륜경)」와 「마하사띠빳타나 숫따(대념처경)」 그리고 다른 경전에서 나타나는 '팔정도'를 근본으로 수행해야 한다. 이 팔정도는 여덟 가지 요소로 구성되어 있다. 그 여덟 가지는 바른 견해(정견), 바른 사유(정사유), 바른 언어(정어), 바른 행위(정업), 바른 생계(정명), 바른 노력(정정진), 바른 마음챙김(정념)과 바른 집중(정정)이다. 팔정도의 이러한 요소는 수행자를 괴로움의 소멸, 즉 열반을 실현하는 길로 이끈다.

『청정도론』은 통찰지혜를 계발하는 순서를 밝히고 있다. 그 순서는 다음과 같다. ①마음과 물질을 식별하는 지혜, ②마음과 물질의 원인과 결과를 식별하는 지혜, ③마음과 물질의 무상·고·무아의 특성을 아는 지혜, ④일어남과 사라짐을 아는 지혜(udayabbaya ñāṇa), ⑤사라짐을 아는 지혜(bhaṅga ñāṇa), ⑥사라지는 것을 두려움으로 아는 지혜(bhaya ñāṇa), ⑦위험한 것으로 여기는 지혜(ādīnava ñāṇa), ⑧마음과 물질에 대한 환멸의 지혜(nibbidā ñāṇa), ⑨해탈을 열망하는 지혜(muñcitukamyata ñāṇa), ⑩숙고하는 지혜(paṭisaṅkhā ñāṇa), ⑪현상에 대한 평정의 지혜(saṅkhārupekkhā ñāṇa), ⑫도의 지혜에 수순하는 지혜(anuloma ñāṇa), ⑬도의 출현으로 이끄는 위빠사나 지혜(vuṭṭhā-nagāminī vipassanā ñāṇa), ⑭성숙의 지혜(gotrabhu ñāṇa), ⑮도의 지혜(magga ñāṇa), ⑯과의 지혜(phala ñāṇa)이다.[309] [43]

통찰지혜의 성숙과 관련하여 마하시 사야도는 정신적 성장 과정을 통해 어떻게 열반을 실현하는 경지에 도달할 수 있는지 설명한다.

---

43 혜청정의 시작인 3)견청정은 (1)몸과 마음을 구별하는 지혜(名色區別知, nāmarūa-pariccheda ñāṇa)를 설명한다. 두 번째로 의심을 제거하는 4)도의 청정은 (2)조건을 파악하는 지혜(緣把握知, paccayapariggaha ñāṇa)로 묘사되고 있으며, 세 번째인 5)도와 비도의 지견청정은 (3)현상의 무상 고 무아에 대한 사유지혜(思惟知, sammasanañāṇa) 그리고 (4)-1일어남과 사라짐을 따라 관찰하는 지혜(生滅隨觀知, udayabbayānupassanā ñāṇa)가 포함된다. 네 번째로 6)도의 지견청정에는 위빠사나 수행의 절정에 이르게 하는 9[8.5]가지 지혜가 있다. 이들은 위빠사나에 의해 생긴 번뇌들에서 벗어난 (4)-2①일어남과 사라짐을 따라 관찰하는 지혜(生滅隨觀知, udayabbayānupassanā ñāṇa), (5)②소멸을 따라 관찰하는 지혜(壞隨觀智, bhaṅgānupassanā ñāṇa), (6)③두려움으로 나타나는 지혜(怖畏隨觀智, bhayatupaṭṭhāna ñāṇa), (7)④위험함을 따라 관찰하는 지혜(過患隨觀智, ādīnavānupassanāñ ñāṇa), (8)⑤싫어함을 따라 관찰하는 지혜(厭離隨觀智, nibbhidānupassanā ñāṇa), (9)⑥해탈하고자 하는 지혜(脫欲智, muccitukamyatā ñāṇa,), (10)⑦성찰을 따라 관찰하는 지혜(省察隨觀智, paṭisaṅkhānupassanā ñāṇa), (11)⑧모든 현상에 대해 평온한 지혜(行捨智, saṅkhārupekkhā ñāṇa) 그리고 (12)⑨진리에 수순하는 지혜(隨順智, saccānulomika ñāṇa)이다. 그리고 다섯 번째로 7)지견청정은 (13)고뜨라부의 지혜와 (14)~(17)첫 번째에서 네 번째 도道, 과果의 지혜로 구성되어 있다.

그가 언급한 설명은 다음과 같다.

> "『청정도론』에 따르면 '도의 출현으로 이끄는 위빠사나 지혜'는 통찰지혜의 정점이며 다음 세 가지 지혜와 동일하다. 즉 그 세 가지 지혜는 현상에 대한 평정의 지혜와 해탈을 열망하는 지혜와 숙고하는 지혜이다. 이것은 조건 지어진 것들에 대한 명상에서 벗어나 열반을 대상으로 하는 출세간 도道로 가기 때문에 '출현出現으로 이끄는'이라고 한다. 그것은 이제 열반은 직접 체험할 대상이 되었으며 더 이상 개념적 생각에 대한 마음작용이 없다는 의미이다."[310]

이들 통찰지혜의 단계가 마음챙김 명상의 최고 성숙단계에 이르는 완전한 길이라고 할지라도, 그 성숙의 주안점은 통찰의 명확성을 가늠하는 수행자들의 차별화된 자질로 판명되는 높은 단계의 도道에 달려 있다. 개인적으로 수행을 하지 않은 사람들은 통찰지혜 단계의 중요성을 이해하지 못할 수도 있다. 사실 이러한 경험은 실제 명상을 통해서만 설명된다. 그러므로 이러한 의미에서 통찰지혜에 대한 철학적 사고는 명확하게 인정되지 않을지도 모른다. 물론 철학적 사고를 통해 통찰지혜를 점검하는 것도 방법이다. 그러나 통찰지혜를 점검하는 최고의 방법은 사고가 아니라 수행자 스스로 직접 통찰지혜를 알기 위해 수행에 정진하는 것이다. 수행만이 불교의 목표인 열반에 이르거나 열반을 실현하는 유일한 방법이다.

통찰명상의 칠청정

상좌부 불교명상에서 통찰지혜(vipassanā ñāṇa)의 계발과 청정(visuddhi, 淸淨)의 계발은 수행을 할 때 같은 방식으로 접근하는 것 같다. 같은 방식을 적용하지만 다른 용어를 사용하기도 한다. 이 두 가지는 실질적 발전(修行) 면에서 중복될 수 있다. 이와 관련하여 일곱 단계의 청정(七淸淨)을 계발하기 위해 먼저 계청정(sīla visuddhi, 戒淸淨)을 닦아야 한다. 수행자는 먼저 팔계八戒나 오계를 지켜야 한다. 계를 지키면서 네 가지 부분을 포함하는 사념처(네 가지 마음챙김의 확립) 명상의 수순을 따라야 한다. 그 네 가지는 다음과 같다. ① 몸에서 몸을 따라 관찰(kāyānupassanā satipaṭṭhāna), ② 느낌에서 느낌을 따라 관찰(vedanānupassanā satipaṭṭhāna), ③ 마음에서 마음을 따라 관찰(cittānupassanā satipaṭṭhāna), ④ 법의 대상에서 법의 대상을 따라 관찰(dhammānupassanā satipaṭṭhāna)이다.[311] 결론적으로 수행자는 다섯 가지 장애를 제거함으로써 마음의 청정(citta visuddhi, 心淸淨)을 얻을 수 있다.

또한 비구들이 지켜야 할 계청정은 네 가지 계로 각각 구성되어 있다. 그것은 ①사원의 규칙에 따라 불선不善한 행위와 말을 단속하는 계, ②감각기관의 단속에 관한 계, ③생계 청정에 관한 계와 ④필수품의 사용에 관한 계이다.[312] 특히 이들 네 가지 계는 비구들의 사원 생활에 관한 규정이며, 네 가지 청정한 계라고도 한다.

이와 관련해서 사원에서 지켜야 할 227가지의 계목이 있다. 이러한 비구계는 붓다가 정한 사원 생활의 규칙이다. 감각기능의 계를 강화하기 위해 비구는 눈의 토대나 눈의 기능, 귀의 기능, 코의 기능, 혀의 기능과 몸의 기능과 같은 감각 대상이나 그 기능과 만났을 때 주의 깊게 대상을 알아차려야 한다. 따라서 수행자는 마음을 청정하게 함으로써 감각기능에 대한 계를 완성할 수 있다. 비구가 생계를 청정하게 한다는 것은 사원의 규칙과 관련하여 생활에 필요한 것이 있을 때 바른 방식으로 취하는 것이다. 또한 네 가지 필수품(탁발, 거처, 가사와 약)과 관련한 계는 바른 목적을 사유한 후에 그것들을 사용하는 것이다. 예를 들면, "나는 가르침을 공부(pariyatti)하고 그 가르침에 관련한 명상(paṭipatti)과 같은 붓다의 본래 법(sāsana)을 수행할 목적을 가지고 정신적 건강을 돕기 위해 이들 용품을 사용할 것이다."[313] 비구들이 사원에서 임무를 수행할 때, 그들은 알아차림을 하면서 일을 한다. 그 결과 비구들은 다섯 가지 장애를 제거하여 마음의 청정(심청정)을 얻을 수 있다.

청정의 도道를 계발함에 있어서 첫 번째 두 가지 청정은 앞으로의 계발을 위해 아주 중요하다. 이들 두 가지를 계발하지 않으면 청정의 진전에 어려울 수 있다. 세 번째 청정의 단계는 견해의 청정(diṭṭhi visuddhi, 견청정)이다. 견해의 청정 단계에 도달할 때 수행자의 마음은 자신에 대한 모든 잘못된 믿음을 극복함으로써 마음과 몸의 실상을 이해할 수 있다. 견해의 청정을 성취하기 전에 대부분의 수행자들은 그들의 몸속에 개인적이고 영원한 독립체로써 자아(atta, 영혼)가 존재한다고 생각한다. 견해의 청정을 성취한 후에 수행자는 오온五蘊 안에서 마음과 물질을 볼 수 있는 지혜를 계발할 수 있다. 이러한 실상을 본다면 마음과 물질로 현상을 봄으로써 수행자들은 자아의 개념과 힌두교 이론인 아트만(Atman, 최고의 영혼)과 관련한 '영혼이론'의 관점을 부인하게 된다. 이와 관련하여 불교는 영혼 없음을 아는 것이 바른 견해(정견)이며 청정 경지를 닦는 필수 요소이다.

마음의 청정(citta visuddhi)은 정신적 장애와 산만함을 극복한 삼매의 기능을 가진다. 그래서 마음의 청정이나 삼매는 완전한 청정의 계발을 성취하기 위해 필수이다. 앞에서 이미 언급한 것처럼 「사마디 숫따(Samādhi sutta, 삼매경)」에서 붓다는 이 문제를 다음과 같이 설했다: *Samādhiṁ bhikkhave bhāvetha, samāhito bhikkhave bhikkhū yathābhūtaṁ pajānāti* (비구들이여, 삼매를 계발하라. 삼매에 든 비구는 현상을 있는 그대로 분명히 안다). 불교명상은 다른 영향을 받아 왜곡(vipallāsa)하지 않고, 있는 그대로 현상의 본질을 보는 것을, 현상(조건 지어진 것들)을 있는 그대로 아는 지혜(yathābhūta ñāṇa)라고 한다.[314] 더 높은 단계의 청정을 계발하는 순서는 『청정도론』에 다음과 같이 제시하고 있다. ①계의 청정(계청정), ②마음의 청정(심청정), ③견해의 청정(견청정), ④의심을 극복함에 의한 청정(kaṅkhāvitaraṇa visuddhi), ⑤도(magga)와 도 아님에 대한 지와 견의 청정(maggāmaggañāṇadassana visuddhi), ⑥도 닦음에 대한 지와 견의 청정(paṭipadañāṇadassana visuddhi), ⑦지와 견의 청정(ñāṇadassana visuddhi).[315] [44]

---

44 「라타위니따숫따(Rathavinītasutta, MN, I, p.150)」는 칠청정七淸淨에 대해서 설명한다. 사리뿟따와 만따니 뿟따(Mantāṇiputta)의 대화는 일곱 대의 교대수레의 비유를 통해 완전한 열반(parinibbāna)에 도달하기 위한 청정한 삶의 점진적 과정을 설명한다. 이들은 일곱 가지로 1)계청정戒淸淨, 2)심청정心淸淨, 3)견청정見淸淨, 4)도의 청정度疑淸淨, 5)도와 비도의 지견청정(道非道智見淸淨), 6)도의 지견청정(行道智見淸淨), 그리고 7)지견청정智見淸淨이다. 이들 칠청정은 상좌부 전통의 『청정도론』을 통해 수행의 방법론으로 구체화된다. 『청정도론』은 이들

마음챙김 명상을 하는 과정에 일곱 단계의 청정(七清淨)이 있지만, 이들은 결국 계·정·혜 세 가지 기본 수행(三學)의 범주 하에 놓인다. 불교도들은 열반에 이르는 길로써 이들 명상 방법을 진행한다. 아비담맛타상가하의 편집자이며 불교 빠알리 연구자인 비구 보디(Bhikkhu Bodhi)는 다음과 같이 지적한다. "이들 일곱 단계의 청정은 다음에 오는 청정을 지지하면서 순서대로 성취된다. 첫 번째 청정은 도道의 도덕(戒) 측면에 해당한다. 두 번째 청정은 집중(定) 측면에, 마지막 다섯 청정은 지혜(慧) 측면에 해당한다. 처음 여섯 단계는 세간의 도이며 마지막 단계는 출세간의 도이다."[316]

표5 칠청정과 16단계의 통찰지혜

청정	통찰지혜
I. 계청정	*수행 전에 먼저 오계나 팔계를 수지한다.
II. 심청정	*근접삼매와 본삼매/찰나삼매
III. 견청정	① 마음과 몸에 대한 분석 지혜
IV. 의심을 극복함에 의한 청정	② 마음과 물질의 원인과 결과를 식별하는 지혜
V. 도와 도 아님에 대한 지와 견의 청정	③ 3가지 특성을 아는 지혜
VI. 도와 도 닦음에 대한 지와 견의 청정	④ 일어남과 사라짐을 아는 지혜 (약한 단계)
	④ 일어남과 사라짐을 아는 지혜 (성숙한 단계)
	⑤ 사라짐을 아는 지혜
	⑥ 두려움에 대한 지혜
	⑦ 위험한 것으로 여기는 지혜
	⑧ 환멸의 지혜
	⑨ 해탈을 열망하는 지혜

을 '계', '정', '혜'의 삼학三學으로 구분하여 1)계청정을 계학戒學, 2)심청정을 정학定學, 그리고 3)견청정, 4)도의 청정, 5)도와 비도의 지견청정, 6)도의 지견청정, 그리고 7)지견청정의 다섯 청정을 혜학慧學의 범주로 구분한다.

	⑩ 숙고하는 지혜 ⑪ 평정의 지혜 ⑫ 수순하는 지혜 ⑬ 도의 출현으로 이끄는 지혜
VII. 지와 견의 청정	⑭ 성숙의 지혜 ⑮ 도의 지혜 (출세간의 도) ⑯ 과의 지혜 (출세간의 과)

주註: 위의 청정과 통찰지혜에 대한 설명은 미얀마 마하시 사야도의 저서 *The Progress of Insight*(지혜의 성숙)를 근간으로 한다. 도표에서 처음 두 가지 청정은 더 높은 지혜를 계발하기 위한 예비수행이다.[317]

명상 지도자들은 붓다의 가르침을 바탕으로 도·과의 지혜를 포함하는 통찰지혜는 물론 청정 단계의 체계적인 진전 상황을 보면서 본인의 해석을 포함한 명상기법을 수행에 적용한다. 미얀마의 저명한 명상 지도자인 마하시 사야도는 열반을 실현하기 위해 '찰나삼매'를 통해 통찰지혜의 단계를 충분히 계발할 수 있다고 주장한다. 같은 미얀마에서 명상 지도자로 잘 알려진 파욱 사야도는 먼저 근접삼매와 본삼매를 닦아 고요선정(samatha jhāna)을 계발한 후에 열반이 무엇인지를 깨닫기 위해 통찰지혜를 계발해야 한다고 강조한다.[318]

열반의 최후 실현

불교도들은 열반의 실현을 위해, 수행을 기반으로 열반을 증득하는 방법을 지지하며, 긍정적이고 확신에 찬 입장을 취한다. 하지만 때로는 강한 어조로 열반은 절대적 소멸(āsavakkhaya, 번뇌의 소멸)이나 태어남이 없음, 죽음 없음 등으로 부정적 표현이 더 강조되기도 한다. 그래서 붓다는 바른 견해(sammā diṭṭhi)를 강조했다. 이것은 정신적 여정에서 중요한 역할을 한다. 바른 견해는 사물을 있는 그대로 아는 통찰지혜를 포함한다. 사물(현상)을 있는 그대로 알지 못하면 우리의 마음은 '왜곡(vipallāsa, 전도)'된 생각으로 연결될 수 있다. 이들은 '왜곡된 인식(saññā vipallāsa)', '왜곡된 마음(citta vipallāsa)', 그리고 '왜곡된 견해(diṭṭhi vipallāsa)'로 인해 우리의 마음에서 일어난다. 이들 모두는 명상의 진전에 방해요인이 될 수 있다. 네 가지 왜곡된 생각은 무엇인가? ①무상(anicca)한 것을 영원(nicca, 常)한 것으로 생각한다. ②괴로움(dukkha)을 행복(sukha, 樂)으로 생각한다. ③자아 없음이나 영혼 없음(anatta)을 자아나 영혼(atta, 我)으로 생각한다. ④더러운(asubha) 것을 순수하거나 아름다운(subha, 淨) 것으로 생각한다.[319] 이들 네 가지 왜곡은 실상에 대한 바른 견해가 없기 때문에 우리의 마음속에서 일어난다. 어떤 사람들은 이론과 견해를 이해하는 것이 바른 이해이며 완전한 깨달음이라고 주장하지만 그것은 사실이 아니다. 완전한 깨달음은 어떤 이론적 모형이나 계율을 기반으로 하는 것이 아니라 자신의 체험적 통찰지혜를 기반으로 한다. 그러므로 수행의 실천은 바른 견해와 실천의 완성을 통해 얻는 완전한 깨달음을 위해 필요하다.[320] 완전한 깨달음과 관련하여 따웅뿌루 까바예 사야도는 이렇게 설했다.

"마음과 물질을 파악하는 세 가지 지혜가 있다. 그것은 ①경청이나 배움을 통해 습득한 지혜(sutumaya ñāṇa)와 ②추론을 통해

> 습득한 지혜(cintāma ñāṇa)와 ③ 계발 수행이나 통찰명상을 통해 습득한 지혜(bhāvanāmaya ñāṇa)이다. 이 세 가지 중에 경청의 지혜나 추론을 통한 마음과 물질의 깨달음은 진실한 지혜가 아니다. 계발 수행이나 통찰명상을 통한 마음과 물질에 대한 깨달음만이 완전한 깨달음이라고 말한다."[321]

도道의 관점에서 깨달음이란 원래 '바른 견해'를 말한다. 붓다는 해탈에 대한 바른 이해가 얼마나 중요한지 강조한다. 「빠타마다룩칸도빠마 숫따(Paṭhamadārukkhandhopama sutta)」에서 붓다는 갠지스 강의 물살을 따라 떠내려 온 큰 통나무의 비유를 들어 설했다.

> "비구들이여, 저 통나무가 가까운 해안 쪽으로 향하지 않고, 먼 해안 쪽으로 향하지도 않고, 강물 한가운데에 가라앉지도 않고, 땅으로 올라와 사람들에게 잡히지도 않고, 비인간들에게 잡히지도 않고, 소용돌이에 말려들지도 않으며, 속이 썩지도 않는다면, 저 통나무는 반드시 바다로 기울어져 그곳에 머무를 것이다. 왜 그럴까? 왜냐하면 갠지스 강물의 흐름이 기울어져 바다로 들어가기 때문이다. 따라서 비구들이여, 너희들도 가까운 해안(여섯 가지 내부 감각기관)으로 향하지 않고, 먼 해안(여섯 가지 외부 감각기관)으로 향하지 않고, 강물 한가운데(욕구와 욕망) 가라앉지 않고, 땅 위('나'라는 자만)에서 잡히지 않고, 사람들(사람들과의 유대)에게 잡히지 않고, 비인간들(천상계에 다시 태어나려는 염원)에게 잡히지 않고, 소용돌이(다섯 가지 감각적

> 욕망)에 말려들지도 않으며, 속이 썩지도(부도덕하고 사악한 성질) 않는다면, 너희들은 열반으로 들어가 머물게 될 것이다. 왜냐하면 바른 견해(正見, 바른 이해)가 기울어 열반으로 향하기 때문이다."[322]

바른 견해와 바른 마음챙김(sammā sati)은 열반을 실현하기 위해 아주 중요하다. 기본적으로 바른 견해와 바른 마음챙김은 통찰지혜를 성숙하게 만든다. 마하시 사야도는 다음과 같이 설명한다. 수행자가 마음과 물질 대상에 주의를 기울여 계속 관찰할 때, 그의 통찰이 꾸준히 진전되어 고유한 현상의 실제가 분명하게 드러난다. 수행자는 마음과 물질의 일어남과 사라짐을 분명히 감지하게 된다. 수행자는 각 대상이 순간 일어나고 바로 사라지는 것을 알게 되며 바로 전에 일어남과 뒤이은 일어남이 별개라는 것도 알게 된다. 따라서 수행자의 바른 견해는 수행자를 열반의 실현으로 이끌 수 있는 통찰지혜를 얻을 수 있게 한다.[323]

본 연구의 진행에 있어 중요한 의문 하나가 나타난다. 그것은 바로 '명상을 하면 모든 사람들이 이번 생에 열반을 성취할 수 있을까?'이다. 이러한 질문에 불교는 예측 밖의 답을 제시한다. 우리는 수행에 굉장한 노력을 쏟아야 한다. 그렇지 않으면, 수행은 명상하는 사람을 실망시킬 수 있다. 특히 수행에 진척이 없을 때 수행에 대한 회의와 의심이 생길 것이다. 이러한 이유로 우리는 본인의 바라밀(완성)이 성숙한지 아닌지를 확인할 필요가 있다. 이것은 중요하다. 어떤 사람의 바라밀이 충분히 성숙하더라도, 노력하지 않으면 열반을 성취할 수 없다. 그러므로 맹렬하게 수행에 정진해야 하며 자신의 바라밀이 충분히 무르익었는지 아닌지도 알아야 한다. 그러면 이번 생이나 다음 생에서 깨달음을 얻을 수 있는지 없는지를 알 수 있게 된다.

상좌부불교 문헌은 깨달음의 개념을 번뇌(오염원)의 근절과 윤회의 괴로움으로부터의 해탈로 강조한다. 명상을 통해 통찰지혜를 얻지 못하는 한, 우리는 무명(無明, 어리석음) 때문에 착각하여 현상을 본다. 위빠사나 명상은 수행자가 통찰지혜를 얻을 때까지 무명을 한 겹 한 겹 벗겨내도록 도와준다. 그때 수행자는 현상의 속성을 알아차리고 깨달음을 얻어 열반에 든다. 『디가니까야』의 「마할리 숫따(Mahāli sutta)」에 의하면 네 단계의 깨달음이 있다. 그 깨달음의 단계는 깨달은 사람을 기반으로 한다. 깨달은 사람들 중에 첫 번째 단계는 예류자(sotāpanna, 수다원)이다. 예류자는 세 가지 족쇄(saṁyojana)를 잘라냈다. 그 세 가지 족쇄는 '유신견(diṭṭhi saṁyojana)'과 '회의적 의심(vicikicchā saṁyojana)' 그리고 '계율과 의식에 대한 집착(sīlabbata-parāmāsa saṁyojana)'이다.[324] 주석서에 따르면 예류자는 '질투의 족쇄(issā saṁyojana)'와 '인색의 족쇄(macchariya saṁyojana)'도 잘라냈다. 예류자는 다시 악처에 태어나도록 이끄는 강한 오염원들로부터 완전히 벗어났다.[325] 더욱이 예류자는 붓다(Buddha)와 담마(Dhamma)와 승가(Saṅgha)에 대해 흔들리지 않는 확신과 믿음(四不壞淨)을 가지고 있으며 도덕적 측면에서도 신중한 태도로 계율(sīla, 오계)을 어기지 않는다. 그는 사악처에 다시 태어나지 않으며 인간 세상과 천상계에 일곱 번 이상 태어나지 않을 것이다.[326]

두 번째 깨달음을 얻은 사람은 일래자(sakadāgāmi, 사다함)이다.

일래자는 탐·진·치가 엷어져서 감각적 세계(欲界)에 한 번만 다시 태어날 것이다.[327]

세 번째 깨달음을 얻은 사람은 불환자(anāgāmi, 아나함)이다. 불환자는 '감각적 욕망의 족쇄(kāmarāga saṁyojana)'와 '악의의 족쇄(paṭigha saṁyojana, 성냄)'를 완전히 제거하여 감각적 세계(인간계와 천상계)에 다시 돌아오지 않을 것이다. 이 단계의 성인과 관련하여 『디가니까야 Vol. I』의 「마할리 숫따」는 불환자는 다섯 가지 낮은 단계의 족쇄를 제거했고, 사후 더 높은 세계(범천)에 태어나 그곳에서 깨달음을 얻게 될 것이라 설명한다. 여기서 낮은 단계의 족쇄는 다음의 다섯 가지 족쇄를 말한다. 이들 다섯 가지 낮은 단계의 족쇄는 중생들을 감각적 세계(kāma bhūmi)와 악처와 인간계와 낮은 천상계에 묶어놓을 수 있다. 다섯 가지 족쇄(五下分結)는 ①감각적 욕망, ②악의, ③계율과 의식에 대한 집착, ④유신견, ⑤회의적 의심의 족쇄이다. 따라서 불환자는 욕계에 다시 태어나지 않지만, 나머지 높은 단계의 다섯 가지 족쇄(五上分結)가 완전히 근절되지 않았기 때문에, 범천에 다시 태어날 것이다. 이들 다섯 가지 높은 단계의 족쇄는 ①색계에 대한 집착(rūparāga saṁyojana), ②무색계에 대한 집착(arūparāga saṁyojana), ③자만(māna saṁyojana), ④들뜸(uddhacca saṁyojana), ⑤어리석음의 족쇄(avijjā saṁyojana)이다.[328]

마지막 단계의 깨달음을 얻은 사람은 아라한이다. 아라한은 정신적 부정不淨의 소멸을 통해 모든 족쇄와 모든 오염원(kilesā)과 모든 번뇌(āsava)를 완전히 버린 성인이다. 아라한은 자신의 통찰과 도·과의 지혜(깨달음)로 깨달았으며, 어떤 존재의 영역에도 다시 태어나지 않을 것이다. 그는 열반의 절대적 평화로움의 경지에 머문다. 따라서 그를 '완전히 깨달은 자'라고 부른다.[329]

표6 도에 의한 족쇄의 근절

족쇄(경전)	St.	O-r	N-r	Ar.	=	Ar.	N-r	O-r	St.	족쇄(아비담마)
감각적 욕망(Ka-S)			*		=		*			감각적 욕망(Ka-S)
탐욕(Ru-S)				*	+	*				탐욕(Exis) (Bha-S)
탐욕(Ar-S)				*	+				*	질투(Issa-S)
악의(Pati-S)			*		=		*			악의(Pati-S)
자만(Mana-S)				*	=	*				자만(Mana-S)
유신견(Di-S)	*				=				*	유신견(Di-S)
계율의식집착(Si-S)	*				=				*	계율의식집착(Si-S)
의심(Vici-S)	*				=				*	의심(Vici-S)
들뜸(Udd-S)				*	+				*	인색(Macch-S)
무지(Avi-S)				*	=	*				무지(Avi-S)
Total	3	0	2	5	+	3	2	0	5	Total

5
2
0
5

주요 단어

St=예류자; **O–r**=일래자; **N–r**=불환자; **Ar**=아라한; **Ka–S**=감각적 욕망의 족쇄; **Ru–S**=색계에 대한 집착의 족쇄; **Ar–S**=무색계에 대한 집착의 족쇄; **Bha–S**=존재에 대한 욕망의 족쇄; **Pati–S**=악의의 족쇄; **Mana–S**=자만의 족쇄; **Di–S**=유신견의 족쇄; **Issa–S**=질투의 족쇄; **Macch–S**=인색의 족쇄; **Udd–S**=들뜸의 족쇄; **Avi–S**=무지(無知, 무명)의 족쇄

본 연구는 족쇄의 범주를 두 가지 유형으로 나누기 때문에, 그 족쇄를 분명하게 이해할 수 있도록 도표를 제시한다. '번뇌(kilesā)'와

족쇄의 범주는 불교 문헌에서 거의 같은 토대를 가지고 있지만, 활용면에서 가끔 다르게 쓰인다는 것을 주목해야 한다. 어떤 마음작용[마음부수]이 특정한 그룹에 다르게 결합하더라도 모든 마음작용은 14가지 불선不善한 마음작용에서 나온 것이다. 예를 들면 '나태(thina)'는 '무기력(middha)'과 같은 토대를 가지며 '후회(kukkucca)'는 '성냄(dosa)'과 같은 토대이다. 이러한 방식으로 번뇌와 족쇄가 어떻게 14가지 불선不善한 마음작용(akusala cetasika)과 결합하는지를 이해해야 한다. 위의 도표는 아비담맛타상가하에 따른 것이다.[330]

열반에 이르는 도道의 설명으로 돌아가서 마하시 사야도에 따르면 '도와 과의 지혜'는 출세간 지혜의 과정을 통해 서로 연결되어 있다. 사야도는 다음과 같이 설명한다.

> "도의 지혜는 예류도 등의 네 가지 출세간 도와 연관된 지혜이다. 여기에서는 오직 예류도만을 의미한다. 도의 지혜는 성숙의 지혜(gotrabhu ñāṇa)처럼 한 마음 순간만 지속된다. 그 뒤에 과의 지혜가 일어난다. 과의 지혜는 여러 번 일어날 수 있으며 언제든지 '과의 증득'에 도달한다."[331]

출세간의 도와 과의 지혜가 대상으로써 열반의 경지를 완전하게 실현할 때까지 그에 맞춰 지혜의 기능이 일어난다. 결국 열반은 아무것도 아니라는 것을 말하는 것이 아니라, 열반은 모든 현상들이 일어나고 사라짐을 반복하는 세간의 수준을 넘어선 것이라는 설명이다. 열반의 성취 단계에서 이러한 과정은 완전히 그치고 절대적 평화로움의 경지에 든다. 이러한 소멸의 과정으로 수행자는 열반의 경지에서 절대적이며 초월적인 평화로움(lokuttara dhamma)과 출세간의 고요한 행복(santi sukha)을 체험한다. 따라서 본 연구는 바르게 수행하는 것이 우리 자신의 정신적 작업이며, 열반의 실현은 지혜에 의해 완성될 것임을 강조한다. 나가세나 존자는 이와 관련하여 다음과 같이 말한다.

> "이런 열반의 요소가 있습니다. 대왕이여, 평화롭고 행복하며 훌륭합니다. 정복자의 가르침에 따라 현상을 이해하면서 바르게 수행하는 사람은 지혜로 깨닫게 된다는 것입니다."[332]

결론

본 연구는 열반(Nibbāna)의 해석과 관련하여 기존의 학문적 해석을 재조정하고, 개선하고자 시도했다. 기존의 해석은 열반의 진정한 의미를 이론과 철학적으로 이해하기에 충분하지 않았다. 그 이유는 학자들이 사용하고 있는 언어의 한계성 때문이다. 아마 마음을 청정하게 하는 수행을 충분히 하지 않은 학자들은 열반의 본질이 무엇인지 알 수 없을 것이다. 따라서 그들은 열반의 의미가 무엇인지 실제적으로 정확하게 규정하기 어렵다. 사실 열반은 어떻게 생각하느냐에 따라 긍정적 설명이나 부정적 설명으로 표현될 수 있다. 본 연구는 열반을 긍정적 용어로만 설명할 방법이 없다는 점을 전제로 했다. 대부분은 열반을 '절대적 소멸', '비존재', 그리고 '다시 태어나지 않음'과 같이 부정적 의미를 담아 묘사하지만, 이것이 열반이 부정적이라는 뜻이 아니다.[333] 열반은 참으로 긍정적이다.

그러나 일부는 열반에 대한 이러한 설명을 부정적인 것으로 볼 수도 있고, '절대적 행복', '평화로움', '초월적 고요'와 '지고한 행복'과 같은 묘사를 적용하여 긍정적 용어로 맞설 수도 있다. 과거의 일부 해석들은 초월적 열반의 단계를 세속적 언어나 철학적 문맥으로 설명할 수 없기 때문에, 열반을 초월적 빛이 있는 낙원처럼, 평화롭고 더없는 행복의 경지처럼 정의하려 했다. 하지만 어떤 사람은 이러한 세속적 개념을 통해 진정한 열반의 본질을 이해하지 못할 수도 있다. 그리고 어떤 사람은 열반을 법(dhamma)의 본질 안에 존재하는 초월적 경지로 이해할 수도 있다. 여기서 법은 출세간의 마음(lokuttara citta)이다. 즉 깨달은 사람들이 체득한 초월적 상태로써 존재하는 법의 요소(dhamma dhātu, 법계)의 경지이다.

어떤 사람은 열반은 부정적이지도 않고 긍정적이지도 않다고 말할지도 모른다. 이것은 법의 본질이 부정적이지도 않고 긍정적이지도 않기 때문이다. 부정이나 긍정의 관점은 단지 세속적 개념일 뿐이다. 따라서 대화나 철학적 이해를 목적으로 세속적 언어를 통한 개념으로써 열반을 설명하려고 한다면 진정한 열반의 핵심을 꿰뚫을 수 없을 것이다. 진정한 열반의 핵심은 세속적인 언어를 벗어났기 때문이다. 다시 말해서 진정한 열반의 핵심을 설명할 수 있는 정확한 단어나 언어가 없다는 것이다. 그러나 올바른 방법으로 명상을 실천한다면 이 문제는 해결될 수 있다. 본 연구는 적어도 완전하지 않은 방식으로 열반의 개념을 언어적으로 해결하려 하지 않는다. 더욱이 본 연구는 일부 학자들의 해석에 따라 열반의 개념이 상주론인지 단멸론인지 결정하려 하지도 않는다. 이 연구의 주요 목적은 열반이 이론적으로 무엇인지를 이해할 수 있도록 방법론을 탐색하는 것이고, 위빠사나 지혜와 도道·과果의 지혜(magga phala ñāṇa)를 얻어 수행을 기반으로 열반을 실현하는 것이다.

이미 언급했듯이 경전은 수행자들에게 체계적이고 실용적인 방법으로 열반이 무엇인지에 대한 이해를 제공하고 있다. 경전의 방법을 체계적으로 적용하는 것은 명상의 중요성을 분명히 해주기 때문에 수행자들은 불교명상의 기본 목적을 알게 된다. 그것은 마음을 청정하게 하는 것이다. 어떤 사람은 ① 교학(pariyatti)과 ② 수행(paṭipatti, 교리에 따른 수행)과 ③ 열반 증득의 실현(paṭiveda)과 같은 경전의 방법을 적용함으로써 열반이 무엇인지 스스로 이해할 수도 있다. 그러나 열반에 대한 이론적 이해와 철학적 이해는 항상 완벽하지 않다. 결론적으로 우리는 열반의 의미를 바르게 이해하기 위해 정신적 깨달음의 길을 닦아야 한다. 정신적 깨달음의 길(visuddhi magga, 청정의 도)이 성숙함으로써, 이론적이며 철학적인 견해에 대한 명확한 정의가 내려질 수 있다. 여기서 정신적 해탈[깨달음]은 오염원으로부터의 해탈, 장애로부터의 해탈, 그리고 잘못된 견해나 개념으로부터의 해탈을 의미한다.

우리는 오직 수행을 통해서만 이론적 이해와 실천을 통한 깨달음을 구별할 수 있다. 이론적 이해는 어리석음(무명), 왜곡, 오염원이나 족쇄와 관련된 '나'의 개념을 포함한다. 거기에는 자신에 대한 집착, 즐기고 싶은 욕망, '나'를 위해 누군가를 증오하고, '나'를 위해 누군가를 사랑하는 것 등이 포함된다. 따라서 '나'라는 개념을 버리지 않는다면 우리는 마음의 청정(심청정)을 얻을 수 없으며, 진정한 열반의 핵심도 깨닫지 못할 수 있다. 소위 '나'라는 것 자체는 허상이며 열반 실현의 장애물이기 때문이다. 자신에게서 '나'라는 개념을 제거하기 위한 무아(anatta)의 이론은 불교 교리에 명확하게 설명되어 있다. 만약 마음을 청정하게 해서 진정한 법의 체험을 얻고자 한다면, 자신에게서 '나'를 분리하여 '나'를 개입시키지 않고 현상적 경험을 알아차리려고 해야 한다. 자신 안에 '나'가 없기 때문에 마음은 정신적 족쇄로부터 자유로워질 수 있는 더 좋은 기회를 갖는다. 마음과 물질의 자연적 과정, 즉 우리 안에 정말로 존재하는 물리적이며 정신적인 현상을 인식할 때 '나'의 개념에 대한 여지는 없다. 이것은 소위 '나'라는 것이 그 순간 자신 속에 더 이상 존재하지 않는다는 의미이다. 결과적으로 아픔과 불편함으로 괴로웠던 그런 '나'는 없다. 만약 그렇다면 누가 괴로운 것인가?

"괴로움은 있어도 괴로워하는 자는 없고
행위자는 없어도 행위는 존재한다.
소멸은 있어도 소멸한 자는 존재하지 않는다.
길은 있어도 가는 자는 존재하지 않는다."(Vi.M.Tran 622)

'자아'나 '에고(ego)'나 '나,' '나의 것'으로 확인할 수 있는 '나'는 없으며, 이것이 명상을 통해 수행자가 깨달은 것이다. 아픔에 괴로워하는 자는 없다. 아픔에 괴로워하는 '나'가 없다면 우리는 정신적이거나 육체적 고통으로부터 자유로운 경지와 정신적 해탈로 알려진 평화로움의 경지를 실현할 수 있다. 더욱이 열반은 괴로움과 윤회의 끝으로 설명된다. 열반의 기능 중에 하나는 죽음의 의식에서 재생의 의식으로 전이하는 것을 멈추는 것이다. 이러한 재생은 원인과 조건 때문이다. 이러한 맥락에서 '조건 지어지지 않은'은 열반에 대한 적절한 번역이다. 따라서 어떻게 마음과 마음작용이 결합되고 멈추는지를 알고자 하는 사람에게, 또 어떻게 인과적 과정이 법(dhamma)의 실현과 함께 자체의 파멸로 이끄는지 알고 싶은 사람에게, 그리고 어떻게 마음을 청정하게 함으로써 갈애와 어리석음(무명)이 사라지는지를 알고자 하는 사람에게 명상의 실천은 매우 중요하다.[334]

어리석음(무명)으로 인한 정신적 괴로움이나 불행으로부터 순간적으로 자유로워진 마음청정의 중요성을 체험할 수 있을 때, 우리의 마음은 청정해지기 시작하며 매 순간 평화로움과 행복이 있는 정신적 해탈의 의미를 경험하게 된다. 이런 평화로움과 행복은 우리의 마음에서 '나'를 제거한 결과이다. 수행자의 마음이 심리적 평화와 지고한 행복에 압도당했기 때문에 수행자는 최후 해탈이 더 이상 멀리 있지 않기를 염원하기 시작한다. 거기에 절대적 평화로움인 열반이 있다. 따라서 불교 수행자들은 최후의 열반 실현을 위해 이러한 방법을 실용적으로 적용해야 한다. 세속적인 언어를 통한 철학적 방법만으로 접근해서는 안 된다.

본 연구는 빠알리 주석가들, 불교학자들, 비불교학자들, 그리고 뛰어난 주석가이며 명상실천을 위해 경전의 방법을 체계화한 붓다고사의 주석을 인용했다. 결론적으로 『청정도론』이나 다른 주석서들과 같은 그의 빛나는 업적은 불교에서 지적이고 실용적인 기량을 보여줌으로써, 상좌부불교의 새로운 실천시대를 진작할 수 있게 했다. 그의 업적이 없었다면 아마도 상좌부불교는 지금까지 건재한 상황으로 살아남지 못했을 것이다. 또한 그의 주석서들은 우리를 심리적 해탈과 최후 목적지에 도착할 수 있도록 이끌어주는 지도와 같다.

본 주제의 목적을 요약하면 다음과 같다. 본 연구는 불교학자들과 비불교학자들의 열반 해석의 관점을 분석하고자 했다. 불교학자들의 해석은 경전을 근간으로 하는 이론적 연구와 수행 체험을 통해 진행했다. 반면에 비불교학자들은 열반에 대한 그들의 지적 이해를 바탕으로 철학적 접근을 통해 열반의 개념과 그들의 교리적 관점을 정리했다. 따라서 열반에 대한 이들의 해석은 긍정적이며 동시에 부정적 설명을 포함했다. 본 연구는 불교학자들과 비불교학자들의 해석에 대해 옳은지 그른지를 구분하려고 시작하지 않았다. 또한 본 연구는 경전과 주석서와 복주석서를 전부 인용하지 못했다. 방대한 양의 경전과 수많은 불교 문헌이 있기 때문이다.

이 연구가 불교를 연구하는 다른 학자들에게 도움이 되기를 바라며, 추후 불교 연구의 발전을 위해 문헌적 접근 방법을 적용하기 위한 길로 도움이 되길 바란다. 불교명상에 관심이 있는 사람들을 위해 몇 가지 명상의 이익을 제시하고 있기에, 그들은 '닙바나(Nibbāna)'라는 단어의 이론적, 실용적, 그리고 철학적인 측면을 최소한으로나마 이해할 수도 있다. 끝으로, 철학적 접근으로 열반에 대한 부분적 이해가 가능할지도 모른다. 하지만 개인적인 수행을 하지 않고 열반이 진정 무엇인지 이해하는 것은 불가능하다.

부록 A 89가지 마음(citta)

불선한 마음(akusala citta) 12

탐욕에 뿌리한 마음(lobhamūla citta) - 8

1. 탐욕에 뿌리한 마음 1st
2. 탐욕에 뿌리한 마음 2nd
3. 탐욕에 뿌리한 마음 3rd
4. 탐욕에 뿌리한 마음 4th
5. 탐욕에 뿌리한 마음 5th
6. 탐욕에 뿌리한 마음 6th
7. 탐욕에 뿌리한 마음 7th
8. 탐욕에 뿌리한 마음 8th

성냄에 뿌리한 마음(dosamūla citta) - 2

9. 성냄에 뿌리한 마음 1st
10. 탐욕에 뿌리한 마음 2nd

무지에 뿌리한 마음(mohamūla citta) - 2

11. 무지에 뿌리한 마음 1st
12. 무지에 뿌리한 마음 2nd

원인 없는 마음(ahetuka citta) 18

불선한 과보의 마음(akusala vipāka citta) - 7

13. 안식
14. 이식

15. 비식
16. 설식
17. 신식
18. 받아들이는 마음
19. 조사하는 마음

원인 없는 선한 과보의 마음(ahetuka kusala vipāka citta) - 8

20. 안식
21. 이식
22. 비식
23. 설식
24. 신식
25. 받아들이는 마음
26. 조사하는 마음(기쁜)
27. 조사하는 마음(평온)

원인 없이 기능만 하는 마음(ahetuka kiriya citta) - 3

28. 오문전향의 마음
29. 의문전향의 마음
30. 미소 짓는 마음

욕계 아름다운 마음(kāmāvacara sobhana citta) 24

선한 마음(kusala citta) - 8

31. 선한 마음 1st
32. 선한 마음 2nd
33. 선한 마음 3rd
34. 선한 마음 4th
35. 선한 마음 5th

36. 선한 마음 6th
37. 선한 마음 7th
38. 선한 마음 8th

과보의 마음(vipāka citta) - 8

39. 과보의 마음 1st
40. 과보의 마음 2nd
41. 과보의 마음 3rd
42. 과보의 마음 4th
43. 과보의 마음 5th
44. 과보의 마음 6th
45. 과보의 마음 7th
46. 과보의 마음 8th

기능만 하는 마음(kiriya citta) - 8

47. 기능만 하는 마음 1st
48. 기능만 하는 마음 2nd
49. 기능만 하는 마음 3rd
50. 기능만 하는 마음 4th
51. 기능만 하는 마음 5th
52. 기능만 하는 마음 6th
53. 기능만 하는 마음 7th
54. 기능만 하는 마음 8th

색계 마음(rūpavacara citta) 15

선한 마음(kusala citta) - 5

55. 선한 마음 초선(禪)
56. 선한 마음 2선

57. 선한 마음 3선
58. 선한 마음 4선
59. 선한 마음 5선

과보의 마음(vipāka citta) - 5

60. 과보의 마음 초선
61. 과보의 마음 2선
62. 과보의 마음 3선
63. 과보의 마음 4선
64. 과보의 마음 5선

기능만 하는 마음(kiriya citta) - 5

65. 기능만 하는 마음 초선
66. 기능만 하는 마음 2선
67. 기능만 하는 마음 3선
68. 기능만 하는 마음 4선
69. 기능만 하는 마음 5선

무색계 마음(arūpavacara citta) 12

선한 마음(kusala citta) - 4

70. 선한 마음 초선
71. 선한 마음 2선
72. 선한 마음 3선
73. 선한 마음 4선

과보의 마음(vipāka citta) - 4

74. 과보의 마음 초선
75. 과보의 마음 2선
76. 과보의 마음 3선

77. 과보의 마음 4선

기능만 하는 마음(kiriya citta) - 4

78. 기능만 하는 마음 초선
79. 기능만 하는 마음 2선
80. 기능만 하는 마음 3선
81. 기능만 하는 마음 4선

출세간 마음(lokuttara citta) 8

선한 마음(kusala citta) - 4

82. 예류도의 마음
83. 일래도의 마음
84. 불환도의 마음
85. 아라한도의 마음

과보의 마음(vipāka citta) - 4

86. 예류과의 마음
87. 일래과의 마음
88. 불환과의 마음
89. 아라한과의 마음

주註: 이 부록은 *Abhidhammaṭṭha saṅgaha*(아비담맛타상가하)(Ab-S, 2-14)를 근간으로 했으며 빅쿠 보디(Bhikkhu Bodhi)의 번역이다(Ac-Ab, 376-378).

부록 B 52가지 마음작용(cetasika, 마음부수)

다른 것과 같아지는 마음작용(aññasamāna cetasika) 13

반드시 마음과 함께 일어나는 마음작용(sabbacitta sādhāraṇa cetasika) - 7

1. 접촉(phassa)
2. 느낌(vedanā)
3. 지각(saññā)
4. 의도(cetanā)
5. 한 점에 집중(ekaggatā)
6. 생명기능(jīvitindriya)
7. 주의 기울임(manasikāra)

때때로 일어나는 마음작용(pakiṇṇaka cetasika) - 6

8. 대상으로 향하는 마음(vitakka)
9. 머무는 마음(vicāra, 고찰)
10. 결심(adhimokkha)
11. 정진(viriya)
12. 희열(pīti)
13. 열의(chanda)

불선한 마음작용(akusala cetasika) 14

불선한 마음작용에 공통되는 것(akusala sādhāraṇa cetasika) - 4

14. 어리석음(moha, 무지)
15. 양심 없음(ahirika)

16. 악행에 대해 두려움 없음(anottappa)
17. 들뜸(uddhacca)

불선한 마음작용(akusala cetasika) - 10

18. 탐욕(lobha)
19. 잘못된 견해(diṭṭhi)
20. 자만(māna)
21. 성냄(dosa)
22. 질투(issā)
23. 인색(macchariya)
24. 상심(kukkucca, 후회)
25. 나태(thina)
26. 무기력함(middha)
27. 의심, 불확실한 것(vicikicchā)

아름다운 마음작용(sobhana cetasika) 25

아름다움에 공통되는 마음작용(sobhana sādhāraṇa cetasika) - 19

28. 신뢰, 믿음(saddhā)
29. 마음 챙김(sati)
30. 양심(hiri)
31. 악행에 대한 두려움(ottappa)
32. 탐욕 없음(alobha)
33. 성냄 없음(adosa)
34. 중립(tatramajjhattatā)
35. 몸의 고요함(kāyapassaddhi)
36. 마음의 고요함(cittapassaddhi)
37. 몸의 가벼움(kāyalahutā)

38. 마음의 가벼움(cittalahutā)

39. 몸의 부드러움(kāyamudutā)

40. 마음의 부드러움(cittamudutā)

41. 몸의 적합함(kāyakammaññatā)

42. 마음의 적합함(cittakammaññatā)

43. 몸의 능숙함(kāyapāguññatā)

44. 마음의 능숙함(cittapāguññatā)

45. 몸의 강직함(kāyaujjukatā)

46. 마음의 강직함(cittaujjukatā)

절제(virati cetasika) - 3

47. 바른 언어(sammā vacā, 정어)

48. 바른 행위(sammā kammanta, 정업)

49. 바른 생계(sammā ājiva, 정명)

무량(appamaññā cetasika) - 2

50. 연민(karuṇā)

51. 같이 기뻐함(muditā)

통찰지의 기능(paññindriya/어리석음 없음(amoha cetasika) - 1

52. 통찰지(paññā)

주註: 이 부록은 *Abhidhammaṭṭha saṅgaha*(아비담맛타상가하)(Ab-S, 19-21)를 근간으로 했으며 빅쿠 보디의 번역이다(Ac-Ab, 79).

빠알리어 용어정리

abhāva	비존재, 무
Abhidhamma piṭaka	논장
āciṇṇaka kamma	습관의 업
adiṭṭha satta	보이지 않는 생물(중생)
adhiṭṭhāna	굳은 결심
adhiṭṭhānavasī	머묾에 자유 자재함
āhāra	음식, 자양분
akusala citta	불선한 마음
amata	죽음 없음, 불사不死
anupādisesa nibbāna	오온이 소멸 후의 생물학적 해탈; 무여열반
anādhika loka	세계의 끝이 없는 시작
anāgāmi	불환자; 팔정도 실현을 위한 세 번째 단계의 성인
ānāpānasati	들숨과 날숨 알아차리기; 호흡관
anatta	모든 현상에 실체가 없음; 무아
aṇḍaja	난생; 알을 낳는 존재들
anicca	무상; 영원하지 않음
animitta	표상 없음
apāya	악처; 비참한 상태; 행복이 없음
appanā samādhi	본삼매
appaṇihita	욕망에서 벗어남; 무원無願
arahant	아라한; 팔정도 실현의 네 번째 단계의 성인
arahatta magga phala ñāṇa	출세간 지혜; 아라한 도·과의 지혜
ārammaṇa	대상

arūpa bhūmi	무색계 세상; 무색계
asaṅkhata	조건 지어지지 않은
āsannaka kamma	죽음에 임박하여 지은 업
āsava	번뇌, 오염원
āsavakkhaya	번뇌의 소멸
asesavirāga	완전한 갈애의 소멸
asoka	슬픔 없음
asubha	더러운, 부정의, 아름답지 않은
asura	악마, 귀신
atakkāvacara	추론적 생각을 초월한
atta	자아, 영혼
āvajjanavasī	선정요소를 반조함에 자유자재
avijjā	어리석음, 무지
bhaṅga	사라짐
bhava	유有, 존재
bhāvanā	수행, 정신적 계발
bhavanga citta	존재지속심(잠재의식적 생명의 흐름)
bhaya	위험, 두려움
bhikkhu	승려
bhūmi	영역
Bodhisatta	보살; 붓다가 될 분
Brahma	범천, 초월적 존재
carita	성향, 개인적 본성, 기질
cetasika	마음부수, 마음작용, 심리상태
cetanā	의도
citta	식識, 마음
citta visuddhi	마음의 청정, 심청정

cuti citta	죽음의 마음
dāna	보시, 베풂, 나눔
deva	천상의 존재, 천신天神
deva loka	천신계
dhamma visesa	법(dhamma)의 핵심
dhutaṅga	고행의, 금욕적인, 오염원의 분열
diṭṭha satta	눈에 보이는 존재
diṭṭhi visuddhi	견해의 청정, 견청정
domanassa	비참함, 정신적 괴로움
dosa	증오, 분노
duddasa	보기 어려운, 이해하기 어려운
dukkha	괴로움; 육체적·정신적으로 유쾌하지 않은 느낌
dukkha nirodha saccā	괴로움 소멸의 성스러운 진리(멸성제)
ekaggatā	집중, 한 점에 집중된 마음
gambhīra	심오한
garuka kamma	무거운 업
gati	가는 곳, 태어날 곳; 환생
gati nimitta	태어날 곳의 표상
hetu	뿌리, 원인
issā	질투
jalābuja	태생
jarā	부패, 늙음
jāti	태어남
jhāna	몰입, 선정, 높은 단계의 집중
kāma bhava	욕계欲界의 존재
kāma bhūmi	욕계
kāmacchanda	감각적 욕망

kamma	행위, 의도적 에너지, 업
kamma nimitta	업의 표상
kamma niyāma	업의 법칙
kammaṭṭhāna	명상, 마음을 집중할 장소
kaṅkhāvitaraṇa visuddhi	의심을 극복함에 의한 청정
kappa	겁劫; 헤아릴 수 없이 긴 시간
kaṭattā kamma	이미 지은 업
kāyagatā sati	몸에 대한 알아차림; 신념처身隨念
khandha	무더기, 그룹
khaṇikā samādhi	찰나삼매
khaya	파괴, 절대적 소멸
kilesā	오염원, 번뇌
kiriya citta	작용만 하는 마음; 기능만 하는 마음
kukkucca	후회, 상심
kusala	선한; 유익한
lakkhana	특성, 특징
lobha	탐욕
lokuttara citta	출세간 마음; 초월적 경지
lokuttara magga citta	출세간 도의 마음; 성스러운 도(팔정도)의 마음
macchariya	인색
magga	도道
magga phala ñāṇa	도·과의 지혜
mahā parinibbāna	붓다의 최후 열반
Mahāyāna	대승: 큰 탈 것(가르침)
māna	자만
manussa	인간
maraṇa	죽음

micchā diṭṭhi	잘못된 견해; 모순된 견해; 사견
middha	무기력
moha	어리석음, 무지
mutti	자유, 벗어남, 해탈
nāma	이름; 정신
neyyattha	함축된 의미, 추론적 의미
Nibbāna	열반, 절대적 평화로움
nicca	영원한, 늙지 않은
niraya	지옥
nirodhasamāpatti	멸진정
nītattha	명시적 의미, 직접적인 의미
nīvaraṇa	장애
opapātika	스스로 태어나는; 화생
paccavekkhaṇāvasī	반조에 자유 자재함
paccupaṭṭhāna	나타남
padaṭṭhāna	근접원인
paṇihita	결의
paññā	통찰지혜
paramattha saccā	궁극적 진리
pāramī	바라밀, 완성
parideva	비탄
parikkamma nimitta	예비표상
pariyatti	교학
paṭicca	~에 의존하여
paṭiccasamuppāda	연기; 인因과 연緣에 따라 일어남
paṭigha	악의
paṭipatti	실천 수행, 명상

paṭisandhi citta	재생연결심
paṭiveda	통찰; 꿰뚫음
peta	아귀
phala	과果
phassa	촉觸
puthujjana	범부; 보통사람
rāga	탐욕
rasa	기능, 맛
rūpa	물질; 형상
rūpa bhūmi	색계
sabhāva	고유성질
saccā	진리
saddhā	믿음, 확신
sakadāgāmi	일래자; 팔정도의 두 번째 단계에 이른 성인
samādhi	삼매, 집중
samāpajjanavasī	입정에 자유 자재함
samatha	고요명상
sammā ājiva	바른 생계
sammā diṭṭhi	바른 견해
sammā kammanta	바른 행위
sammā samādhi	바른 집중
sammā saṅkappa	바른 사유
sammā sati	바른 마음챙김
sammā vācā	바른 언어
sammā vāyama	바른 노력
sammuti saccā	관습적 진리
saṁsāra	윤회; 태어남과 죽음의 회전

saṁsedaja	습생
samudaya	만족할 줄 모르는 욕망, 갈애
samuppāda	일어남, 발생
saṁyojana	족쇄
saṅkhāra	정신작용, 모여서 형성된 것들; 행行
saṅkhata	조건 지어진
saññā	지각
santi	고요, 평온
santi sukha	고요한 행복; 열반
sassata	영원한
sassata diṭṭhi	영원하다는 극단적 견해
sati	알아차림, 마음챙김
satipaṭṭhāna	알아차림의 확립; 사념처
satta	중생; 살아있는 존재
saupādisesa nibbāna	오염원으로부터의 정신적 해탈; 유여열반
sīla	계戒
sīlabbataparāmāsa	계율과 의식에 대한 집착
sīla visuddhi	계율의 청정; 계청정
soka	슬픔
sotāpanna	예류자; 팔정도의 첫 번째 단계에 든 성인
sugati bhava	행복한 세상, 선처
sukha	행복
suññata	공空
Suttanta piṭaka	경장經藏
taṇhā	갈애, 욕망
Theravāda	장로들의 교리(가르침)
thina	나태

ṭhiti	머묾, 머무는 순간
ti piṭaka	삼장三藏
tuccha	공허함, 비어 있음
uccheda diṭṭhi	단견
uddhacca	들뜸
uggaha nimitta	(집중한 대상에 익숙해져 나타나는) 익힌 표상
upacāra samādhi	근접삼매
upādāna	집착
upāya	방편
upāyāsa	절망
uppāda	일어남
utu	온도, 날씨
vaṭṭa	생사의 회전
vedanā	느낌; 수受
vedayita sukha	느껴진 행복; 감각에서 온 행복
vicāra	대상에 지속적인 고찰
vicikicchā	의심
vimutti	해탈
Vinaya piṭaka	율장
viññāṇa	식識
vipāka	결과
vipallāsa	왜곡, 전도
vipassanā	통찰명상; 위빠사나
vipassanā ñāṇa	통찰지혜
viriya	노력, 정진
visuddhimagga	청정도론
vitakka	마음이 대상으로 향하는 최초 마음

vīthi	과정
vuṭṭhānavasī	출정에 자유 자재함
vyāpāda	악의
yānika	탈것

미주

1 Guy Richard Welbon, *The Buddhist Nirvāna and Its Western Interpreters*(Chicago: The University of Chicago Press, 1968), 113.

2 Ibid, 276.

3 Ibid, 277.

4 Ibid, 280.

5 Ibid, 289-290.

6 K.N. Jayatilleke, *Early Buddhist Theory of Knowledge*(1963; Reprint, Delhi: Motilal Banarsidass Publisher, 1998), 333.

7 Bibhuti S. Yadav(Ph.D., Banaras Hindu University)는 템플 대학교 종교학부 조교수이다. 그는 *Indian Philosophical Journal*에 실은 기사를 출판했다.

8 Bibhuti S. Yadav, "Negation, Nirvāna and Nonsense," *Journal of the American Academy of Religion* 45(1977), 452.

9 Steven Collins, *Nirvāna and Other Buddhist Felicities*(New York: Cambridge University Press, 1998), 33, 224.

10 U Pandita Sayādaw, *In This Very Life*(Boston: Wisdom Publications, 1992), 71-73.

11 Hsueh-li Cheng, *Nāgarjuna's Twelve Gate Treatise*(Boston: D. Reidel Publishing Company, 1982) 21-24.

12 Bhikkhu Bodhi, ed., *A Comprehensive Manual of Abhidhamma*(Kandy, Sri Lanka: Buddhist Publication Society, 1993), 258.

13 *Mahāvagga Pāḷi, Dīgha Nikāya*(Rangoon, Burma: Department of Religious Affairs, 1993), 251-252. *Yo hi koci, bhikkhave, ime cattāro satipaṭṭhāne evaṁ bhāveyya sattavassāni, sattāhaṁ, tassa dvinnaṁ phalānaṁ aññataraṁ phalaṁ pāṭikaṅkhaṁ; diṭṭheva dhamme aññā vā upādisese anāgāmitā.*

14 Maurice Walshe, trans., *The Long Discourses of the Buddha: A Translation of the Dīgha Nikāya*(Boston: Wisdom Publications, 1987), 350.

15 Hirakawa Akira, *A History of Indian Buddhism: From Sakyamuni to Early Mahāyāna*(1915; Reprint, Honolulu: University of Hawaii Press, 1990), 116.

16 P.V. Bapat, *2500 Years of Buddhism*(1956; Reprint, India: Publications Division, 1994), 89.

17 Ibid, 76.

18 Melford E. Spiro, *Buddhism and Society: A Great Tradition and Its Burmese Vicissitudes*(New York: Harper & Row Publishers, 1970), 378-382.

19 *Subodhālaṅkāra ṭīkā*(Rangoon, Burma: Department of Religious Affairs, 1973), 25. *Suddhamāgadhikāti magadhesu bhavā, tattha viditā vā magadhā, saddā. Te etesaṃ santi, tesu vā niyuttāti māgadhikā.*

20 이것은 관련된 주석서를 근거로 저자가 번역한 것이다.

21 *Sīlakkhandhavagga aṭṭhakathā*(Rangoon, Burma: Department of Religious Affairs, 1975), 17. *Kathaṁ piṭaka-vasena ti-vidhaṁ? Sabbam pi c'etaṁ vinaya-piṭakaṁ suttanta-piṭakaṁ abhidhamma-piṭakan ti tippabhedameva hoti.*

22 Bhikkhu Bodhi, *The Connected Discourses of the Buddha: A New Translation of the Saṁyutta Nikāya* Vol. II(Boston: Wisdom Publications, 2000), 1844.

23 Ma-P, Di-N Vol. II, 231. *Ekāyano ayaṁ bhikkhave maggo sattānaṁ visuddhiyā, soka-pariddavānaṁ samatikkamāya, dukkha-domanassānaṁ atthaṅgamāya, ñāyassa adhigamāya, Nibbānassa sacchikiriyāya, yadidaṁ cattāro satipaṭṭhānā.*

24 Di-N-NT, 335.

25 Venerable Nyanaponika Thera and Bhikkhu Bodhi, *Numerical Discourses of the Buddha: An Anthology of Suttas from the Aṅguttara Nikāya*(New York: Altamira Press, 1999), 130-131.

26 대승불교의 기원에 대해서는 의견이 분분하다. 몇몇 학자들은 대승불교가 2차 결집 후에 발전했다고 믿는다. 반면에 몇몇 학자들은 대승불교가 3차

결집 후 상좌부불교와 구별하여 공식적으로 출현하기 시작했다고 믿는다. Akira, 105-116 참조.

27 Cheng, 1-12. 쳉은 나가르주나(서기 2세기에 살았던 사람으로 중관학의 창시자)의 사상을 대승 철학의 기초로 간주할 수 있다고 지적한다.

28 Herbert V. Guenther, *Philosophy and Psychology in the Abhidharma*(1957; Reprint, Delhi: Motilal Banarsidass Publishers, 1991), 194.

29 정토불교(Pure Land Buddhism)는 부처님의 가르침을 근본으로 하는 일종의 대승불교 전통이다. 신란 쇼닌(Shinran Shonin, 1173~1262)은 나중에 유명한 정토 교리를 개발했다. 그는 정토불교 신(Shin) 종파의 창시자이며, 신 종파는 12세기에 일본에서 시작되었다. 이 불교는 수행 방법이 쉽고 모든 사람들이 일상생활에서 자유롭게 수행할 수 있기 때문에 부흥기를 맞고 있다. 이것은 Cheng, 11에서 인용한 것이다.

30 Ibid, 12.

31 Takeuchi Yoshinori, ed., *Buddhist Spirituality: Later China, Korea, Japan,* and the Modern World, Vol. II(New York: Crossroad Press, 1999), 396.

32 *Pāthikavagga aṭṭhakathā, Dīgha Nikāya*(Rangoon, Burma: Department of Religious Affairs, 1993), 82.

33 Ibid, 82. *Tattha pariyattī-ti, tīṇi piṭakāni, paṭipattī-ti paṭipadā, paṭivedo-ti saccappaṭivedho. Sāsanaṭṭhitiyā pana pariyatti pamāṇaṁ, paṇḍito hi tepiṭakaṁ sutvā dvepi pūreti.*

34 이것은 빠알리 주석서의 정의를 바탕으로 저자가 번역한 것이다.

35 Di-N-A, Vol. III, 82-83.

36 Robert Audi, ed., *The Cambridge Dictionary of Philosophy*(New York: Cambridge University Press, 1995), 323-324.

37 Donald S. Lopez, Jr., *Buddhist Hermeneutics*(Honolulu: University of Hawaii Press, 1988), 1-5.

38 Ibid, 5-6.

39 Samuel Enoch Stumpf, *Socrates to Sartre: A History of Philosophy*(New York: McGraw-Hill Publishing Company, 1988), 411.

40 Ibid, 414.

41 Ibid, 415-416.

42 Ac-Ab, 25-27.

43 Baddanta Anuroddhā-thera, *Abhidhammaṭṭha-saṅgaha-Pāḷi*(Rangoon, Burma: Department of Religious Affairs, 1993), 114. *Iti cittaṁ cetasikaṁ, rūpaṁ Nibbānamiccapi. Paramatthaṁ pakāsenti, catudhā va tathāgatā.*

44 Ac-Ab, 260.

45 Ashin Janakābhivaṁsa Sayādaw, *Abhidhammaṭṭha-saṅgaha-bhāsā-ṭīkā* (Rangoon, Burma: Department of Religious Affairs, 1979), 545.

46 *Itivuttaka Pāḷi, Khuddaka Nikāya*(Rangoon, Burma: Department of Religious Affairs, 1972), 221. *Dvemā bhikkhave nibbānadhātuyo. Katamā dve? Saupādisesā ca nibbānadhātu anupādisesā ca nibbānadhātu.*

47 *Khuddakapātha Pāḷi, Khuddaka Nikāya*(Rangoon, Burma: Department of Religious Affairs, 1981), 7.

48 Baddanta Sumangalasāmi thera, *Abhidhammaṭṭhavibāvinī ṭīkā*(Rangoon, Burma: Department of Religious Affairs, 1990), 216. *saṁsibbanato vānasankhātāya taṇhāya nikkhantattā.*

49 Ab-B-T, 544.

50 Ma-P, Di-N Vol. II, 247, 249. *Katamañca bhikkhave dukkhanirodhaṁ ariyasaccaṁ. yo tassāyeva taṇhāya asesavirāga-nirodho cāgo paṭinissaggo multi anālayo....etthesā taṇhā pahīyamānā pahīyati. ettha nirujjhamānā nirujjhati. idaṁ vuccati bhikkhave dukkhanirodhaṁ ariyasaccaṁ.*

51 Di-N-NT, 347-348.

52 Baddanta Buddhaghosa-thera, *Mahāvā aṭṭhakathā, Dīgha Nikāya*(Rangoon, Burma: Department of Religious Affairs, 1992), 390. *asesavirāganirodho-ti -ādīni sabbāni Nibbānavevacanāneva.*

53 Di-N-A Vol. II, 390. 주석서의 인용문은 다음과 같다.

Ekameva hi nibbānaṁ, nāmāni panassa sabbasankhatānaṁ nāmapaṭipakkhavasena anekāni honti. seyyathidam - asesavirāgo asesanirodho cāgo paṭinissaggo mutti anālayo rāgakkhayo dosakkhayo mohakkhayo taṇhakkhayo anuppādo appavattaṁ animittaṁ appaṇihitaṁ anāyūhanaṁ appatisandhi anupapatti agati ajātaṁ ajaraṁ abyādhi amataṁ asokaṁ aparidevaṁ anupāyāsaṁ asaṁkilitthan-ti.

54 *Mokho nirodho nibbānaṁ, dīpo taṇhakkhayo paraṁ,*
tāṇaṁ leṇa-marūpañca, santaṁ sacca-manālayaṁ.
Asaṅkhataṁ siva-mamataṁ sududdasaṁ, parāyanaṁ saraṇa-manītikaṁ tathā,
anāsavaṁ duva-manidassanā-katā, palokitaṁ nipuṇa-manantamakkharaṁ.
Dukkhakkhayo byābajjhñca, vivaṭṭaṁ khema kevalaṁ,
apavaggo virāgo ca, paṇīta-maccutaṁ padaṁ.
Yogakkhamo pāra-mapi, mutti santi visuddhiyo,
vimutya-saṅkhatadhātu, suddhi nibbutiyo siyuṁ.
이 게송은 목갈라나 마하테라 이야기에 기록된 것이다. *Abhidhānappadīpikā*(Rangoon, Burma: Department of Religious Affairs, 1990), 3-4.

55 Ab-B-T, 481.

56 Ma-P, Di-N, 129. *Parinibbute bhagavati saha parinibbānā sakko devānamindo imaṁ gāthaṁ abhāsi; aniccā vata saṅkharā, uppādavayadhammino. uppajjitvā nirujjhanti, tesaṁ vūpasamo sukho.*

57 Di-N-NT, 271.

58 Di-N-NT, 271. *Tesaṁ vūpasamo-ti tesaṁ saṅkhārānaṁ vūpasamo. asaṅkhataṁ nibbānameva sukhaṁ-ti attho.*

59 이것은 주석서를 근간으로 저자가 번역한 것이다.

60 Ma-P, Di-N, 129-130. *yaṁ taṁ jātaṁ bhūtaṁ saṅkhataṁ palokadhammaṁ, taṁ vata mā palujjī-ti, netaṁ ṭhānaṁ vijjati.*

61 Ramjee Singh, "Jaina Moksa in Indian Philosophy: A Perspective in Jaina Philosophy and Religion," www.jainworld.com, 1-5[15 September, 2002 인용했음].

62 Baddanta Buddhaghosa-thera, *Dhammapada-aṭṭhakathā*(Rangoon, Burma:

Burma Piṭaka Association, 1986), 52-73.

63 *Mahāvagga Pāḷi, Vinaya Piṭaka, Khuddaka Nikayā*(Rangoon, Burma: Department of Religious Affairs, 1972), 50. *Tena kho pana samayena sāriputta-moggallānā sañcaye paribbājike brahmacariyaṁ caranti Tehi katikā katā hoti "yo pathamaṁ amataṁ adhigacchati. So itarassa ārocetī-ti.*

64 빠알리어 문장은 저자가 번역한 것이다.

65 *Khandhavagga Pāḷi, Saṁyutta Nikāya*(Rangoon, Burma: Department of Religious Affairs, 1991), 56. *Vimuttasmiṁ "vimutta"mīti ñāṇaṁ hoti. 'khīṇā jāti, vusitaṁ brahmacariyaṁ, kataṁ karanīyaṁ, nāparaṁ itthatthāyāti pajānātīti Idam avoca Bhagavā. attamanā pañcavaggiyā Bhikkhū Bhagavato bhāsitaṁ abhinanduṁ. imasmiṁ ca pana veyyākaraṇasmiṁ bhaññamāne pañcavaggiyānaṁ bhikkhūnaṁ anupādāya āsavehi cittāni vimucciṁsūti.*

66 Bhikkhu Bodhi, *The Connected Discourses of the Buddha*, 903.

67 Baddanta Ñāṇabhivaṁsa, *Sīlakkhandhavagga-abhinava-ṭīkā*(Rangoon, Burma: Department of Religious Affairs, 1963), 74. *anatthajananato visa -saṅkāsatāya kileso visaṁ*

68 Baddanta Buddhaghosa-thera, *Sīlakkhandhavagga(Sumaṅgalavilāsinī) aṭ-ṭha-kathā*(Rangoon, Burma: Department of Religious Affairs, 1973), 16. *Sabbameva hidaṁ paṭhama-Buddhavacanaṁ majjhima-Buddhavacanaṁ pacchima-Buddhavacanan-ti tippabhedaṁ hoti.*

69 *Dhammapada Pāḷi, Khuddaka Nikāya*(Rangoon, Burma: Department of Religious Affairs, 1972), 36.

Anekajātisaṁsāraṁ, sandhāvissaṁ anibbisaṁ.
Gahakārakaṁ gavesanto, dukkhā jāti punappunaṁ.
Gahakāraka diṭṭhosi, puna gehaṁ na kāhasi.
Sabbā te phāsukā bhaggā, gahakūṭaṁ visaṅkhitaṁ.
Visaṅkhāragataṁ cittaṁ, taṇhānaṁ khayam ajjhagā.

70 Ñāṇamoli Thera's translation: *Udānavatthu, Dhammapada Pāḷi*, verses 153-154, Kh-N Vol. I, 36; Vi-P Vol. IV, 481, 482-3.

71 Di-N Vol. II, 128. *Atha kho bhagavā bhikkhū āmantesi "Handa dāni bhikkhave āmantayāmi vo. vayadhammā saṅkhārā, appamādena sampādethā" ti. ayaṁ tathāgatassa pacchima vācā.*

72 Di-N-NT, 170.

73 Di-N Vol. III, 31. *Adhigato kho myāyaṁ dhammo gambhīro duddaso duranubodho santo paṇīto atakkāvacaro nipuṇo paṇḍitavedanīyo. ālayarāmā kho panāyaṁ pajā ālayatā ālayasammuditā. ālayarāmā kho pana pajāya ālayatāya ālayasammuditāya duddasaṁ idaṁ ṭhānaṁ yadidaṁ idappaccayatā paṭiccasamuppādo. idampi kho ṭhānaṁ duddasaṁ yadidaṁ sabbasaṅkhārasamatho sabbūpadhipaṭinissaggo taṇhakkhayo virāgo nirodho Nibbānaṁ. adañceva kho pana dhammaṁ deseyyaṁ. pare ca me na ājāneyyuṁ. so mamassa kilamatho. sā mamassa vihesā-ti.*

74 Ibid, 213.

75 Sa-N Vol. III, 370-371. *Yato ca kho me bhikkhave imesu catūsu ariyasaccesu evaṁ tiparivattaṁ dvādasākāraṁ yathābhūtaṁ ñāṇadassanaṁ suvisuddhaṁ ahosi. athāhaṁ bhikkhave sadevake loke samārake sabrahmake sassamaṇabrāhmaṇiyā pajāya sadevamanussāya anuttaraṁ sammāsambodhiṁ abhisambuddhohi paccaññāsiṁ, ñāṇañca pana me dassanaṁ udapādi, akuppā me vimmutti, ayammantimā jāti, natthi dāni punabbhavo-ti.*

76 Sa-N-NT Vol. II, 1846.

77 Ac-Ab, 330-331.

78 Vi-S, 101.

79 *Suttanipāta Pāḷi, Khuddaka Nikāya*(Rangoon, Burma: Department of Religious Affairs, 1990), 444. *Akiñcanaṁ anādānaṁ, etaṁ dīpaṁ anāparaṁ. Nibbānami-ti naṁ brūmi, jarāmaccuparikkhayaṁ.*

80 이 번역은 「숫따니빠따」의 주석서를 근간으로 했다.

81 *Saḷāyatanavagga Saṁyutta Pāḷi, Saṁyutta Nikāya*(Rangoon, Burma: Department of Religious Affairs, 1991), 447. *Nibbānaṁ Nibbāna"nti āvuso sāriputta vuccati. katamaṁ nu kho āvuso Nibbānanti. yo kho āvuso rāgakkhayo*

dosakkhayo mohakkhayo. idaṁ vuccati "Nibbāna" ti.

82 Sa-N-NT Vol. II, N, 1294.

83 Ibid, 1294.

84 *Paṭisaṁbhidāmagga Pāḷi, Khuddaka Nikāya*(Rangoon, Burma: Department of Religious Affairs, 1991), 58. *Uppādo saṅkhāra, anuppado Nibbānanti santipade ñāṇaṁ. pavattaṁ saṅkhāra, appavattaṁ Nibbānanti santipade ñāṇaṁ.*

85 Baddanta Anuroddhā-thera, *Abhidhammaṭṭha-saṅgaha-Pāḷi*(Rangoon, Burma: Department of Religious Affairs, 1993), 113. *Nibbānaṁ pana lokuttarasankhātaṁ catumaggañāṇena sacchikātabbaṁ magga phalānaṁ ārammaṇabhūtaṁ vānasankhātāya taṇhāya nikkhantattā nibbāna-nti pavuccati.*

86 아비담맛타상가하와 아비담마의 본문에 출세간 도에 대한 4가지 지혜가 있다. 그것은 (1) 예류도(sotāpatti-magga), (2) 일래도(sakadāgāmi-magga), (3) 불환도(anāgāmi-magga)와 (4) 아라한도(arahatta-magga)이다. Baddanta Nyanatiloka-thera의 *Buddhist Dictionary: Manual of Buddhist Terms and Doctrines*(Kandy, Sri Lanka: Buddhist Publication Society, 1988), 20쪽 참조.

87 Ac-Ab, 258.

88 Baddanta Buddhaghosa-thera, *Visuddhimagga-aṭṭhakathā* Vol. II(Rangoon, Burma: Department of Religious Affairs, 1993), 139. *Apica Nibbānaṁ natthī-ti na vattabbaṁ. kasmā? Paṭipattiyā vañjha bhāvāpajjanato. Asati hi nibbāne sammādiṭṭhipurejavāya sīlādi-khandhattayasaṅgahāya sammāpaṭipattiyā vañjhabhāvo āpajjati na cāyaṁ vañjhā nibbānapāpanato-ti.*

89 이 인용문은 Bhikkhu Ñāṇamoli가 번역한 것이다: *The Path of Purification: Visuddhimagga*(1956; Reprint, Kandy, Sri Lanka: Buddhist Publication Society, 1991), 521.

90 Vi-M Vol. II, 139-140. *'Yo kho āvuso rāgakkhayo' ti ādivacanato "khayo nibbānan" ti ce, na, arahattassāpi khayamattāpajjanato, tampi hi "yo kho āvuso rāgakkhayo" to ādinā nayena niddiṭṭhaṁ.*

91 Vi-M, 515.

92 Ibid, 517.

93 Ibid, 516.

94 N.R.M. Ehara, Soma Thera와 Kheminda Thera trans., *The Path of Freedom: Vimuttimagga*(1961; Reprint, Kandy, Sri Lanka: Buddhist Publication Society, 1995), 272. 주석가 아라한트 우빠띳사(Ven. Arahant Upatissa)는 빠알리 문헌 『상윳따니까야』에서 인용한 설명을 강조했다: *Yo tassā yeva taṇhāya asesa-virāga-nirodho cāgo paṭinissaggo mutti anālayo. Idaṁ vuccati bhikkhave dukkha nirodhaṁ ariya saccaṁ* in *Mahāvagga Saṁyutta Pāḷi, Saṁyutta Nikāya*(Rangoon, Burma: Department of Religious Affairs, 1991), 272.

95 Fung Yu-Lan. *A Short History of Chinese Philosophy*(New York: The Free Press, 1976), 251.

96 Ibid, 252. 「반열반경(Parinirvāna sutra, Chuan 1)」에 대한 주석서 모음집과 「유마경(Vimalakirti Sutra, Chuan 7)」에 대한 주석과 연관된 인용문이다.

97 Ibid, 253.

98 Cheng, 1-9.

99 Asanga, *Abhidharmasamuccaya: The Compendium of the Higher Teaching (Philosophy)*. Walpola Rahula의 불어 본을 Sara Boin-Webb이 번역했다(1971, Reprint, Fremont, California: Asian Humanities Press, 2001), xi-xviii.

100 Cheng, 13.

101 Bibhuti, 452.

102 Ibid, 463-464.

103 Asanga, 139.

104 Vasubandhu *Abhidharmakosabhāsyam*, Vol I. Louis de La Vallee Poussin의 불어 본을 Peo M. Pruden이 번역했다(1923-1925; Reprint, Berkeley, California; Asian Humanities Press, 1988), 280-281.

105 Collins, 98.

106 Welbon, 125.

107 Ibid, 282.

108 Collins, 97.

109 *Mahāvagga Pāḷi, Vinaya Piṭaka, Khuddaka Nikāya*, 1.

110 Ibid, 1. *Avijjāpaccayā saṅkhārā, saṅkhārapaccayā viññāṇaṁ, viññāṇapaccayā nāmarūpaṁ, nāmarūpapaccayā saḷāyatanaṁ, saḷāyatanapaccayā phasso, phassapaccayā vedanā, vedanāpaccayā taṇhā, taṇhāpaccayā upādānaṁ, upādānapaccayā bhavo, bhavapaccayā jāti, jātipaccayā jarāmaraṇaṁ soka-patideva-dukkha-domanass'upāyāsā sambhavanti, evametassa kevalassa dukkhandhassa samudayo hoti.*

111 Ac-Ab, 294-395.

112 Ab-S, 134; Ac-Ab, 302. *Avijjātaṇhāvasena dve mūlāni ca veditabbāni.*

113 Ma-P-D, 129.

114 Sa-N Vol. II, 383. *"Orimaṁ tīraṁ sāsaṅkhaṁ sappaṭibhaya" nti kho bhikkhave sakkāyassetaṁ adhivacanaṁ. "Pārimaṁ tīraṁ khemaṁ appaṭibhaya" nti kho bhikkhave nibbānassetam adhivacanaṁ.*

115 Bhikkhu Bodhi, *The Connected Discourse of the Buddha*, 1239.

116 Ab-S, 129. *dukkhaṁ tebhūmakaṁ vaṭṭaṁ, taṇhā samudayo bhave, nirodho nāma nibbānaṁ. maggo lokuttaro mato.*

117 K. Sri Dhammānanda, *The Buddhist Concept of Heaven and Hell*(Malaysia: Buddhist Missionary Society, 2000), 1-4.

118 Harvey B. Aronson, "The Relationship of the Karmic to Nirvānic in Theravāda Buddhism." *Journal of Religious Ethics* 7 (1979), 28.

119 Ac-Ab, 72-73.

120 Ledi Sayādaw, *The Manuals of Buddhism*(Malaysia: SBVMS Publication, 1994), 188.

121 Ibid, 189.

122 Di-N-A Vol. I, 306; Sa-N-A Vol. I, 72; An-N-A Vol. I, 74; and It-A, 78.

123 Baddanta Nyanatiloka-thera, 147.

124 Ne-A, 100. *sammuti saccā mukheneva paramatthasaccādhigamo hoti.*

125 Cheng, 19.

126 이 도표는 Ab-S 73-74쪽과 Ab-T 161-164쪽을 근간으로 작성했다.

127 Vasubandhu, *Abhidharmakosabhāsyam* Vol. II, 365-366.

128 Ledi Sayādaw, *The Manuals of Buddhism*, 7-8.

129 Sa-N Vol. II, 120.

130 Ab-S, 68-70; Ab-T, 156-161; Ab-S-N, 241-255.

131 Jotiya Dhirasekera, ed., *Encyclopaedia of Buddhism*, Vol. IV(Sri Lanka: The Department of Government, 1979), 257-259.

132 Q-Mi, 88-89.

133 *Milindapañha Pāḷi, Khuddaka Nikāya*(Rangoon, Burma: Department of Religious Affairs, 1991), 146-147; Q-Mi, 88-89.

134 Di-N Vol. III, 69-70; Di-N-NT, 409-410.

135 Di-N Vol. III, 69-70; Di-N-NT, 409-410.

136 Sa-N, 389-390; Ac-Ab, 198.

137 Ab-B-T, 322-330.

138 Vasubandhu, 103.

139 *Nidānavagga Saṁyutta Pāḷi, Saṁyutta Nikāya*(Rangoon, Burma: Department of Religious Affairs, 1991), 387; Sa-N-NT Vol. I, 651.

140 Ibid, 46.

141 Ab-B-T, 321.

142 Francis P. Xavier, "Creation in Evolution", in *Indian Theological Studies*, Vol. XXXVIII. No. 1., 47-54.

143 Stephen Hawking, *The Universe in a Nutshell*(New York: Bantam Books, 2001), 79.

144 Francis P. Xavier, 69.

145 Ab-B-T, 281-283.

146 Ibid, 283-291.

147 Bhikkhu Ñāṇamoli and Bhikkhu Bodhi, trans., *The Middle Length Discourses of the Buddha: A New Translation of the Majjhima Nikāya*(Boston: Wisdom Publications, 1995), 1032.

148 Ac-Ab, 202.

149 Ab-B-T, 292.

150 Ibid, 292-293.

151 Ma-N-NT, 1029-1033.

152 Ab-B-T, 292-293.

153 Ibid, 294.

154 Ibid, 294-295.

155 Ac-Ab, 196-197.

156 Ibid, 256.

157 Ab-B-T, 295-296.

158 Ab-S, 78-79.

159 Ac-Ab, 199.

160 Lal Mani Joshi, *Brahmanism, Buddhism, and Hinduism*(Kandy, Sri Lanka: Buddhist Publication, 1987), 52-63.

161 Ab-S, 81. *Paṭisandhi bhavangañ ca tathā cavanamānasaṁ, Ekameva tatheveka-vasayañceka jātiyaṁ.*

162 Ibid, 81.

163 Ac-Ab, 199.

164 Ab-S, 81; Ac-Ab, 201-205.

165 Ac-Ab, 203-204.

166 Ac-Ab, 203-204.

167 Ibid, 221.

168 Ab-T, 188.

169 Ab-S, 89-92.

170 Kenneth Kramer, *The Sacred Art of Dying: How World Religious Understand Death*(New York: Paulist Press, 1988), 22.

171 Guru Rinpoche, *The Tibetan Book of the Dead: The Great Liberation through Hearing in the Bardo*. Francesca Fremantle과 Chogyam Trungpa가 티베트어로 번역했다(Boulder, Colorado: Shambhala Publications, Inc., 1975), 11-12.

172 Kramer, 30-31.

173 Ibid, 147.

174 Ibid, 147.

175 Ibid, 165.

176 Ibid, 160.

177 John M Cooper, ed., *Plato: Complete Works*(1984; Reprint, Indianapolis, Indiana: Hackett Publishing Company, Inc.), 1997.

178 Raymond A. Moody, Jr., M.D. *Life after Life: The Investigation of a Phenomenon Survival of Bodily Death*(New York: Bantam Books Publication, 1976), 30.

179 Ibid, 48, 56, 70.

180 Raymond A. Moody, Jr., M.D., *Reflection on Life After Life*(New York: Bantam Books Publication, 1978), 15.

181 Shwe Kyin Sayādaw, *Gambhīrāgambhīra Mahānibbuta-Dīpanī*(Rangoon, Burma: Department of Religious Affairs, 2000), 173.

182 Ibid, 173.

183 Ledi Sayādaw, *Nibbāna-Dīpanī*(Rangoon, Burma: Department of Religious Affairs, 1975), 711.

184 Rinpoche, 2.

185 Ibid, 3.

186 Baddanta Dhammapāla-thera, *Visuddhimagga-mahāṭīkā* Vols. II(Rangoon, Burma: Department of Religious Affairs, 1977), 525: *Yadi arūpe nirodhaṁ samāpajjeyya. cittacetasikarnaṁ aññassa ca kassaci abhāvato apaññattiko bhaveyya anupādisesāya nibbānadhātuyā parinibbutasadiso*; Shwe Kyin Sayādaw *Gambhīrāgambhīra Mahānibbuta-Dīpanī-Kyam*, 288.

187 Bhikkhu Ñāṇamoli, trans., *The Path of Purification: Visuddhimagga*(Kandy, Sri Lanka: Buddhist Publication Society, 1991), 731-735.

188 Ibid, 731.

189 Ibid, 739.

190 Rahula, Walpola. *What the Buddha Taught*(1959; Reprint, London: The Gordon Fraser Gallery Ltd., 1978), 35.

191 Baddanta Buddhaghosa-thera, *Sammohavinodanī(Vibhanga) aṭṭhakathā* (Rangoon, Burma: Department of Religious Affairs, 1985), 79.

192 오염원(kilesā)은 마음을 더럽히는 것이며 유익하지 않은 것이다. 열 가지 '오염원'이 있는데, 이것들은 스스로를 더럽히고 마음과 관련된 마음작용을 더럽히기 때문에 오염원이라고 한다. 열 가지 오염원은 ①탐욕(lobha), ②성냄(dosa), ③어리석음(moha), ④자만(māna), ⑤잘못된 견해(diṭṭhi), ⑥의심(vicikicchā), ⑦나태(thina), ⑧들뜸(uddhacca), ⑨잘못을 부끄러워하지 않음(ahirika), ⑩부도덕한 행위에 두려움 없음(anottappa)이다. Nyanatiloka thera, *Buddhist Dictionary*, 86-87.

193 11가지 '화염(aggi)'이 있다. 이 화염의 불꽃이 인간을 큰 고통에 빠뜨리고자 태워버리기 때문에 '화염'이라고 한다. ①욕망(rāga), ②분노(dosa), ③어리석음(moha), ④다시 태어남(jāti), ⑤늙음(jarā), ⑥죽음(maraṇa), ⑦슬픔(soka), ⑧비탄(parideva), ⑨육체적 고통(dukkha), ⑩정신적 괴로움(domanassa), ⑪절망(upāyāsa). Baddanta Buddhaghosa-thera, *Saraṭṭhapakāsanī (Saṁyutta) aṭṭhakathā*, Vol. II(Rangoon, Burma: Department of Religious Affairs, 1987), 85.

194 N.K.G. Mendis, ed., *The Questions of King Milinda: An Abridgement of the Milindapañha*(Kandy, Sri Lanka: Buddhist Publication Society, 1993), 57.

195 Ibid, 48.

196 Q-Mi, 130-31.

197 *Sīlakkhandhavagga Pāḷi, Dīgha Nikāya*(Rangoon, Burma: Department of Religious Affairs, 1993), 213.

Viññāṇaṁ anidassanaṁ, anantaṁ sabbato pabhaṁ.
Ettha āpo ca paṭhavī, tejo vāyo na gādhati.
Ettha dīghañca rassañca, aṇuṁ thūlaṁ subhāsubhaṁ.
Ettha nāmañca rūpañca, asesaṁ uparujjhati.
Vaññāṇassa nirodhena, etthe taṁ uparujjhati.

198 Di-N-NT, 179-180.

199 Ac-ab, 258. *Nibbānaṁ pana lokuttarasakhataṁ stumaggaññāṇena sac-*

chikātabbaṁ.

200 G-M-Ni, 144.

201 Ibid, 55.

202 Q-Mi, 136.

203 Ibid, 136-137.

204 Ibid, 137.

205 Baddanta Buddhaghosa-thera, *Dhammasaṅganī aṭṭhakathā*(Rangoon, Burma: Department of Religious Affairs, 1992), 99. *Samaye Niddisi cittaṁ, cittena samayaṁ muni, Niyametvāna dīpetuṁ, dhamme tattha pabhedato.*

206 Nyanaponika-thera, trans., *Abhidhamma Studies*(Boston: Wisdom Publications, 1998), 93.

207 *Parivā Pāḷi, Vinaya Piṭaka*(Rangoon, Burma: Department of Religious Affairs, 1995), 263.

208 *Parivā aṭṭhakathā, Vinaya Piṭaka*(Rangoon, Burma: Department of Religious Affairs, 1996), 163.

209 G-M-Ni, 48-55.

210 Q-Mi, 60-61.

211 여기서 담마의 몸(the body of the Dhamma)이란 붓다 몸의 본질을 의미하는 것이 아니라 법의 핵심(사물의 본성 또는 본질)이다. 따라서 나가세나 비구는 "for Dhamma"를 사용해서 그의 진술을 강조했다.

212 Q-Mi, 60.

213 G-M-Ni, 144.

214 *Itivuttaka Pāḷi, Khuddaka Nikāya*(Rangoon, Burma: Department of Religious Affairs, 1972), 221; John D. Ireland, trans., *The Itivuttaka: The Buddha's Sayings*(Kandy, Sri Lanka: Buddhist Publication Society, 1991), 31-32.

다음은 경전의 인용문이다:

Dvemā bhikkhave nibbānadhātuyo. Katama dwe? Saupādisesā ca nibbānadhātu anupādisesā ca nibbānadhātu.

Katamā ca bhikkhave saupādisesā nibbānadhātu. Idha bhikkhave bhikkhu arahaṁ hoti khīṇāsavo vusitavā katakaraṇīyo ohitabhāro anuppatto parikkhīṇabhavasaṁyojano sammadaññāvimutto. tassa tiṭṭhanteva pañcitdriyāni. Yesaṁ bhāhitattā manāpāmanāpaṁ paccanubhoti. Sukhadukhaṁ paṭisamvediyati. Tassa yo rāgakkhayo dosakkhayo mohakkhayo. Ayaṁ vuccati bhikkhave saupādisesā nibbānadhātu.

Katamā ca bhikkhave anupādisesā nibbānadhātu. Idha bhikkhave bhikkhu arahaṁ hoti khīṇāsavo vusitavā katakaraṇīyo ohitabhāro anuppatto parikkhīṇabhavasaṁyojano sammadaññāvimutto. tassa idheva bhikkhave sabbavedayitāni anabhinanditānisīti bhavissanti. Ayaṁ vuccati bhikkhave anupādisesā nibbānadhātu.

215 BD, 106.

216 Ac-Ab, 260.

217 Ledi Sayādaw, *Nibbāna Dīpanī,* 212.

218 Di-M-NT, 85.

219 Samuel Enoch Stumpf. *Socrates to Sartre: A History of Philosophy*(New York: McGraw-Hill Publishing Company, 1982), 362

220 Ni-Di, 714-716.

221 Ibid, 717-724.

222 Vi-M, 88-91.

223 *Aṅguttara Pāḷi, Aṅguttara Nikāya* Vol. III(Rangoon, Burma: Department of Religious Affairs, 1994), 246-247. 빠알리어는 저자가 번역한 것이다. 인용문은 다음과 같다: *"Diṭṭhadhamma-nibbānaṁ, Diṭṭhadhamma-nibbānaṁ" ti āvuso vuccati. Kittāvatā nu kho āvuso Diṭṭhadhamma-nibbānaṁ vuttaṁ bhagavatāti. Idhāvuso Bhikkhu vivicceva kāmehi vivicca akusalehi dhammehi savitakkaṁ savicāraṁ vivekajaṁ pītisukhaṁ paṭhamaṁ jhānaṁ upasampajja viharati.*

224 Ni-Di, 728-729.

225 *Khuddakapātha Pāḷi, Khuddaka Nikāya,* 4.

226 Ni-Di, 731.

227 Ni-Di, 733.

228 Ni-Di, 734-735.

229 Q-Mi, 129-130.

230 Ashin Janakābhivaṁsa, Sayādaw. *Abhidhammaṭṭha Saṅgaha Bhāsāṭīkā* (Rangoon, Burma: Department of Religious Affairs, 1979), 640-641.

231 Vi-M-Trans., 735.

232 Ni-Di, 706-708.

233 Ibid, 706-707.

234 Welbon, 113.

235 Ab-S, 128.

236 빠알리 주석서에 따르면 네 가지 비물질의 모음(四無色蘊)은 기능적으로 대상을 인지하고 그 대상 쪽으로 기울기 때문에 명(名, nāma)이라고 한다. 또한 이들은 대상으로 서로 기울게 하는 원인이기 때문에 원인이 되는(nāmana) 의미에서 나마(nāma)라고 한다. 열반의 경지에서, 열반은 객관적이고 현저한 조건으로 작용하여 출세간의 마음(citta)과 마음작용(cetasika, 마음부수)들이 기울게 하는 원인이 된다.

237 Baddanta Buddhaghosa-thera. *Pañcapakaraṇa aṭṭhakathā*(Rangoon, Burma: Department of Religious Affairs, 1992), 291. *Nāmadhammāti nāmasaṅkhatā dhammā. Te atthato cattāro arūpino khandhā, Nibbānañca.*

238 Ab-S, 325. *Tattha rūpadhammā rūpakkandhova; cittacetasikasaṅkhātā cattāro arūpino khandhā, nibbānañ cā ti pañcavidampi arūpan ti ca nāman ti ca pavuccati.*

239 *Kathāvatthu Pāḷi. Abhidhamma Piṭaka*(Rangoon, Burma: Department of Religious Affairs, 1991), 53. *Aññe khandhā, aññaṁ nibbānaṁ, añño puggaloti na hevaṁ vatthabbe.*

240 G-M-Ni, 220.

241 Ka, 53.

242 Ibid, 187.

243 Baddanta Dhammapāla. *Visuddhimagga ṭīkā* Vol. II(Rangoon, Burma: Department of Religious Affairs, 1993), 70.

244 Baddanta Buddhaghosa-thera. *Mahāvā aṭṭhakathā, Dīgha Nikāya*(Rangoon, Burma: Department of Religious Affairs, 1992), 147.

245 G-M-Ni, 53.

246 Bhikkhu Buddhadāsa. *Nibbāna Exists in Saṁsāra*, in *Me and Mine*(New York: State University of New York Press, 1989), 141.

247 Ibid, 141.

248 *Sagāthāvagga Saṁyutta Pāḷi, Saṁyutta Nikāya*(Rangoon, Burma: Department of Religious Affairs, 1991), 61. *Na kho panāyaṁ āvuso appatvā lokassa antaṁ dukkhassa antakiriyaṁ vadāmi. Api ca khvāhaṁ āvuso imasmimyeva vyāmamatte kaḷevare sasaññimhi samanake lokañca paññapemi lokasamudayañca loka nirodhañca lokanirodhagāminiñca paṭipadanti.*

249 Sa-N-NT Vol. I, 158.

250 *Netti Pāḷi, Khuddaka Nikāya*(Rangoon, Burma: Department of Religious Affairs, 1985), 172. *Taṇhakkhayā dukkhakkhayo, dukkhakkhayā Nibbānaṁ.*

251 Buddhadāsa, 144.

252 G-M-Ni, 133, 128-308. 인용문은 주석서 *Mūlapaṇṇāsa aṭṭhakathā*(310)에서 인용한 것이다: *Nibbānato hi añño supabhāvantataro vā sujotivantataro vā parisuddhataro vā paṇḍarataro vā natthi.*

253 Ni-Di, 780-781.

254 Ab-T, 640-643.

255 Mahāsi Sayādaw, *Vipassanā-Shu-nee-kyam* Vol. II(Rangoon: Buddhasāsanā Nuggaha Org. Press, 1999), 341.

256 Mahāsi Sayādaw, *Nibbānapatisaṁyutta-katha: On the Nature of Nibbāna* (Kuala Lumpur, Malaysia: Subang Jaya Buddhist Association, 1992), 59.

257 Kuala Lumpur Dhammajoti, Asanga Tilakaratne, and Kapila Abhayawansa. *Recent Researches in Buddhist Studies*(Colombo, Sri Lanka: Y. Karunadasa Felicitation Committee, 1997), 526.

258 BD, 230-231.

259 Bhikkhu Bodhi, *The Buddha and His Dhamma: Two Lectures on Buddhism* (Kandy, Sri Lanka: Buddhist Publication Society, 1999), 23.

260 Ibid, 9.

261 Kh-N, 319.

262 Bhikkhu Bodhi, *The Buddha and His Dhamma*, 32.

263 An-N Vol. III, 42-43. *Seyyathāpi Pahārāda mahāsamuddo ekaraso loṇaraso, evamevaṁ kho Pahārāda ayaṁ dhammavinayo ekaraso vimuttiraso, yampi Pahārāda ayaṁ dhammavinayo ekaraso vimuttiraso, ayaṁ pahārāda imasmiṁ dhammavinaye chaṭṭho acchariyo abbhuto dhammo. yaṁ disvā disvā bhikkhū imasmiṁ dhammavinaye abhiramanti.*

264 Nyanaponika-thera and Bhikkhu Bodhi, 204.

265 「담마짝까빠왓따나 숫따(Dhammacakkapavattana sutta, 초전법륜경)」에 따르면 팔정도의 요소는 정견·정사유·정어·정업·정명·정념·정정진·정정이다. Bodhi, *The Connected Discourses of the Buddha*, 1844.

266 Di-N Vol. III, 131.

267 BD, 36.

268 Di-N Vol. III, 230.

269 Sa-N Vol. II, 12. *Samādhiṁ, bhikkhave bhāvetha; samāhito, bhikkhave bhikkhu yathābhūtaṁ pajānāti. Kiñca yathābhūtaṁ pajānāti? rūpassa samudayañca atthaṅgamañca. vedanāya samudayañca atthaṅgamañca. saññāya samudayañca atthaṅgamañca. saṅkhāranaṁ samudayañca athaṅgamañca. viññāṇassa samudayañca. atthaṅgamañca.*

270 Sa-N-NT, 863.

271 Ab Vol. I, 1-3, 17-144; Ab-S, 2-38, 95-98, 113.

272 Ibid, 104.

273 Mahāsi Sayādaw, *The Progress of Insight*(Kandy, Sri Lanka: Buddhist Publication Society, 1978), 4-7.

274 An-N Vol. I, 9. *pabhassaramidaṁ bhikkhave cittaṁ. tañca kho āgantukehi*

upakkilesehi upakkiliṭṭhaṁ. taṁ assutavā puthujjano yathābhūtaṁ nappajānāti. Tasmā "assutavato puthujjanassa cittabhavanā nātthi" ti vadāmiti. pabhassaramidaṁ bhikkhave cittaṁ. Tañca kho āgantukehi upakkilesehi vippamuttaṁ. Taṁ sutavā ariyasāvaka yathābhūtaṁ pajānāti. Tasmā sutavato ariyasāvakassa cittabhāvanā atthi" ti vadāmiti.

275 Nyanaponika-thera and Bhikkhu Bodhi, *Numerical Discourses of the Buddha,* 36.

276 Dhammapada, Kh-N, 13.

277 Ab-S, 146.

278 Ibid, 329.

279 Ab-T, 267.

280 Pat-A Vol. I, 116.

281 Vi-M-TS, 271.

282 Di-N-A Vol. II, 377.

283 Vi-M Vol. I, 82. *samādhīti upacāra appanāvasena duvidho. duvidhakoṭṭhāse channaṁ anussatiṭṭhānānaṁ maraṇassatiyā upasamānussatiyā āhāre paṭikulasaññāya catudhātuvavatthānassaāti imesaṁ vasena laddhacittekaggatā. yā ca appanāsamādhīnaṁ pabbabhāge ekaggatā. ayaṁ upacārasamādhi. "paṭamassa jhānassa parikammaṁ paṭamassa jhānassa anantarapaccayena paccayo" ti. ādivacanato pana yā parikammānantarā ekaggatā. ayaṁ appanāsamādhīti evaṁ upacārappanāvasena duvidho.*

284 Vi-M-TS, 86.

285 Ab, 152, Ac-Ab, 340. *Nimmittesu pana parikammanimittaṁ uggahanimittañca sabbatthāpi yathārahaṁ pariyāyeva labbanteva. Paṭibhāganimittaṁ pana kasiṇāsubhakoṭṭharsa āṇāpānesveva labbhati. tattha hi paṭibhāganimittamārabbha upacārasamādhi, appanāsamādhi ca pavattanti.*

286 Ac-Ab, 340.

287 Pa-Auk Sayādaw. *Mindfulness of Breathing and Four Elements Meditation* (Malaysia: W.A.V.E. Publication, 2002), 13.

288 Ibid, 13.

289 Vi-M, 149-150.

290 Ab-B-T, 664.

291 BD, 204-205.

292 Vi-M Vol. I, 281. *Tāni vā pana jhānāni samāpajjitvā vuṭṭhāya jhānasampayuttaṁ cittaṁ khayato vayato sampassato vipassanākkhaṇe lakkhaṇapaṭivedhena upajjati khaṇikacittekaggatā.*

293 Vi-M-Tran., 282.

294 Vi-M-T, 342. *Khaṇikacittekaggatāti khaṇamattaṭṭhitiko samādhi. sopi hi ārammaṇe tirantaraṁ ekākārena pavattamāno paṭipakkhena anabhibhūto appito viya cittaṁ niccalaṁ ṭhpeti.*

295 빠알리 문장은 저자가 번역한 것이다.

296 Di-N Vol. I, 67-68.

297 BD, 230.

298 Di-N-A Vol. II, 348-349.

299 Di-N Vol. II, 231. *Ekāyano ayaṁ bhikkhave maggo sattānaṁ visuddhiyā sokaparidevānaṁ samatikkamāya dukkhadomanassānaṁ atthaṅgamāya ñāyassa adhigamāya nibbānassa sacchikiriyāya, yadidaṁ cattāro satipaṭṭhānā.*

300 Di-N-NT, 335.

301 BD, 230-231.

302 Pa-Ni, 82.

303 불교 신도들이 지켜야 할 오계는 (1) 살생을 하지 마라, (2) 남의 물건을 훔치지 마라, (3) 삿된 음행을 하지 마라, (4) 거짓말을 하지 마라, (5) 음주를 하지 마라. Mahāsi Sayādaw, *The Progress of Insight*, 34.

304 포살(uposatha) 계로 알려진 팔계는 (1) 살생을 하지 마라, (2) 남의 물건을 훔치지 마라, (3) 삿된 음행을 하지 마라, (4) 거짓말을 하지 마라, (5) 음주를 하지 마라, (6) 12시 이후에 단단한 음식이나 특정한 음료수를 마시지 않는다, (7a) 춤추고 노래하지 않으며 그런 곳에 가지 않는다, (7b) 향수나 장신구를

금한다, (8) 높고 화려한 침상에서 잠을 자지 않는다. 독실한 불교 신도들은 보름이나 특정한 날에 이러한 팔계를 지킨다. Ibid, 34.

305 Mahāsi Sayādaw, *Practical Insight Meditation: Basic and Progressive Stages* (Kandy, Sri Lanka: Buddhist Publication Society, 1991), 6-7.

306 U Pandita Sayādaw, *On the Path to Freedom*(Kuala Lumpur, Malaysia: Buddhist Wisdom Center, 1995), 152.

307 Ibid, 152.

308 Ab-S, 157.

309 Vi-M Vol. II, 222-311.

310 Mahāsi Sayādaw, *The Progress of Insight*, 38-39.

311 Di-N Vol. II, 231.

312 Ac-Ab, 347.

313 Ibid, 348.

314 Sa-N Vol. II, 12.

315 Vi-M Vol. II, 222-311.

316 Ac-Ab, 345-346.

317 Mahāsi Sayādaw, *The Progress of Insight*, 1-26.

318 Pa-Auk Sayādaw, 82.

319 An-N Vol. I, 361.

320 Rina Sircar, *The Psycho-Ethical Aspects of Abhidhamma*(New York: University Press of America, Inc., 1999), 124-125.

321 Taungpulu Tawya Kabā-Aye Sayādaw, *Mahā Satipaṭṭhāna Vipassanā: Insight Meditation*(Rangoon, Burma: Department of Religious Affairs, 1979), 33-34.

322 Sa-N-NT, 1242.

323 Mahāsi Sayādaw, *Practical Insight Meditation,* 34.

324 빠알리 경전에 열 가지 족쇄(saṁyojana)에 대한 두 가지 다른 방식이 있다. 하나는 경(Suttanta)에 의한 방식이며 다른 하나는 아비담마 방식에 따른 것이다. 먼저 경전의 방식에 따른 10가지 족쇄가 있다: (1) 감각적 욕망, (2) 색계에 대한 탐욕, (3) 무색계에 대한 탐욕, (4) 적의, (5) 자만, (6) 잘못된 견해;

사견, (7) 계율과 의식에 대한 집착, (8) 의심, (9) 들뜸, (10) 어리석음. 두 번째 아비담마 방식에 따른 10가지 족쇄가 있다: (1) 감각적 욕망, (2) 존재에 대한 집착, (3) 적의, (4) 자만, (5) 잘못된 견해; 사견, (6) 계율과 의식에 대한 집착, (7) 의심, (8) 질투, (9) 인색, (10) 어리석음. Ab-S, 117-118; Ab-As, 268-269.

325 Ac-Ab, 359.

326 Di-N Vol. I, 148-149; Ac-Ab, 358-362; Ab-B-T, 563-564, 718-723.

327 Ibid, 148-149, 358-362, 563-564.

328 Ibid, 148-149, 358-362, 563-564.

329 Ibid, 148-149, 358-362, 563-564.

330 Ab-S, 117-118, 164-165; Ac-Ab, 358-362.

331 Mahāsi Sayādaw, *Practical Insight Meditation*, 39.

332 Q-Mi, 134.

333 U Sīlānanda Sayādaw, *The Four Foundations of Mindfulness*(Boston: Wisdom Publications, 1990), 156.

334 Rune E. A. Johansson, *The Psychology of Nirvāna*(1969, Reprint, New York: Anchor Books Doubleday & Company, Inc., 1970), 100.

참고문헌

A. 원 저자의 자료: 저서와 번역물

Aṅguttara Pāḷi, Aṅguttara Nikāya. Vols. I, II, III. Rangoon, Burma: Department of Religious Affairs, 1994.

Anuroddhā-thera, Baddanta. *Abhidhammaṭṭha Saṅgaha Pāḷi*. Rangoon, Burma: Department of Religious Affairs, 1993.

Apadāna Pāḷi, Khuddaka Nikāya. Vol. II. Rangoon, Burma: Department of Religious Affairs, 1991.

Asanga, *Abhidharmasamuccaya: The Compendium of the Higher Teaching (Philosophy)*. Sara Boin-Webb이 Walpola Rahula의 불어 본을 번역했다. 1971. Reprint, Fremont, California: Asian Humanities Press, 2001.

Bodhi, Bhikkhu, trans. *The Connected Discourses of the Buddha: A New Translation of the Saṁyutta Nikāya*. Vols. I and II. Boston: Wisdom Publications, 2000.

Buddhaghosa-thera, Baddanta. *Khuddakapātha aṭṭhakathā*. Rangoon, Burma: Department of Religious Affairs, 1958.

____. *Sīlakkhandhavagga(Sumaṅgalavilāsinī) aṭṭhakathā*. Rangoon, Burma: Department of Religious Affairs, 1973.

____. *Sammohavinodanī(Vibhanga) aṭṭhakathā*. Rangoon, Burma: Department of Religious Affairs, 1985.

____. *Vinaya Mahāvagga aṭṭhakathā, Vinaya Piṭaka*. Rangoon, Burma: Department of Religious Affairs, 1986.

____. *Saraṭṭhapakāsanī(Saṁyutta) aṭṭhakathā*, Vols. I, II, III. Rangoon, Burma: Department of Religious Affairs, 1987.

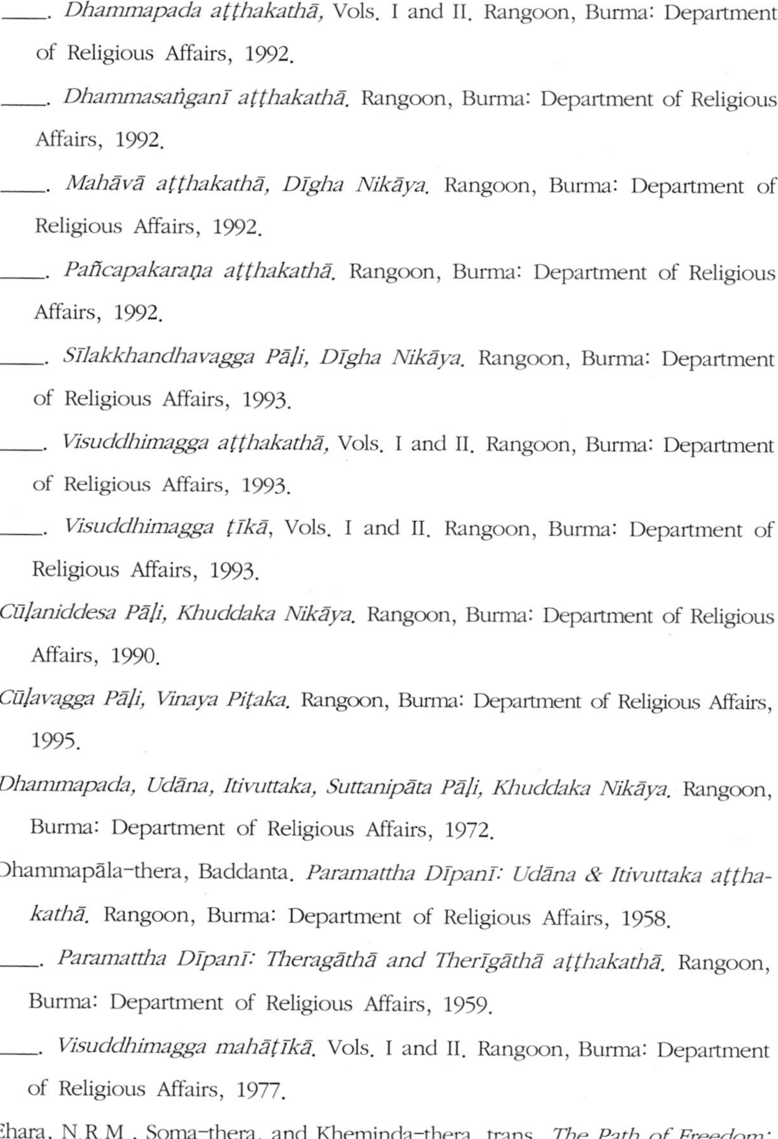

____. *Dhammapada aṭṭhakathā,* Vols. I and II. Rangoon, Burma: Department of Religious Affairs, 1992.

____. *Dhammasaṅganī aṭṭhakathā.* Rangoon, Burma: Department of Religious Affairs, 1992.

____. *Mahāvā aṭṭhakathā, Dīgha Nikāya.* Rangoon, Burma: Department of Religious Affairs, 1992.

____. *Pañcapakaraṇa aṭṭhakathā.* Rangoon, Burma: Department of Religious Affairs, 1992.

____. *Sīlakkhandhavagga Pāḷi, Dīgha Nikāya.* Rangoon, Burma: Department of Religious Affairs, 1993.

____. *Visuddhimagga aṭṭhakathā,* Vols. I and II. Rangoon, Burma: Department of Religious Affairs, 1993.

____. *Visuddhimagga ṭīkā*, Vols. I and II. Rangoon, Burma: Department of Religious Affairs, 1993.

Cūḷaniddesa Pāḷi, Khuddaka Nikāya. Rangoon, Burma: Department of Religious Affairs, 1990.

Cūḷavagga Pāḷi, Vinaya Piṭaka. Rangoon, Burma: Department of Religious Affairs, 1995.

Dhammapada, Udāna, Itivuttaka, Suttanipāta Pāḷi, Khuddaka Nikāya. Rangoon, Burma: Department of Religious Affairs, 1972.

Dhammapāla-thera, Baddanta. *Paramattha Dīpanī: Udāna & Itivuttaka aṭṭha-kathā.* Rangoon, Burma: Department of Religious Affairs, 1958.

____. *Paramattha Dīpanī: Theragāthā and Therīgāthā aṭṭhakathā.* Rangoon, Burma: Department of Religious Affairs, 1959.

____. *Visuddhimagga mahāṭīkā.* Vols. I and II. Rangoon, Burma: Department of Religious Affairs, 1977.

Ehara, N.R.M., Soma-thera, and Kheminda-thera, trans. *The Path of Freedom: Vimuttimagga.* 1961. Reprint, Kandy, Sri Lanka: Buddhist Publication Society, 1995.

Ireland, John D., trans. *The Itivuttaka: The Buddha's Sayings.* Kandy, Sri Lanka: Buddhist Publication Society, 1991.

Itivuttaka Pāḷi, Khuddaka Nikāya. Rangoon, Burma: Department of Religious Affairs, 1972.

Kathāvatthu Pāḷi, Abhidhamma Piṭaka. Rangoon, Burma: Department of Religious Affairs, 1991.

Khandhavagga Pāḷi, Saṁyutta Nikāya. Rangoon, Burma: Department of Religious Affairs, 1991.

Khuddakapātha Pāḷi, Khuddaka Nikāya. Rangoon, Burma: Department of Religious Affairs, 1972.

Law, Bimala Charan, trans. *Designation of Human Types: Puggala-Paññatti.* 1924. Reprint, London: Pāḷi Text Society, 1969.

Lwin, Tin U and Oo, Tin U, trans. *The Great Chronicle of Buddhas.* Vol. III. Malaysia: A SBVMS Publication, 1998.

____. *The Great Chronicle of Buddhas.* Vol. I, Part I & Part II. Malaysia: A SBVMS Publication, 2000.

Mahānāma-thera, Baddanta. *Saddhammappakāsīnī: Paṭisaṁbhidāmagga aṭṭha-kathā.* Rangoon, Burma: Department of Religious Affairs, 1985.

Mahāniddesa Pāḷi, Khuddaka Nikāya. Rangoon, Burma: Department of Religious Affairs, 1991.

Mahāvagga Pāḷi, Dīgha Nikāya. Rangoon, Burma: Department of Religious Affairs, 1993.

Mahāvagga Pāḷi, Vinaya Piṭaka, Khuddaka Nikāya. Rangoon, Burma: Department of Religious Affairs, 1972.

Mahāvagga Saṁyutta Pāḷi, Saṁyutta Nikāya. Rangoon, Burma: Department of Religious Affairs, 1991.

Mendis, N.K.G., ed. *The Questions of King Milinda: An Abridgement of the Minlindapañha.* Kandy, Sri Lanka: Buddhist Publication Society, 1993.

Minlindapañha Pāḷi, Khuddaka Nikāya. Rangoon, Burma: Department of Religious

Affairs, 1991.

Moggallāna Mahāthera, *Abhidhānappadīpikā,* Rangoon, Burma: Department of Religious Affairs, 1990.

Mūlapaṇṇāsa Pāḷi, Majjhima Nikāya. Rangoon, Burma: Department of Religious Affairs, 1993.

Myint Swe, U. *Milinda And Shin Nagathinda.* Rangoon: Navarat Press, 1990.

Ñāṇābhivaṁsa, Baddanta. *Sīlakkhandhavagga abhinava ṭīkā.* Rangoon, Burma: Department of Religious Affairs, 1963.

Ñāṇamoli, Bhikkhu. *Mindfulness of Breathing: Buddhist Texts from the Pāḷi Canon and Extracts from the Pāḷi Commentaries.* Kandy, Sri Lanka: Buddhist Publication Society, 1982.

Ñāṇamoli, Bhikkhu, trans. *The Path of Purification: Visuddhimagga.* 1956. Reprint, Kandy, Sri Lanka: Buddhist Publication Society, 1991.

Ñāṇamoli, Bhikkhu and Bhikkhu Bodhi. *The Middle Length Discourses of the Buddha: A New Translation of the Majjhima Nikāya.* Boston: Wisdom Publications, 1995.

Nandiya-thera, U. *Nibbānamagga dīpanī.* Rangoon: Haṁsāvatipiṭaka Press, 1957.

Nārada, Mahā-thera, trans. *A Manual of Abhidhamma.* Malaysia: Buddhist Missionary Society, 1979.

Netti Pāḷi, Khuddaka Nikāya. Rangoon, Burma: Department of Religious Affairs, 1985.

Nidānavagga Saṁyutta Pāḷi, Saṁyutta Nikāya. Rangoon, Burma: Department of Religious Affairs, 1991.

Nyanaponika-thera, Venerable and Bodhi, Bhikkhu, trans. *Numerical Discourses of the Buddha: An Anthology of Suttas from the Aṅguttara Nikāya.* New York: Altamira Press, 1999.

Parivāra aṭṭhakathā, Vinaya Piṭaka. Rangoon, Burma: Department of Religious Affairs, 1996.

Parivāra Pāḷi, Vinaya Piṭaka. Rangoon, Burma: Department of Religious Affairs,

1995.

Pāthikavagga Pāḷi, Dīgha Nikāya. Rangoon, Burma: Department of Religious Affairs, 1986.

Pāthikavagga aṭṭhakathā, Dīgha Nikāya. Rangoon, Burma: Department of Religious Affairs, 1993.

Paṭisaṁbhidāmagga Pāḷi, Khuddaka Nikāya. Rangoon, Burma: Department of Religious Affairs, 1991.

Poraṇācariya-thera, Baddanta. *Apādāna aṭṭhakathā.* Rangoon, Burma: Department of Religious Affairs, 1959.

Puggala-paññatti aṭṭhakathā, London: Pāḷi Text Society, 1969.

Sagāthāvagga Saṁyutta Pāḷi, Saṁyutta Nikāya. Rangoon, Burma: Department of Religious Affairs, 1991.

Saḷāyatanavagga Saṁyutta Pāḷi, Saṁyutta Nikāya. Rangoon, Burma: Department of Religious Affairs, 1991.

Sayādaw, Ariyathera. *Visuddhimagga Arathā.* Rangoon: Win Mor Oo Press, 1995.

Sayādaw, Ashin Janakābhivaṁsa. *Abhidhammaṭṭha saṅgaha bhāsāṭīkā.* Rangoon, Burma: Department of Religious Affairs, 1979.

____. *Kathavatthu aṭṭhakathā bhāsāṭīkā.* Rangoon, Burma: Department of Religious Affairs, 1987.

____. *Abhidhammaṭṭha Saṅgaha Nissaya.* Rangoon, Burma: Department of Religious Affairs, 1990.

Sayādaw, Ledi. *Ledi Dīpanī.* Vols. I and II. Rangoon, Burma: Department of Religious Affairs, 1966.

____. *Nibbāna Dīpanī.* Rangoon, Burma: Department of Religious Affairs, 1975.

Sayādaw, Mahāsi. *Translation of Visuddhimagga aṭṭhakathā.* Vols. I, II, III and IV. Rangoon: Buddhasāsanā Nuggaha Org. Press, 1989.

____. *Visuddhimagga Mahāṭīkā Nissaya.* Vols. III and IV. Rangoon: Buddhasāsanā Nuggaha Org. Press, 1989.

____. *Nibbānapaṭisaṁyutta kathā: On the Nature of Nibbāna.* Kuala Lumpur,

Malaysia: Subang Jaya Buddhist Association, 1992.

____. *Discourse on Nibbāna.* Rangoon: Aung Soe Moe Press, 1993.

____. *Vipassanā-shu-nee-kyam.* Vols. I and II. Rangoon: Buddhasāsanā Nuggaha Org. Press, 1999.

Sayādaw, Mūla Gandhārone. *Nibbānamagga Dīpanī.* Rangoon, Burma: Department of Religious Affairs, 1978.

Sayādaw, Shwe Kyin. *Gambhīrāgambhīra Mahānibbuta Dīpanī.* Rangoon, Burma: Department of Religious Affairs, 2000.

Sayādaw, U Sīlānanda. *The Four Foundations of Mindfulness.* Boston: Wisdom Publications, 1990.

Sīlakkhandhavagga Pāḷi, Dīgha Nikāya. Rangoon, Burma: Department of Religious Affairs, 1993.

Sīlakkhandhavagga aṭṭhakathā. Rangoon, Burma: Department of Religious Affairs, 1975.

Sayādaw, Vāseṭṭhābhivaṁsa. *New Paritta Nissaya.* Rangoon: Soe Moe Press, 1992.

Sayādaw, Vicittasārābhivaṁsa. *Mahābuddhaviṅ: The Great Chronicle of Buddhas.* Vol. I, Parts I and II. Rangoon, Burma: Department of Religious Affairs, 1984.

____. *Mahābuddhaviṅ: The Great Chronicle of Buddhas.* Vol. III. Rangoon, Burma: Department of Religious Affairs, 1985.

____. *Mahābuddhaviṅ: The Great Chronicle of Buddhas.* Vol. VI, Part II. Rangoon, Burma: Department of Religious Affairs, 1986.

Sayādaw, Visudhārama. *Paramattha Sarupa Bhedanī Kyam.* Vol. I. Rangoon, Burma: Department of Religious Affairs, 1968.

____. *Paramattha Sarupa Bhedanī Kyam.* Vol. II. Rangoon, Burma: Department of Religious Affairs, 1969.

Subodhalaṅkāra ṭīkā. Rangoon, Burma: Department of Religious Affairs, 1973.

Sumangalasāmi-thera, Baddanta. *Abhidhammaṭṭhavibāvinī ṭīkā.* Rangoon, Burma: Department of Religious Affairs, 1981.

Suttanipāta Pāḷi, Khuddaka Nikāya. Rangoon, Burma: Department of Religious Affairs, 1990.

Tin, Pe Maung, trans. *The Expositor: Aṭṭhasālinī aṭṭhakathā.* Oxford: Pāḷi Text Society, 1999.

Upasena-thera, Baddanta. *Mahāniddesa aṭṭhakathā.* Rangoon, Burma: Department of Religious Affairs, 1959.

Vasubandhu. *Abhidharmakosabhāsyam.* Vols. I, II, III, and IV. Leo M. Pruden이 Louis de La Vallee Poussin의 불어 본을 번역했다. 1923-1925. Reprint, Berkeley, California: Asian Humanities Press, 1988.

Vimāna vatthu, Petavatthu, Theragāthā Therīgāthā Pāḷi, Khuddaka Nikāya. Rangoon, Burma: Department of Religious Affairs, 1991.

Walshe, Maurice, trans. *The Long Discourses of the Buddha. A Translation of the Dīgha Nikāya.* Boston: Wisdom Publications, 1987.

Woodward, F.L. trans. *Aṅguttara Nikāya: Gradual Sayings.* Vol. V. London: Pāḷi Text Society, 1986.

B. 재인용 자료

Akira, Hirakawa. *A History of Indian Buddhism: From Sakyamuni to Early Mahāyāna.* 1915. Reprint, Hawaii: University of Hawaii Press, 1990.

Aronson, Harvey B. "The Relationship of the Karmic to Nirvānic in Theravāda Buddhism." *Journal of Religious Ethics.* 7(September, 1979): 28-36.

Arundale, George S. *Nirvāna: A Study in Synthetic Consciousness.* New Delhi, India: The Theosophical Publishing House, 1978.

Audi, Robert. ed. *The Cambridge Dictionary of Philosophy.* New York: Cambridge University Press, 1995. Aung, U Shwe. *The Peerless Buddha.* Rangoon: Myawaddy Press, 1995.

Bapat, P.V. *2500 Years of Buddhism.* 1956. Reprint, New Delhi, India: Publications Division, 1994.

____. *Vimuttimagga and Visuddhimagga: A Comparative Study.* Boston: Poona Press, 1937.

Bodhi, Bhikkhu, *The Noble Eightfold Path.* Sri Lanka: Buddhist Publication Society, 1984.

Bodhi, Bhikkhu, ed. *A Comprehensive Manual of Abhidhamma.* Kandy, Sri Lanka: Buddhist Publication Society, 1993.

____. *Giving Dignity to Life.* Selangor, Malaysia: Auspicious Affinity, 1998.

____. *The Buddha and His Dhamma: Two Lectures on Buddhism.* Kandy, Sri Lanka: Buddhist Publication Society, 1999.

Buddhadāsa, Bhikkhu. "Nibbāna Exists in Saṁsāra" in *Me and Mine* edited by Donald K. Swearer, 80-114. New York: State University of New York Press, 1989.

Carus, Paul. *Karma/Nirvāna.* Illinois: Open Court Publishing Company, 1973.

Chapple, Christopher. "Abhidharma as Paradigm for Practice" in *Pāḷi Buddhism*, edited by Frank J. Hoffman and Deegalle Mahinda. Richmond" Curzon Press, 1976.

Cheng, Hsueh-li. *Nāgarjuna's Twelve Gate Treatise.* Boston: D. Reidel Publishing Company, 1982.

Collins, Steven. *Selfless Persons.* New York: Cambridge University Press, 1997.

____. *Nirvāna and Other Buddhist Felicities.* New York: Cambridge University Press, 1998.

Conze Edward. *Buddhism: Its Essence and Development.* New York: Philosophical Library, 1951.

Cooper, John M. ed. *Plato: Complete Works.* 1984. Reprint, Indianapolis, Indiana: Hackett Publishing Company, Inc., 1997.

Coward, Harold. *Pluralism: Challenge to World Religions.* New York: Orbis Books, 1985.

Crosby, Kate. "Uddis and Acikh: Buddhaghosa on the Sikhāpada in the Pabbajja Ceremony." *Journal of Indian Philosophy.* 28(2000): 461-474.

Dhammajiti, Kuala Lumpur; Asanga Tilakaratne; and Kapila Abhayawansa. *Recent Researches In Buddhist Studies.* Colombo, Sri Lanka: Y. Karunadasa Felicitation Committee, 1997.

Dhammananda, K. Sri. *The Buddhist Concept of Heaven and Hell.* Kuala Lumpur, Malaysia: Buddhist Missionary Society, 2000.

Dhirasekera, Jotiya, ed. *Encyclopaedia of Buddhism.* Vol. IV. Sri Lanka: The Department of Government, 1979.

Evans-Wentz, W.Z. *The Tibetan Book of the Great Liberation or The Method of Realizing Nirvāna Through Knowing the Mind.* London: Oxford University Press, 1954.

Fishcher-Schreiber, Ingrid, Franz-Kard Enrhard and Kurt Friedrichs, ed. *The Encyclopedia of Eastern Philosophy and Religion.* Boston: Shambhala, 1994.

Gard, Richard. *Buddhism.* New York: George Braziller, 1962.

Garza, James. *History of Theravāda Buddhism. Mindatlas.com*[cited 13 December, 2003], 2.

Gethin, Rupert. "Cosmology and Meditation: From the Agganna Sutta to the Mahāyāna Buddhism." *History of Religions.* 36 (February, 1997): 183-217.

Gorkom, Nina V. *Abhidhamma in Daily Life.* Malaysia: SBVMS Publication, 2001.

Guenther, Herbert V. *Philosophy and Psychology in the Abhidharma.* 1957. Reprint, Delhi, India: Motilal Banarsidass Publishers, 1991.

Guṇaratana, Henepola. *A Critical Analysis of the Jhānas in Theravāda Buddhist Meditation.* The American University Library: Washington, D.C., 1999.

Guru, Ananda. *Buddhism in Modern Life.* Malaysia: Buddhist Missionary Society, 1980.

Harrison, Paul, trans. *The Pratyutpanna Samādhi Sutra.* Berkeley: Numata Center for Buddhist Translation and Research, 1998.

Hawking, Stephen. *The Universe in a Nutshell.* New York: Bantam Books, 2001.

Jayasuriya, W.F. *The Psychology and Philosophy of Buddhism: An Introduction to the Abhidhamma.* 1963. Reprint, Kuala Lumpur, Malaysia: Buddhist Missionary Society, 1988.

Jayatileke, K.N. *Early Buddhist Theory of Knowledge.* 1963. Reprint, Delhi: Motilal Banarsidass Publisher, 1998.

Jochim, Christian. *Chinese Religions: A Cultural Perspective.* New Jersey: Prentice Hall Inc., 1986.

Johansson, Rune E.A. *The Psychology of Nirvāna.* 1969. Reprint, New York: Anchor Books, 1970.

Joshi, Lal Mani. *Brahmanism, Buddhism and Hinduism.* Kandy, Sri Lanka: Buddhist Publication, 1987.

King, Sallie B. *Buddha Nature.* New York: State University of New York Press, 1991.

King, Winston L. *In the Hope of Nibbāna: The Ethics of Theravāda Buddhism.* Illinois: Open Court Publishing Co., 1964.

Kloetzli, Randy. *Buddhist Cosmology: From Single World System to Pure Land: Science and Theology in the Images of Motion and Light.* 1973. Reprint, Delhi: Motilal Banarsidass, 1983.

Kramer, Kenneth. *The Sacred Art of Dying: How World Religions Understand Death.* New York: Paulist Press, 1988.

Law, Bimala Churn. *Heaven and Hell in Buddhist Perspective.* Varanasi: Bhartiya Pub. House, 1973.

Lopez, Donald S., Jr. *Buddhist Hermeneutics.* Honolulu: University of Hawaii Press, 1988.

Matsunaga, Daigan and Alicia. *The Buddhist Concept of Hell.* New York: Philosophical Library, 1972.

Maung, Hla U, trans. *The Buddha: Peerless Benefactor of Humanity.* Rangoon: Myawaddy Press, 1995.

McRae, John, trans. *The Sūraṅgama Samādhi Sutra.* Berkeley: Numata Center for Buddhist Translation and Research, 1998.

Moody, Raymond A., Jr., M.D. *Life after Life: The Investigation of a Phenomenon*

Survival of Bodily Death. New York: Bantam Books, 1976.

____. *Reflection on Life After Life.* New York: Bantam Books Publication, 1978.

Morris, Richard, ed. *Puggala-Paññatti.* London: Pāḷi Text Society, 1972.

Ñāṇajivako, Bhikkhu. *A Buddhist Philosophy of Religion.* Burlingame, California: Dharma Realm Buddhist Association, 1992.

Nārada, Mahā Thera. *The Buddha and His Teachings.* Malaysia: Buddhist Missionary Society, 1988.

Nyanaponika-thera, Baddanta. *Anatta and Nibbāna.* Kandy, Sri Lanka: Buddhist Publication Society, 1986.

____. *Buddhist Dictionary: Manual of Buddhist Terms and Doctrines.* Kandy, Sri Lanka: Buddhist Publication Society, 1988.

____. Venerable. *Abhidhamma Studies.* Boston: Wisdom Publications, 1998.

____. *The Heart of Buddhist Meditation.* Maine: Samuel Weiser, Inc., 1999.

Nyanatiloka. *Buddhist Dictionary: Manual of Buddhist Terms and Doctrines.* Kandy, Sri Lanka: Buddhist Publication Society, 1988.

Perez-Remon, J. "Early Buddhism: Life after Death?" in *Studia Missionalia.* 32 (1983): 95-122.

Piyadassi, Thera. *The Buddha's Ancient Path.* Kandy, Sri Lanka: Buddhist Publication Society, 1979.

____. *The Spectrum of Buddhism.* Taipei, Taiwan: The Corporate Body of the Buddha Educational Foundation, 1991.

Rahula, Walpola. *What the Buddha Taught.* 1959. Reprint, London: The Gordon Fraser Gallery Ltd., 1978.

Ramjee Singh, Jaina. "Moksa in Indian Philosophy: A Perspective in Jaina Philosophy and Religion," *www.jainworld.com,* 1-5 [cited 15 September, 2002].

Ray, Reginald A. *Buddhist Saints in India.* New York: Oxford University Press, 1994.

Rhys Davids, Caroline A.F. *A Buddhist Manual of Psychological Ethics.* 1936. Reprint, London: Pāḷi Text Society, 1974.

Rinbochay, Lati and Jeffrey Hopkins. *Death, Intermediate State and Rebirth in Tibetan Buddhism.* New York: Snow Lion Publications, Inc., 1980.

Rinpoche, Guru. *The Tibetan Book of the Dead: The Great Liberation through Hearing in the Bardo.* Francesca Fremantle과 Chogyam Trungpa가 티베트어를 번역했다. Boulder, Colorada: Shambhala Publications Inc., 1975.

Sadakata, Akira. *Buddhist Cosmology: Philosophy and Origins.* Tokyo: Kosei Publishing Co., 1999.

Santina, Peter D. *Fundamentals of Buddhism.* Taiwan: The Corporate Body of the Buddha Educational Foundation, 1984.

Sayādaw, Ashin Janakābhivaṁsa. *The Teaching of Fundamental Paṭṭhāna.* Rangoon, Burma: Department of Religious Affairs, 1987.

____. *The Teaching of Dhammacakkapavattana Sutta and Anattalakkhana Sutta.* Rangoon, Burma: Department of Religious Affairs, 1994.

____. *The Last Ten Months of the Buddha.* Rangoon, Burma: Department of Religious Affairs, 1994.

____. *Abhidhamma in Daily Life.* Yangon, Myanmar. Meikkaung Press, 1999.

Sayādaw, Ashin Thiṭṭhila. "The Way to Nibbāna" in *Essential Themes of Buddhist Lectures.* Rangoon, Burma: Department of Religious Affairs, 1987.

____. *Essential Themes of Buddhist Lectures.* Rangoon, Burma: Department of Religious Affairs, 1994.

Sayādaw, Ledi. *The Manuals of Buddhism.* Malaysia, SBVMS Publication, 1994.

Sayādaw, Mahāsi. *The Progress of Insight.* Kandy, Sri Lanka: Buddhist Publication Society, 1978.

____. *Discourse on Noble Abhidhamma.* Rangoon: Buddhasāsanā Nuggaha Org. Press, 1989.

____. *Practical Insight Meditation: Basic and Progressive Stages.* Kandy, Sri Lanka: Buddhist Publication Society, 1991.

Sayādaw, Pa-Auk. *Mindfulness of Breathing and Four Elements Meditation.* Malaysia: W.A.V.E. Publication, 2002.

Sayādaw, U Pandita. *In This Very Life.* Boston: Wisdom Publications, 1992.

____. *On the Path to Freedom.* Kuala Lumpur, Malaysia: Buddhist Wisdom Center, 1995.

Sayādaw, U Sīlānanda. "What is Nibbāna?" *The lecture series of Abhidhammaṭṭha Saṅgaha.* Daly City, California: Theravāda Buddhist Association. February 1999. Audio cassette 30/47.

Sayādaw, Taungpulu Tawya Kabā-Aye. *Concept of Reality.* trans. Rina Sircar. California: Taungpulu Tawya Kabā-Aye Center, 1995. Audio Cassettes 1 and 2.

____. *Discourse On Nibbāna.* California: Taungpulu Tawya Kabā-Aye Center, 1978. Audio cassettes 18 and 19.

____. *Mahā Satipaṭṭhāna Vipassanā-Insight Meditation.* Rangoon, Burma: Department of Religious Affairs, 1979.

Sircar, Rina. *The Psycho-Ethical Aspects of Abhidhamma.* New York: University Press of America, Inc. 1999.

Slater, Robert Lawson. *Paradox and Nirvāna: A Study of Religious Ultimates with Special Reference to Burmese Buddhism.* Illinois: The University of Chicago Press, 1950.

Spiro, Melford E. *Buddhism and Society: A Great Tradition and Its Burmese Vicissitudes.* New York: Harper & Row Publishers, 1970.

Stumpf, Samuel Enoch. *Socrates to Sartre: A History of Philosophy.* New York: McGraw-Hill Publishing Company, 1988.

Swearer, Donald K. ed. *Me and Mine: Selected Essays of Bhikkhu Buddhadāsa.* New York: State University of New York Press, 1989.

Tatz, Mark and Jody Kent. *Rebirth: The Tibetan Game of Liberation.* New York: Anchor Books, 1977.

Taye, Jamgon, K.L. *Myriad Worlds: Buddhist Cosmology in Abhidharma, Kalacakra, and Dzog-chen.* 국제번역 위원회 번역. New York: Snow Lion Publications, 1995.

Thera, Piyadassi. *The Buddha's Ancient Path.* Kandy, Sri Lanka: Buddhist

Publication Society, 1979.

Welbon, Guy Richard. *The Buddhist Nirvāna and Its Western Interpreters.* Chicago: The University of Chicago Press, 1968.

Winternitz, Maurice. trans. *A History of Indian Literature.* Vol. II. India: University of Calcutta, 1933.

Yadav, Bibhuti S. "Negation, Nirvāna and Nonsense." *Journal of the American Academy of Religion.* 45 (1977): 451-471.

Yu-Lan, Fung. *A Short History of Chinese Philosophy.* New York: The Free Press, 1976.

Yoshinori, Takeuchi, ed. *Buddhist Spirituality: Indian, Southeast Asian, Tibetan, Early Chinese.* Vol. I. New York: Crossroad, 1997.

____. *Buddhist Spirituality: Later China, Korea, Japan, and the Modern World.* Vol. II. New York: Crossroad Press, 1999.

Xavier, Francis P. "Creation in Evolution." *Indian Theological Studies,* XXXVIII, 1 (March 2001): 44-69.

찾아보기

지은이 담마삐야(U Dhammapiya) 사야도

미얀마에서 태어났으며 20살에 상좌부불교 비구계를 받았다. 1980년 빠알리어 성전 시험에 합격하여 사사나다자 담마짜리야 칭호를 받았다. 미얀마는 물론이고 세계 각지를 방문하면서 많은 수행자와 재가자, 학생들에게 명상을 지도했다. 캘리포니아의 산호세 주립대학에서 비교종교학 학사와 철학 석사학위를 받았다. 1999년 캘리포니아 프리몬트에 메타난다 위하라 담마 명상센터를 개원했다. 2003년 샌프란시스코의 캘리포니아 인스티튜트에서 철학 박사학위를 받았다. 그 후 양곤 국제 테라와다 불교대학교와 시따구 불교 대학교, 멧따난다 사사나 불교 대학교 등에서 교수를 역임했다.

옮긴이 정준영

초기불교를 전공한 대학교수이자 명상지도자이다. 스리랑카 국립 켈라니아대학교에서 위빠사나 수행을 주제로 철학 박사학위를 받았고, 경전연구소 상임연구원을 역임하였다. 현재 서울불교대학원대학교 불교학과 명상학전공 교수로 재직하고 있다.

옮긴이 차은숙

성균관대학교 영어교육학 석사, 미국 일리노이 주 내셔널루이스 대학에서 커리큘럼과 교수법으로 석사학위를 받은 후, 일리노이 주 위네카 소재 그릴리 공립학교와 크로아일랜드 학교에서 재직했다. 2006년 조계종 소속 국제 포교사가 되었다. 만달레이 소재 양킨 국제명상센터의 수망갈라 사야도의 지도하에 단독 수행을 한 후, 매년 삔우린 숲속 명상센터에서 수행하고 있다.

상좌부불교에서 본 열반

초판 1쇄 인쇄 2023년 3월 30일 | **초판 1쇄 발행** 2023년 4월 6일
지은이 담마삐야 사야도 | **옮긴이** 정준영 · 차은숙 | **펴낸이** 김시열
펴낸곳 도서출판 운주사
(02832) 서울시 성북구 동소문로 67-1 성심빌딩 3층
전화 (02) 926-8361 | **팩스** 0505-115-8361
ISBN 978-89-5746-729-9 93220 값 18,000원
http://cafe.daum.net/unjubooks 〈다음카페: 도서출판 운주사〉